铁道供电专业 AutoCAD 实用教程

主　编　武　欢

副主编　李　壮　曹　阳

主　审　周　强

西南交通大学出版社

·成都·

内容简介

本书共 11 章，主要介绍了 AutoCAD 2014 软件的功能、安装方法及工作界面等基础知识；图形文件的创建与管理；快速绘图操作方法；基础图形的绘制方法；复杂图形的绘制方法；图形的编辑与修改方法；块定义和编辑方法；文本与表格的插入方法；尺寸标注方法；电气识图与制图的基本知识；铁道供电专业识图与制图的相关知识，并引入了接触网工、电力线路工、变电所值班员相关工作图例。

本书通俗易懂，内容翔实，图文并茂，通篇采用电气及铁道供电专业相关实例辅助基础知识的学习。

本书可作为高等职业教育铁道供电类专业的 AutoCAD 教材，也可作为中等职业学校相关专业学生的教材，还可作为相关专业工程技术人员及自学者的参考用书。

图书在版编目（CIP）数据

铁道供电专业 AutoCAD 实用教程 / 武欢主编. —成都：西南交通大学出版社，2018.2（2024.1 重印）
ISBN 978-7-5643-6068-9

Ⅰ. ①铁… Ⅱ. ①武… Ⅲ. ①电气化铁道 – 供电装置 – AutoCAD 软件 – 高等职业教育 – 教材　Ⅳ. ①U223.6

中国版本图书馆 CIP 数据核字（2018）第 027854 号

铁道供电专业 AutoCAD 实用教程

主编　武　欢

责任编辑	李芳芳
助理编辑	李华宇
封面设计	何东琳设计工作室

出版发行	西南交通大学出版社 （四川省成都市二环路北一段 111 号 西南交通大学创新大厦 21 楼）
邮政编码	610031
营销部电话	028-87600564　028-87600533
官网	http://www.xnjdcbs.com
印刷	成都蓉军广告印务有限责任公司

成品尺寸	185 mm × 260 mm
印张	18.5
插页	1
字数	480 千
版次	2018 年 2 月第 1 版
印次	2024 年 1 月第 4 次
定价	42.80 元
书号	ISBN 978-7-5643-6068-9

课件咨询电话：028-87600533

前　言

AutoCAD 是一种通用的绘图软件，使用 AutoCAD 绘制电气图，在我国电气工程领域已经占据了主导地位。

根据教育部对高职高专培养目标的要求以及专业建设校企合作理事会会议纪要精神，教学内容要贴近岗位工作实际，学生应掌握基本的 AutoCAD 绘图和识图技能，并且要有针对性和实用性。AutoCAD 作为一种通用的绘图软件，也是学生完成后续课程设计、毕业设计的重要工具之一。本书在编写过程中，以加强岗位工作能力的培养为原则，精心组织相关内容，引入了电力线路工、接触网工、变电所值班员、变电检修工等相关工作图例，使其更具有针对性、实用性和可读性。

本书共 11 章，主要介绍了 AutoCAD 2014 软件的功能、安装方法及工作界面等基础知识，图形文件的创建与管理，快速绘图操作方法，基础图形的绘制方法；复杂图形的绘制方法；图形的编辑与修改方法；块定义和编辑；文本与表格的插入方法；尺寸标注方法；电气识图与制图的基本知识；铁道供电专业识图与制图的相关知识，并引入了接触网工、电力线路工、变电所值班员相关工作图例。

本书由辽宁铁道职业技术学院武欢担任主编，辽宁铁道职业技术学院李壮、曹阳担任副主编，沈阳铁路局大连供电段周强担任主审。其中第 1、2 章由曹阳编写，第 3、4、5、6 章由李壮编写，第 7、8、9、10、11 章由武欢编写。本书在编写过程中，参阅了大量文献资料，得到了辽宁铁道职业技术学院教务处金利益老师的大力帮助；同时，相关铁道供电技术人员提供了大量有价值的实例。在此一并表示衷心感谢。

由于编者水平有限，书中难免存在不足之处，敬请读者批评指正。

编　者

2018 年 2 月

目　录

第1章 AutoCAD 2014 的认识及安装

【本章导读】

AutoCAD 是目前使用较为广泛的计算机辅助设计软件之一，被广泛应用于机械、电气、电子、建筑等行业，使用它可以精确并快速地绘制各种图形。本章主要介绍 AutoCAD 的基础知识，包括 AutoCAD 的系统需求、安装、启动与退出、操作界面的认识等知识，为后续图形绘制的学习打下坚实的基础。

【技能目标】

（1）了解 AutoCAD 的系统需求。

（2）学会安装 AutoCAD 2014。

（3）掌握启动与退出 AutoCAD 2014 的操作方法。

（4）熟悉 AutoCAD 2014 的工作环境。

1.1 初识 AutoCAD

AutoCAD 全称为 Auto Computer Aided Design（计算机辅助设计）是由美国欧特克（Autodesk）公司开发的一款计算机辅助设计绘图软件，主要用于二维绘图、设计文档和基本三维设计，现已成为国际上应用广泛的绘图工具。

1. AutoCAD 软件的特点

（1）具有完善的图形绘制功能。

（2）具有强大的图形编辑功能。

（3）可以采用多种方式进行二次开发或用户定制。

（4）可以进行多种图形格式的转换，具有较强的数据交换能力。

（5）支持多种硬件设备。

（6）支持多种操作平台。

（7）具有通用性、易用性。

2. AutoCAD 2014 软件的基本功能

（1）平面绘图功能：能以多种方式创建直线、圆、椭圆、多边形、样条曲线等基本的图形对象。

（2）绘图辅助工具：AutoCAD 提供了正交、对象捕捉、极轴追踪、捕捉追踪等绘图辅助工具。正交功能使用户可以很方便地绘制水平、竖直直线；对象捕捉功能方便用户拾取几何对象上的特殊点；追踪功能使画斜线及沿不同方向定位点变得更加容易。

（3）编辑图形：AutoCAD 具有强大的编辑功能，可以移动、复制、旋转、阵列、拉伸、延长、修剪、缩放对象等。

（4）标注尺寸：可以创建多种类型的尺寸，标注外观可以自行设定。

（5）书写文字：能轻易在图形的任何位置、沿任何方向书写文字，可设定文字字体、倾斜角度及宽度缩放比例等属性。

（6）图层管理功能：图形对象都位于某一图层上，可设定图层的颜色、线型、线宽等特性。

（7）三维绘图：可创建 3D 实体及表面模型，能对实体本身进行编辑。

（8）网络功能：可将图形在网络上发布，也可以通过网络访问 AutoCAD 资源。

（9）数据交换：AutoCAD 提供了多种图形图像数据交换格式及相应命令。

（10）二次开发：AutoCAD 允许用户定制菜单和工具栏，并能利用内嵌语言 Autolisp、Visual、Lisp、VBA、ADS、ARX 等进行二次开发。

（11）参数化绘图功能：通过基于设计意图地约束图形对象能极大地提高绘图工作效率，几何及尺寸约束能够让对象间的特定关系和尺寸保持不变。

（12）动态块对几何及尺寸约束的支持：可以基于块属性表来驱动块尺寸，甚至可以在不保存或退出块编辑器的情况下测试块。

（13）光滑网线：能够创建自由形式和流畅的 3D 模型。

（14）子对象选择过滤器：可以限制子对象选择为面、边或顶点。

（15）PDF 输出：提供了灵活、高质量的输出，把 TrueType 字体输出为文本而不是图片，可定义包括层信息在内的混合选项，并可以自动预览输出的 PDF。

（16）PDF 覆盖：可以通过与附加其他的外部参照（如 DWG、DWF、DGN）及图形文件一样的方式，在 AutoCAD 图形中附加一个 PDF 文件，并且可以利用对象捕捉功能来捕捉 PDF 文件中几何体的关键点。

（17）填充：填充功能变得更加强大和灵活，能够夹点编辑非关联填充对象。

（18）多引线：提供了更多的灵活性，可以对多引线的不同部分设置属性、对多引线的样式设置垂直附件等。

（19）查找和替换：将缩放到一个高亮的文本对象，可以快速创建包含高亮对象的选择集。

（20）尺寸功能：增强了尺寸功能，提供了更多对尺寸文本的显示和位置的控制功能。

1.2　AutoCAD 2014 软件的安装及设置

1.2.1　系统需求

在计算机上安装 AutoCAD 2014 之前，首先应先确定计算机是否能够满足 AutoCAD 2014 的软硬件需求。AutoCAD 2014 有 32 位和 64 位两个版本，在其安装时将自动检测 Windows 系统是 32 位还是 64 位版本，并自动判断安装适当的版本。

1. 32 位 AutoCAD 2014 系统配置要求

（1）操作系统。

以下操作系统的 Service Pack 3（SP3）或更高版本：

Microsoft Windows XP Professional；

Microsoft Windows XP Home。

以下操作系统：

Microsoft Windows 7 Enterprise；

Microsoft Windows 7 Ultimate；

Microsoft Windows 7 Professional；

Microsoft Windows 7 Home Premium。

（2）浏览器。

Internet Explorer 7.0 或更高版本。

（3）处理器。

Windows XP：Intel Pentium 4 或 AMD Athlon 双核，1.6 GHz 或更高，采用 SSE2 技术。

Windows 7：Intel Pentium 4 或 AMD Athlon 双核，3.0 GHz 或更高，采用 SSE2 技术。

（4）内存。

2 GB RAM（建议使用 4 GB）。

（5）显示器分辨率。

1 024 × 768（建议使用 1 600 × 1 050 或更高）真彩色。

（6）磁盘空间。

安装 6 GB。

（7）定点设备。

MS-Mouse 兼容。

（8）介质（DVD）。

从 DVD 下载并安装。

（9）NET Framework。

NET Framework 版本 4.0。

（10）三维建模的其他需求。

Intel Pentium 4 处理器或 AMD Athlon，3.0 GHz 或更高，或者 Intel 或 AMD 双核处理器，2.0 GHz 或更高；

4 GB RAM；

6 GB 可用硬盘空间（不包括安装所需要的空间）；

1 280 × 1 024 真彩色视频显示适配器，128 MB 或更高，Pixel Shader 3.0 或更高版本，支持 Direct3D 功能的工作站级图形卡。

2. 64 位 AutoCAD 2014 系统配置要求

（1）操作系统。

以下操作系统的 Service Pack 2（SP2）或更高版本：

Microsoft Windows XP Professional。

以下操作系统：

Microsoft Windows 7 Enterprise；

Microsoft Windows 7 Ultimate；

Microsoft Windows 7 Professional；

Microsoft Windows 7 Home Premium。

（2）浏览器。

Internet Explorer 7.0 或更高版本。

（3）处理器。

AMD Athlon 64，采用 SSE2 技术；

AMD Opteron，采用 SSE2 技术；

Intel Xeon，具有 Intel EM64T，支持并采用 SSE2 技术；

Intel Pentium，具有 Intel EM64T，支持并采用 SSE2 技术。

（4）内存。

2 GB RAM（建议使用 4 GB）。

（5）显示器分辨率。

1 024×768（建议使用 1 600×1 050 或更高）真彩色。

（6）磁盘空间。

安装 6 GB。

（7）定点设备。

MS-Mouse 兼容。

（8）介质（DVD）。

从 DVD 下载并安装。

（9）NET Framework。

NET Framework 版本 4.0。

（10）三维建模的其他需求。

4 GB RAM；

6 GB 可用硬盘空间（不包括安装所需要的空间）；

1 280×1 024 真彩色视频显示适配器，128 MB 或更高，Pixel Shader 3.0 或更高版本，支持 Direct3D 功能的工作站级图形卡。

技巧提示：在安装 AutoCAD 2014 软件时，最值得大家注意的一点就是，浏览器一般要安装 IE7.0 及以上版本，否则将无法安装。

1.2.2　软件安装方法

在了解了 AutoCAD 2014 软件的系统需求之后，可在 AutoCAD 专业网站中下载试用软件，或购买永久性软件，然后对软件进行安装。下面介绍 AutoCAD 2014 的安装方法，其具体操作步骤如下：

步骤 1：如图 1-1-1 所示，双击下载的文件驱动程序，打开 AutoCAD 2014 窗口，选择"中文简体"，再选择"在此计算机上安装"。

图 1-1-1　安装语言

步骤 2：如图 1-1-2 所示，国家或地区选择"China"，并且选择"我接受"，再点击"下一步"。

步骤 3：如图 1-1-3 所示，许可类型选择"单机"，产品信息输入序列号及产品密钥。

图 1-1-2　许可协议

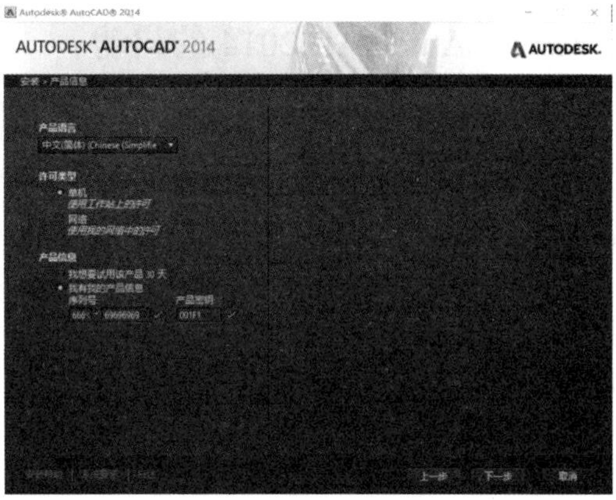

图 1-1-3　产品信息

步骤 4：如图 1-1-4 所示，打开"配置安装"窗口，选择安装路径。

步骤 5：如图 1-1-5 和图 1-1-6 所示，等待 AutoCAD 2014 安装完成。

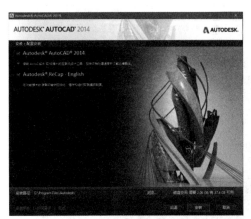

图 1-1-4　安装路径

图 1-1-5　安装进度

图 1-1-6　安装完成

1.3 AutoCAD 2014 的启动与退出

1.3.1 AutoCAD 2014 的启动

当用户的计算机上已经成功安装并注册好 AutoCAD 2014 软件后，用户即可以开始启动并运行该软件。与大多数应用软件一样，要启动 AutoCAD 2014 软件，用户可通过以下 4 种方法来启动。

（1）双击桌面上 AutoCAD 2014 快捷图标 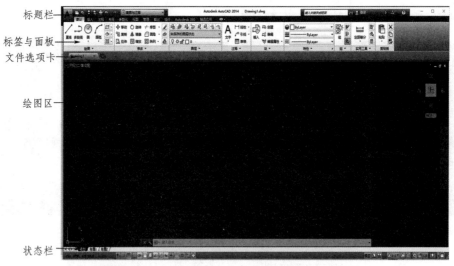 。

（2）右击桌面上的 AutoCAD 2014 快捷图标 ，从弹出的快捷菜单中选择"打开"选项。

（3）单击桌面左下角的"开始"→"程序"→"Autodesk"→"AutoCAD 2014-Simplified Chinese"命令。

（4）在 AutoCAD 2014 软件的安装位置，找到其运行文件"acad.exe"，然后双击即可。

第一次启动 AutoCAD 2014 后，会弹出"Autodesk Exchange"对话框，单击该对话框右上角的"关闭"按钮，将进入 AutoCAD 2014 工作界面，默认情况下，系统会直接进入如图 1-3-1 所示的"草图与注释"空间界面。

图 1-3-1   AutoCAD 2014"草图与注释"空间界面

如图 1-3-1 所示，工作界面主要由"标题栏""标签与面板""文件选型卡""绘图区""命令行""状态栏"等组成。

双击 AutoCAD 图形文件对象，即扩展名为.dwg 的文件，也可启动 AutoCAD 2014 软件。当然，同时也会打开该文件。

1.3.2 AutoCAD 2014 的退出

在 AutoCAD 2014 中绘制完图形文件后，用户可通过以下 4 种方法来退出。

（1）在 AutoCAD 2014 软件环境中单击右上角的"关闭"按钮 × 。

（2）在键盘上按【Alt + F4】或【Alt + Q】组合键。

（3）单击 AutoCAD 界面标题栏左端的 ![A] 图标，在弹出的下拉菜单中单击"关闭"按钮 ![关闭]。

（4）在命令行输入"Quit"或"Exit"，并按【Enter】键。

通过以上任意一种方法，可对当前图形文件进行关闭操作。如果当前图形有所修改而没有存盘，系统将打开"AutoCAD 警告"对话框，询问是否保存图形文件，如图 1-3-2 所示。

如图 1-3-2 所示，在"警告"对话框中，单击"是（Y）"按钮或直接按【Enter】键，可以保存当前图形文件并将其关闭；单击"否（N）"按钮，可以关闭当前图形文件但不存盘；单击"取消"按钮，取消关闭当前图形文件操作，既不保存也不关闭。如果当前所编辑的图形文件没命名，那么单击"是（Y）"按钮后，AutoCAD 会打开"图形另存为"对话框，要求用户确定图形文件存放的位置和名称。

图 1-3-2　"AutoCAD 警告"对话框

1.4　AutoCAD 2014 工作界面的认识

1.4.1　标题栏

AutoCAD 2014 标题栏包括"菜单浏览器"按钮、"快速访问"工具栏（包括"新建""打开""保存""另存为""打印""放弃""重做"等按钮）、软件名称、标题名称、"搜索"框、"登录"按钮、窗口控制区（"最小化"按钮、"最大化"按钮、"关闭"按钮）等，如图 1-4-1 所示。这里是以"草图与注释"工作空间进行讲解的。

图 1-4-1　AutoCAD 2014 的标题栏

1. 快捷菜单

在窗口最左上角的大"A"按钮为"菜单浏览器"按钮 ![A]，单击该按钮会出现下拉菜单，如"新建""打开""保存""另存为""输出""打印""发布"等，另外还新增加了很多新的项目，如"最近使用的文档""打开文档""选项"和"退出 AutoCAD"按钮，如图 1-4-2 所示。

AutoCAD 2014 的快捷菜单通常会出现在绘图区、状态栏、工具栏、"模型"或"布局"选项卡右击时，该菜单中显示的命令与右击对象及当前状态相关，会根据不同的情况出现不同的快捷菜单命令，如图 1-4-3 所示。

2. 快速访问工具栏

快速访问工具栏中有各种常用的文件操作命令按钮，如新建、打开、保存和打印等，还可根据需要，通过单击工作空间旁边的下拉按钮，在弹出的下拉列表中添加或删除对应的命令按钮。

3. 工作空间

AutoCAD 默认的工作空间为"草图与注释"，用户可以根据需要单击"切换工作空间"按钮 ![齿轮]，来对工作空间进行切换与设置。

图 1-4-2　菜单浏览器

图 1-4-3　快捷菜单

4. 应用程序名称

主要显示当前窗口的软件名称和版本号，以及当前正在编辑的图形文件的名称等。

5. 搜索区

该区域可用于搜索各类命令的使用方法和相关操作。搜索区右边是登录区，若注册了 AutoCAD 账户，用户可以在登录后将绘制的图像上传到网络中。

6. 窗口控制按钮

该区域主要有 3 个按钮，可分别实现对 AutoCAD 2014 窗口的最小化、最大化、还原和关闭操作。

1.4.2　菜单与工具栏

在 AutoCAD 2014 的"草图与注释"工作空间状态下，菜单栏和工具栏处于隐藏状态。

如果要显示其菜单栏，可在标题栏的"工作空间"右侧单击其倒三角按钮（"自定义快速访问工具栏"列表），从弹出的列表框中选择"显示菜单栏"，即可显示 AutoCAD 的常规菜单栏，如图 1-4-4 所示。

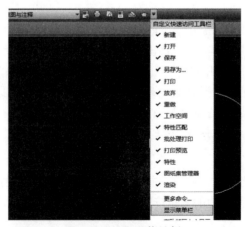
图 1-4-4　显示菜单栏

如果要将 AutoCAD 的常规工具栏显示出来，执行"工具" | "工具栏"菜单命令，从弹出的下级菜单中选择相应的工具栏即可，如图 1-4-5 所示。

图 1-4-5 显示工具栏

如果用户忘记了某个按钮的名称，只需要将鼠标光标移动到该按钮上面停留几秒钟，就会在其下方出现该按钮所代表的命令名称，通过名称就可快速确定其功能。

1.4.3 标签与面板

标签在标题栏下侧，每个标签下包括许多面板。例如，"默认"标签中包括绘图、修改、图层、注释、块、特性、组、实用工具、剪贴板等面板，如图 1-4-6 所示。

图 1-4-6 标签与面板 1

在标签栏名称的最右侧显示了一个倒三角 ，用户单击此按钮，将弹出一快捷菜单，可以进行相应的单项选择，如图 1-4-7 所示。

图 1-4-7 标签与面板 2

1.4.4 文件选项卡

AutoCAD 2014 提供了文件选项卡，在打开的图形间切换或创建新图形时非常方便。使用"视图"选项卡中的"文件选项卡"控件来打开或关闭"文件选项卡"工具条，当"文件选项卡"打开后，在图形区域上方会显示所有已经打开图形的选项卡，如图 1-4-8 所示。

图 1-4-8 启用"文件选项卡"工具条

"文件选项卡"工具条是以文件打开的顺序来显示的,可以拖动选项卡来更改图形的位置,图 1-4-9 所示为拖动图形 1 到中间位置效果。

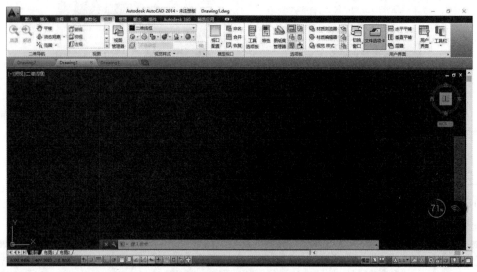

图 1-4-9　拖动图形 1

如果打开的图形过多，已经没有足够的空间来显示所有的文件选项，此时会在其右端出现一个浮动菜单来访问更多打开的文件，如图 1-4-10 所示。

如果选项卡有一个锁定的图标，则表明该文件是以只读方式打开的，如果有个冒号则表明自上一次保存后此文件被修改过，当把光标移动到文件标签上时，可以预览该图形的模型和布局。如果把光标移到预览图形上时，则相对应的模型或布局就会在图形区域临时显示出来，并且打印和发布工具在预览图中也是可用的。

在"文件选项卡"工具条上，单击鼠标右键，将弹出快捷菜单，可以新建、打开或关闭文件，包括可以关闭除所单击文件外的其他所有已打开的文件，但不关闭软件程序，如图 1-4-11 所示。也可以复制文件的全路径到剪贴板或打开资源管理器，并定位到该文件所在的目录。

图形右边的加号图标 可以使用户更容易地新建图形，在图形新建后其选项卡会自动添加进来。

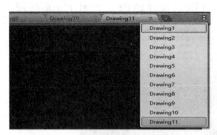

图 1-4-10　访问隐藏的图形

图 1-4-11　右键快捷菜单

1.4.5　绘图区

绘图区又称为视图窗口，即屏幕中央空白区域，是进行绘图操作的主要工作区域，所有的绘图结果都反映在这个窗口中。用户可以根据需要关闭一些"工具栏"，以扩大绘图的空间。

如果图纸比较大，需要查看未显示的部分时，可以单击窗口右边与下边滚动条上的箭头，或拖动滚条上的滑块来移动图纸。在绘图窗口中除了显示当前的绘图结果外，还显示了当前使用的坐标系类型及坐标原点，X轴、Y轴、Z轴的方向等。

默认情况下，坐标系为世界坐标系（WCS），绘图窗口的下方有"模型"和"布局"选项卡，单击其选项卡可以在模型空间或图纸空间之间来回切换，如图1-4-12所示。

图 1-4-12　绘图区域

1.4.6　命令行

命令行是 AutoCAD 与用户对话的一个平台，AutoCAD 通过命令反馈各种信息，用户应密切关注命令行中出现的信息，按信息提示进行相应的操作。使用 AutoCAD 绘图时，命令行一般有以下两种显示状态。

（1）等待命令输入状态：表示系统等待用户输入命令，以绘制或编辑图形，如图 1-4-13 所示。

（2）正在执行命令状态：在执行命令的过程中，命令行中将显示该命令的操作提示，以方便用户快速确定下一步操作，如图 1-4-14 所示。

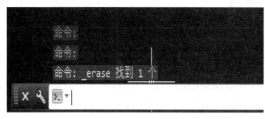

图 1-4-13　等待命令输入状态

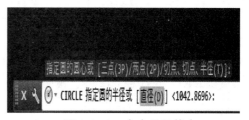

图 1-4-14　命令执行状态

命令窗口是用于记录在窗口中操作的所有命令，如单击按钮和选择菜单选项等。在此窗口中输入命令，按下【Enter】键可以执行相应的命令。用户可以根据需要改变其窗口的大小，也可以将其拖动为浮动窗口，如图 1-4-15 所示。可以在其中输入命令，命令行将跟随变化。若要恢复默认的命令行位置，只需将浮动窗口按照同样的方法拖动至起始位置即可。

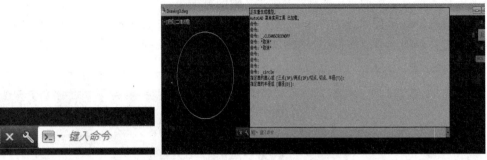

图 1-4-15　拖动命令行形成浮动窗口

1.4.7　状态栏

技巧概述：状态栏位于 AutoCAD 2014 窗口的最下方，主要由当前光标的坐标值、辅助工具按钮、布局空间、注释比例、"切换工作空间"按钮、"锁定"按钮、状态栏菜单、"全屏"按钮等部分组成，如图 1-4-16 所示。

图 1-4-16　状态栏的组成

1．当前光标的坐标值

状态栏的最左方有一组数字，跟随鼠标光标的移动发生变化，通过它用户可快速查看当前光标的位置及相应的坐标值。

2．辅助工具按钮

辅助工具按钮属于开关型按钮，即单击某个按钮，使其呈凹陷状态时表示启用该功能，再次单击该按钮使其呈凸起状态时，则表示关闭该功能。

辅助工具组中包括"推断约束""捕捉模式""栅格显示""正交模式""极轴追踪""对象捕捉""三维对象捕捉""对象捕捉追踪""允许/禁止动态 UCS""动态输入""显示/隐藏线宽""显示/隐藏透明度""快捷特性""选择循环"等按钮。

在绘图的过程中，常常会用到这些辅助工具，如绘制直线时开启"正交模式"，只需要将鼠标移动到正交按钮█上再单击，即可打开正交模式来绘图，鼠标在该按钮上面停留几秒钟时，就会出现"正交模式（F8）"名称，即代表该功能还可以用键盘上的【F8】键作为快捷键进行启动，使操作起来更为方便。

辅助工具按钮中，对应按钮的快捷键如下：推断约束 = Ctrl + Shift + I，捕捉模式 = F9，栅格显示 = F7，正交模式 = F8，极轴追踪 = F10，对象捕捉 = F3，三维对象捕捉 = F4，对象捕捉追踪 = F11，允许/禁止动态 UCS = F6，动态输入 = F12，快捷特性 = Ctrl + Shift + P，选择循环 = Ctrl + W。掌握了这些快捷键可以大大加快绘图的速度。

当启用了"快捷特性"功能时，选择图形则会弹出"快捷特性"面板，可以通过该面板来修改图形的颜色、图层、线型、坐标值、大小等，如图 1-4-17 所示。

图 1-4-17　快捷特性功能

3. 布局空间

启动"图纸"按钮图纸或者"模型"按钮模型，可以在图纸和模型空间中进行切换。启动"快速查看布局"按钮⬚，在状态栏处将弹出"快速查看布局"工具栏，以及模型和布局的效果预览图，可以选择性地查看当前图形的布局空间，如图 1-4-18 所示。

启动"快速查看图形"按钮⬚，在状态栏处将弹出"快速查看图形"工具栏，以及 AutoCAD 软件中打开的所有图形的预览图，例如，图 1-4-19 打开的图形 Drawing1、Drawing2、Drawing3，鼠标移动至某个图形，在上方则继续显示该图形模型和布局的效果，即可在各个图形中进行选择性地查看。

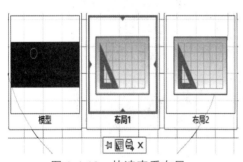

图 1-4-18　快速查看布局

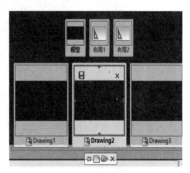

图 1-4-19　快速查看图形

4. 注释比例

注释比例默认状态下是 1∶1，根据用户需要的不同可以自行调整注释比例，方法是单击右侧的按钮▼，在弹出的下拉菜单中选择需要的比例即可。

5. "切换工作空间"按钮

AutoCAD 默认的工作空间为"草图与注释"，用户可以根据需要单击"切换工作空间"按钮⚙，来对工作空间进行切换与设置。

6. "锁定"按钮

默认情况下"锁定"按钮为解锁状态，单击该按钮，在弹出的菜单中可以选择对浮动或固定的工具栏、窗口进行锁定，使其不会被用户不小心移到其他地方。

7. 状态栏菜单

单击"隔离对象"右侧的▼按钮，将弹出如图 1-4-20 所示的下拉菜单，选择不同的命令，可改变状态栏的相应组成部分。例如，取消"图纸/模型（M）"前面的 ✓ 标记，将隐藏状态栏中的"图纸/模型"按钮 模型 图纸 ，如图 1-4-21 所示。

图 1-4-20　状态栏菜单

图 1-4-21　隐藏"图纸/模型"按钮

8. "全屏"按钮

在 AutoCAD 绘图界面中，若想要最大化地在绘图区域中绘制或者编辑图形，可单击"全屏显示（Ctrl + 0）"按钮 ，使整个界面只剩下标题栏、命令行和状态栏，将多余的面板隐藏，使图形区域能够最大化显示，如图 1-4-22 所示。

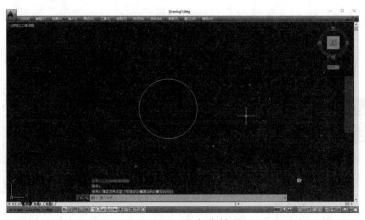

图 1-4-22　最大化效果

在绘图过程中，如果需要查看多行命令，可按【F2】键将 AutoCAD 文本窗口打开，该窗口中显示了对文件执行过的所有命令，如图 1-4-23 所示，同样可以在其中输入命令，命令行将跟随变化。

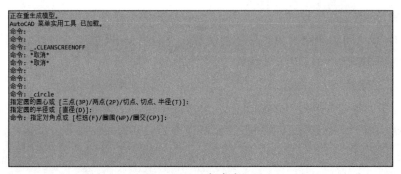

图 1-4-23　文本窗口

1.5 基本输入操作

1.5.1 AutoCAD 命令的执行方法

要使用 AutoCAD 绘图，必须先学会在该软件中使用命令执行操作的方法，包括通过在命令行输入命令、使用工具栏或面板，以及使用菜单命令绘图。不管采用哪种方式执行命令，命令行中都将显示相应的提示信息。

1. 通过"命令行"执行命令

在命令行输入命令绘图，是很多熟悉并牢记了绘图命令的用户比较喜欢的方式，因为它可以有效地提高绘图速度，是最快捷的绘图方式。其输入方法是在命令行单击鼠标左键，看到闪烁的鼠标光标后输入命令快捷键，按【Enter】键或者空格键确认命令输入，然后按照提示信息一步一步地进行绘制即可。

在执行命令的过程中，系统经常会提示用户进行下一步的操作，其命令行提示的各种特殊符号的含义如下：

（1）在命令提示行带有"[ ]"符号的内容：表示该命令下可执行以"/"符号隔开的各个选项，若要选择某个选项，只需输入方括号中的字母即可，该字母既可以是大写形式也可以是小写形式。例如，在图形中绘制一个圆，可以在命令行输入圆命令 C，则命令行按图 1-5-1 所示进行提示，再输入 t，则选择了以"切点、切点、半径"方式来绘制圆。

（2）在命令提示行带有"〈 〉"符号的内容：在尖括号内的值是当前的默认值或者是上次操作时使用过的值，若在这类提示下直接按【Enter】键，则采用系统默认值或上次操作时使用的值并执行命令，如图 1-5-2 所示。

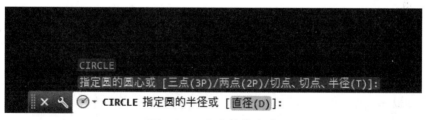

图 1-5-1 命令执行方式

图 1-5-2 命令执行方式

用户可以按【F12】快捷键来开启"动态输入"模式，此时无须用鼠标在命令行中单击，即可直接在键盘上输入命令的快捷键，则会在十字光标处提示以相同字母开头的其他命令，按空格键确定首选命令后，根据下一步提示进行操作，使绘图更为简便，如图 1-5-3 所示。

2. 使用"工具栏"或"面板"执行命令

若当前处于"草图与注释"模式下,可以通过选择面板上的按钮来执行命令,还可以将工具栏调出来,工具栏中集合了几乎所有的操作按钮,所以使用工具栏绘图比较常用。下面以使用这两种方法执行命令绘制一个圆为例,具体操作如下:

步骤1:在 AutoCAD 2014 环境中,在"绘图"面板中单击"圆"按钮 ,或者在调出的"绘图"工具栏中单击"圆"按钮 ,如图 1-5-4 所示。

图 1-5-3 动态输入命令

图 1-5-4 单击按钮执行的两种方式

步骤2:执行上一步任意操作,其命令行同样会按图 1-5-5 所示进行提示,根据步骤进行操作即可绘制出一个圆。

图 1-5-5 命令行提示

3. 使用"菜单栏"执行命令

用户在既不知道命令的快捷键,又不知道该命令的工具按钮属于哪个工具栏,或者工具栏中没有该命令的工具按钮形式时,可以以菜单方式来进行绘图操作。其命令的执行结果与输入命令方式相同,这些菜单命令又有某种共性,所以操作起来非常方便。

例如,执行"绘图/圆弧"菜单中的"起点、端点、半径"命令来绘制一段圆弧;然后需要对图形进行镜像,此时可执行"修改/镜像"菜单命令来完成图形的编辑,如图 1-5-6 所示。

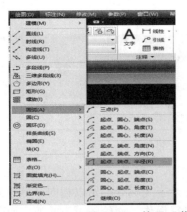 

图 1-5-6 使用"菜单栏"执行命令

4. 使用鼠标执行命令

在绘图窗口，光标通常显示为"＋"字线形式。当光标移至菜单选项、工具对话框内会变成一个箭头。无论光标是"＋"字线形式还是箭头形式，当单击或者按动鼠标键时，都会执行相应的命令或动作。在 AutoCAD 中，鼠标键是按照下述规定定义的。

（1）拾取键：通常指鼠标左键，用于指定屏幕上的点，也可以用来选择 Windows 对象、AutoCAD 对象、工具栏按钮和菜单命令等。

（2）回车键：通常指鼠标右键，相当于【Enter】键，用于结束当前使用命令，此时系统会根据当前绘图状态而弹出不同的快捷菜单。

（3）弹出菜单：当使用【Shift】键和鼠标右键组合时，系统将弹出一个快捷菜单，用于设置捕捉点的方法。对于 3 键鼠标，弹出按钮通常是鼠标的中间按钮。

5. 终止已执行的命令

在执行命令过程中，如果用户不准备执行正在进行的命令，可以随时按【Esc】键终止执行的任何命令；或者右击鼠标，从弹出的快捷菜单中选择"取消"选项。

1.5.2 AutoCAD 命令的重复、撤销与重做方法

1. 重复方法

当执行完一个命令后，如果还要继续执行该命令，可以通过以下方法来进行。

方法 1：只需在命令行为"命令:"提示状态时，直接按【Enter】键或空格键，这时系统将自动执行前一次操作的命令。

方法 2：如果用户需执行以前执行过的相同命令，可按【↑】键，这时将在命令行依次显示前面输入过的命令或参数，当上翻到需要执行的命令时，按【Enter】键或空格键即可执行。

2. 撤销方法

在绘图过程中，执行了错误的操作或放弃最近一个或多个操作有多种方法。

方法 1：单击工具栏中的"撤销"按钮 ，可撤销至前一次执行的操作后的效果，单击该按钮后的 按钮，可在弹出的下拉菜单中选择需要撤销的最后一步操作，并且该操作后的所有操作将同时被撤销。

方法 2：在命令行中执行 U 或 Undo 命令可撤销前一次命令的执行结果，多次执行该命令可撤销前几次命令的执行结果。

方法 3：在某些命令的执行过程中，命令行中提供了"放弃（U）"选项，选择该选项可撤销上一步执行的操作，连续选择"放弃"选项可以连续撤销前几步执行的操作。

方法 4：按【Ctrl＋Z】组合键进行撤销最近一次的操作。

许多命令包含自身的 U（放弃）选项，无须退出此命令即可更正错误。例如，使用 Line（直线）命令创建直线或多段线时，输入 U 即可放弃上一个线段。

命令：line
指定第一个点：
指定下一点或［放弃（U）］：

3. 重做方法

技巧概述：与撤销命令相反的是恢复命令，通过恢复命令，可以恢复前一次或前几次已取消执行的操作。执行重做命令有以下几种方法。

方法1：在使用了U或Undo放弃命令后，紧接着使用Redo命令。

方法2：单击"快速访问"工具栏中的"恢复"按钮。

方法3：按【Ctrl + Y】组合键进行恢复最近一次操作。

注意：Redo（重做）命令必须在Undo（放弃）命令后立即执行。

1.5.3 AutoCAD 的动态输入方法

状态栏上的"动态输入"按钮 或者快捷键【F12】，用于打开或关闭动态输入功能。打开动态输入功能，在输入文字时就能看到鼠标光标附着的工具栏提示，即可直接在键盘上输入命令的快捷键，则会在十字光标处提示以相同字母开头的其他命令，按空格键确定首选命令后，根据下一步提示进行操作，使绘图更为简便，如图1-5-7所示。

图1-5-7　动态输入命令

"动态输入"在光标附近提供了一个命令界面，以帮助用户专注于绘图区域。启用"动态输入"时，工具栏提示将在光标附近显示信息，该信息会随着光标移动而动态更新。当某条命令为活动时，工具栏提示将为用户提供输入的位置。

完成命令或使用夹点所需的动作与命令行中的动作类似。区别是用户的注意力可以保持在光标附近。动态输入不会取代命令窗口。可以隐藏命令窗口以增加绘图屏幕区域，但是在有些操作中还是需要显示命令窗口。按【F2】键可根据需要隐藏和显示命令提示和错误消息。另外，也可以浮动命令窗口，并使用"自动隐藏"功能来展开或卷起该窗口。

注意：透视图不支持"动态输入"。

"动态输入"的执行方式有以下几种：

（1）下拉菜单："工具"|"草图设置"。

（2）命令行：输入Dsettings。

（3）状态栏："DYN（动态输入）"按钮（功能仅限于打开与关闭）。

（4）功能键：【F12】键（功能仅限于打开与关闭）。

（5）快捷菜单：将光标置于"DYN（动态输入）"按钮上，右击鼠标，选择"设置"按钮。

课堂训练：

1. 按照要求对工具栏进行设置。

2. 新建一个图形文件，并进行多个图层的设置。

1.5.4　AutoCAD 命令行的使用技巧

技巧概述：在 AutoCAD 中执行命令的过程中，有时会根据命令行的提示来输入特殊符号，这就要求用户需要掌握特殊符号的输入技巧；另外，在选择图形的过程中，用户可以通过按不同次数的空格键来达到特定的功能。

1. 输入特殊符号技巧

在实际绘图中，往往需要标注一些特殊的字符。例如，在文字上方或下方添加划线、标注度（°）、加减号 ± 等特殊符号。这些特殊符号不能从键盘上直接输入，因此 AutoCAD 提供了相应的控制符，以实现这些标注要求。AutoCAD 常用的控制符如表 1-5-1 所示。

表 1-5-1　常用控制符

控 制 符 号	功　能
%%O	打开或关闭文字上划线
%%U	打开或关闭文字下划线
%%D	标注度（°）符号
%%P	标注正负公差（±）
%%C	标注直径（ϕ）
\U + 00b3	标注立方米（m^3）
\U + 00b2	标注平方米（m^2）

在 AutoCAD 输入文字时，可以通过"文字格式"对话框中的"堆叠"按钮 ![b/a] 创建堆叠文字（堆叠文字是一种垂直对齐的文字或分文字）。在使用时，需要分别输入分子和分母，其间使用/、# 或^分隔，然后选择这一部分文字，单击 ![b/a] 按钮。例如，输入"2011/2012"，然后选中该文字并单击 ![b/a] 按钮，即可形成图 1-5-8 所示效果；输入"M2^"，选择"2^"，然后单击 ![b/a] 按钮，即可形成上标平方米效果；输入"M^2"，单击 ![b/a] 按钮即可形成下标效果，如图 1-5-9 所示。

图 1-5-8　输入/分隔符堆叠

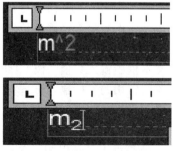

图 1-5-9　输入^分隔符堆叠

2. 空格键妙用技巧

在未执行的命令状态下选择图形，选择的图形呈蓝色夹点状态，单击任意蓝色夹点，将以红色显示，则此夹点作为基点。

（1）按空格键一次，自动转换为移动命令。

（2）按空格键两次，自动转换为旋转命令。

（3）按空格键三次，自动转换为缩放命令。

（4）按空格键四次，自动转换为镜像命令。

（5）按空格键五次，自动转换为拉伸命令。

1.5.5 AutoCAD 透明命令的使用方法

在 AutoCAD 中，透明命令是指在执行其他命令的过程中可以执行的命令。通常使用的透明命令多为修改图形设置的命令、绘图辅助工具命令，如 Snap、Grid、Zoom 等命令。

要以透明方式使用命令，应在输入命令之前输入单引号（'）。在命令行中，透明命令行的提示有一个双折符号（〉〉），完成透明命令后将继续执行原命令。图 1-5-10 所示为在执行直线命令中，使用透明命令开启正交模式的操作步骤。

图 1-5-10　透明命令的使用

1.5.6 数据的输入方法

在执行 AutoCAD 命令时，常需要输入执行命令所必需的数据，如距离、长度、线段端点坐标、圆心坐标等。

1. 数值输入

在执行某些 AutoCAD 命令过程中，当系统提示需要输入长度、距离、角度或位移量的数值时，可以通过键盘直接输入参数值，也可以通过鼠标指定两点来输入。

2. 坐标输入

在执行某些 AutoCAD 命令过程中，常需要指定该命令动作执行的位置，鼠标虽然使作图方便了许多，但当要求精确定位一个点时，则需要采用坐标输入方式。

输入坐标时，输入值一般显示在命令提示行。如果动态输入开关打开，可以在图形上的动态输入文本框中输入数值，按【Tab】键可在字段间切换。如何精确地输入点的坐标是绘图的关键，绘图常用的坐标输入方式有 4 种，分述如下：

（1）绝对坐标。

绝对坐标是基于原点（0，0）的。要使用坐标值定点，可输入用逗号隔开的 X 值和 Y 值（X，Y）。X 值是沿水平轴以图形单位表示的正的或负的距离，Y 值是沿垂直轴以图形单位表示的正或负的距离。例如，坐标（30，40）指定一点，此点在 X 轴方向距离原点 30 个单位，在 Y 轴方向距离原点 40 个单位。

（2）相对坐标。

相对坐标值是基于上一输入点的。如果知道某点与前一点的位置关系，可使用相对坐标。要指定相对坐标，在坐标的前面加一个@符号。例如，坐标（@30，40）指定一点，此点在

X轴方向距离上一指定的点 30 个单位，在 Y 轴方向上距离上一指定的点 40 个单位。

（3）绝对极坐标。

绝对极坐标可以用某点的距离以及该点与原点的连线与 0°方向（通常为 X 轴正方向）的夹角来表示，其格式为：距离<角度。例如"20<60"指定一点，该点距离原点 20 个单位，它与原点的连线与 0°方向的夹角为 60°。

（4）相对极坐标。

相对极坐标可以用某点相对上一点的距离以及该点与原点的连线与 0°方向（通常为 X 轴正方向）的夹角表示，其格式为：@距离<角度。例如，"20<60"指定一点，该点距上一点 20 个单位，它与上一点的连线与 0°方向的夹角为 60°。

1.6 坐标系

AutoCAD 图形中各点的位置都是由坐标系来确定的。在 AutoCAD 中，有两种坐标系：一个称为世界坐标系（WCS）的固定坐标系和一个称为用户坐标系（UCS）的可移动坐标系。在 WCS 中，X 轴是水平的，Y 轴是垂直的，Z 轴垂直于 XY 平面，符合右手法则，该坐标系存在于任何一个图形中且不可更改。

1.6.1 笛卡儿坐标系

笛卡儿坐标系又称为直角坐标系，由一个原点［坐标为（0，0）］和两个通过原点的、相互垂直的坐标轴构成。其中，水平方向的坐标轴为 X 轴，以向右为其正方向；垂直方向的坐标轴为 Y 轴，以向上为其正方向。平面上任何一点 P 都可以由 X 轴和 Y 轴的坐标所定义，即用一对坐标值（x，y）来定义一个点，如图 1-6-1 所示。

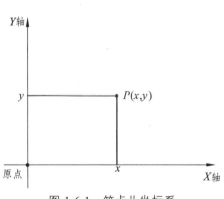

图 1-6-1 笛卡儿坐标系

1.6.2 极坐标系

极坐标系是由一个极点和一个极轴构成，极轴的方向为水平向右。平面上任何一点 P 都可以由该点到极点的连线长度 L（>0）和连线与极轴的交角 α（极角，逆时针方向为正）所定义，即用一对坐标值（$L<\alpha$）来定义一个点，其中"<"表示角度，如图 1-6-2 所示。

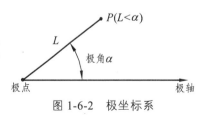

图 1-6-2 极坐标系

1.6.3 相对坐标

在某些情况下，需要直接通过点与点之间的相对位移来绘制图形，而不是指定每个点的绝对坐标。为此，AutoCAD 提供了使用相对坐标的方法。所谓相对坐标，就是某点与相对点的相对位移值，在 AutoCAD 中相对坐标用“@”标识。使用相对坐标时可以使用笛卡儿坐标，也可以使用极坐标，可根据具体情况而定，如图 1-6-3 所示。

+Y
−X
−Z
{1.5,3.0,0.0}
3
2
1
1
2
3
+Z
+X
−Y

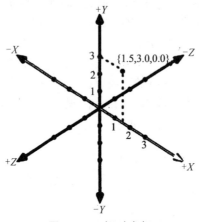

图 1-6-3　相对坐标

1.6.4　坐标值的显示

如图 1-6-4 所示，在屏幕底部状态栏左端显示当前光标所处位置的坐标值，该坐标值有 3 种显示状态。

（1）绝对坐标状态：显示光标所在位置的坐标。

（2）相对极坐标状态：在相对于前一点来指定第二点时可使用此状态。

（3）关闭状态：颜色变为灰色，并“冻结”关闭时所显示的坐标值。

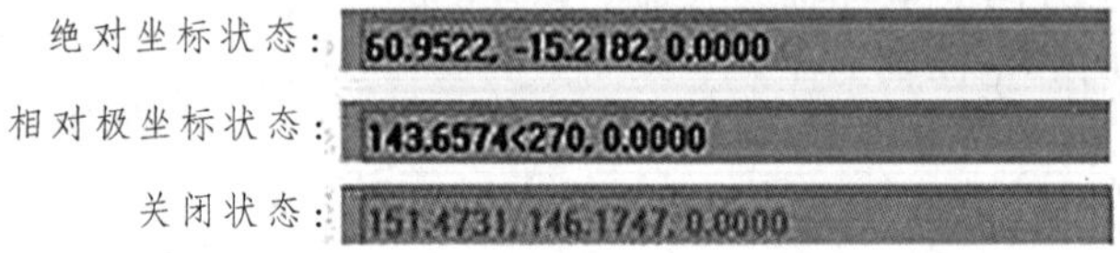

绝对坐标状态：
60.9522, -15.2182, 0.0000
相对极坐标状态：
143.6574<270, 0.0000
关闭状态：
151.4731, 146.1747, 0.0000

图 1-6-4

用户可根据需要在这 3 种状态之间进行切换，方法也有 3 种。

（1）连续按【F6】键可在这 3 种状态之间相互切换；

（2）在状态栏中显示坐标值的区域，双击也可以进行切换；

（3）在状态栏中显示坐标值的区域，单击右键可弹出快捷菜单，可在菜单中选择所需状态。

第 2 章　图形文件的创建与管理

【本章导读】

　　在 AutoCAD 软件的使用中，图形文件操作是最基本的，包括图形文件的新建、保存、加密、修复等。图形文件的管理包括绘图环境基本设置、识图操作、图层的使用等，掌握图形文件的操作与管理方法可以使用户更高效地完成绘图任务。

【技能目标】

（1）学会 AutoCAD 图形文件操作方法。
（2）熟悉绘图环境基本设置方法。
（3）能够熟练运用视图操作方法高效率绘图。
（4）认识图层工具及合理使用图层工具。

2.1　AutoCAD 图形文件操作

2.1.1　AutoCAD 文件的新建

　　启动 AutoCAD 后，将自动新建一个名为 "Drawing" 的图形文件，用户也可以通过 AutoCAD 中的样板来新建一个含有绘图环境的文件，以完成更多、更复杂的绘图操作。新建图形文件的方法如下：

　　方法 1：执行 "文件" | "新建（New）" 菜单命令。

　　方法 2：单击 "快速访问" 工具栏中的 "新建" 按钮 ▢ 。

　　方法 3：按【Ctrl + N】组合键。

　　方法 4：在命令行输入 New 并按【Enter】键。

　　执行上述操作后，将弹出 "选择样板" 对话框。在对话框中可选择新文件所要使用的样板文件，默认样板文件是 acad.dwt，用户可以从中选择相应的样板文件，此时在右侧的 "预览框" 中将显示出该样板的预览图像，然后单击 打开(O) 按钮，即可基于选定样板新建一个文件，如图 2-1-1 所示。

　　利用样板来创建新图形，可以避免每次绘制新图时需要进行的有关绘图设置的重复操作，不仅提高了绘图效率，而且保证了图形的一致性。样板文件中通常含有与绘图相关的一些通用设置，如图层、线型、文字样式、尺寸标注样式、标题栏、图幅框等。

　　在弹出的 "选择样板" 对话框中，单击 "打开" 按钮后面的 ▾ 按钮，在弹出的菜单中，可选择 "无样板打开—英制" 或 "无样板打开—公制" 选项，如果用户未进行选择，默认情况下将以 "无样板打开—公制" 方式打开图形文件。

　　公制（The Metric System）：基本单位为千克（kg）和米（m），为欧洲大陆及世界大多数国家所采用。

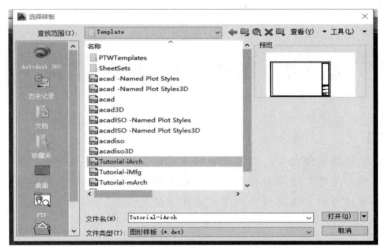

图 2-1-1 "选择样板"对话框

英制（The British System）：基本单位为磅（lb）和码（yd），为英联邦国家所采用，而英国因曾经加入欧盟，在一体化进程中宣布放弃英制，采用公制。

2.1.2 AutoCAD 文件的打开

想要对计算机中存在的 AutoCAD 文件进行编辑，必须先打开该文件，其方法如下：

方法 1：执行"文件" | "打开（Open）"菜单命令。

方法 2：单击"快速访问"工具栏中的"打开"按钮 ⬚。

方法 3：按【Ctrl + O】组合键。

方法 4：在命令行输入 Open 并按【Enter】键。

以上任意一种方法都可打开已存在的图形文件，在弹出的"选择文件"对话框中，选择指定路径下的指定文件，则在右侧的"预览"栏中显出该文件的预览图像，然后单击"打开"按钮，将所选择的图形文件打开，如图 2-1-2 所示。

图 2-1-2 "选择文件"对话框

2.1.3 局部打开 AutoCAD 文件

单击"打开"按钮右侧的倒三角按钮 ▼，将显示打开文件的 4 种方式，如图 2-1-3 所示。

在 AutoCAD 2014 中，可以以"打开""以只读方式打开""局部打开"和"以只读方式局部打开"4 种方式打开文件。当以"打开""局部打开"方式打开图形时，可以对打开图形进行编辑；当以"以只读方式打开""以只读方式局部打开"方式打开图形时，则无法对图形进行编辑。

如果选择"局部打开""以只读方式局部打开"方式打开图形，这时将打开"局部打开"对话框，如图 2-1-4 所示，可以在"要加载几何图形的视图"选项区域选择要打开的视图，在"要加载几何图形的图层"选项区域中选择要选择的图层，然后单击"打开"按钮，即可在选定区域视图中打开选择的图层上的对象。使用局部打开功能，便于用户有选择地打开自己所需要的图形内容，来加快文件装载的速度。特别是针对大型工程项目中，一个工程师通常只负责一小部分的设计，使用局部打开功能，能够减少屏幕上显示的实体数量，从而大大提高工作效率。

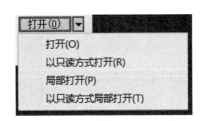

图 2-1-3　打开文件的方式

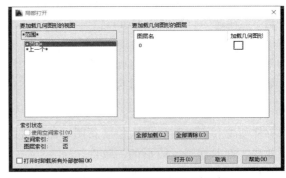

图 2-1-4　"局部打开"对话框

2.1.4 AutoCAD 文件的保存

图形绘制完毕后应保存至相应的位置，而在绘图过程中也随时需要保存图形，以免死机、停电等意外事故使图形丢失。下面讲解不同情况下保存图形文件的方法。

1. 保存新文件

新文件指还未进行保存操作的文件，保存新文件的方法如下：

方法 1：执行"文件"｜"保存（Save）"或"文件"｜"另存为（Save As）"菜单命令。

方法 2：单击"快速访问"工具栏中的"保存"按钮 。

方法 3：按【Ctrl + S】或【Shift + Ctrl + S】组合键。

方法 4：在命令行输入 Save 并按【Enter】键。

通过以上任意一种方法，将弹出"图形另存为"对话框，按照图 2-1-5 所示的操作提示进行保存即可。

2. 保存正在绘制或编辑后的文件

在绘图或编辑操作过程中，同样需要对图形进行保存，以免丢失当前的操作。

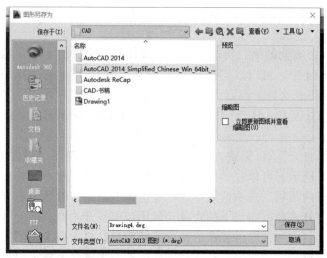

图 2-1-5　"图形另存为"对话框

方法 1：单击"快速访问"工具栏中的"保存"按钮 ▦。

方法 2：在命令行中输入 Qsave。

方法 3：按【Ctrl + S】组合键。

如果图形从未被保存过，将弹出"图形另存为"对话框，要求用户将当前图形文件进行存盘；如果图形已被保存过，就会按原文件名和文件路径存盘，且不会出现任何提示。

3. 保存样板文件

保存样板文件可以避免每次绘制新图时需要进行的有关绘图设置的重复操作，不仅提高了绘图效率，而且保证了图形的一致性。

在执行了"保存"或者"另存为"命令后，弹出"图形另存为"对话框，在"保存于"下拉列表中找到指定样板文件保存的路径，在"文件类型"下拉列表中选择"AutoCAD 图形样板（ *.dwt ）"选项，然后输入样板文件名称，最后单击 保存(S) 按钮即可创建新的样板文件，如图 2-1-6 所示。

图 2-1-6　保存为样板文件

在"图形另存为"对话框的文件类型下面还可以看到低版本的 AutoCAD 软件类型，如"AutoCAD 2000 图形(*.dwg)"等格式，而 AutoCAD 2014 默认保存文件格式是"AutoCAD 2013 图形（ *.dwg ）"，由于 AutoCAD 软件的向下兼容程序，低版本 AutoCAD 软件无法打开由高版本创建的 AutoCAD 图形文件，为了方便打开保存的文件，可以将图形保存为其他低版本的 AutoCAD 类型文件。

2.1.5 AutoCAD 文件的加密

在 AutoCAD 2014 中保存文件可以使用密码保护功能对文件进行加密保存，以提高资料的安全性。具体操作如下：

步骤 1：执行"文件"｜"保存"或者"文件"｜"另存为"菜单命令，弹出"图形另存为"对话框，单击 工具(L) ▼ 按钮，在弹出的快捷菜单中选择"安全选项"选项，如图 2-1-7 所示。

步骤 2：打开"安全选项"对话框，在"密码"选项卡的"用于打开此图形的密码或短语"文本框中输入密码，然后单击 确定 按钮，如图 2-1-8 所示。

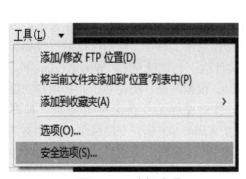

图 2-1-7　选择选项　　　　　　　　　图 2-1-8　"安全选项"对话框

步骤 3：打开"确认密码"对话框，在"再次输入用于打开此图形的密码"文本框中确认密码，单击 确定 按钮，如图 2-1-9 所示。返回到"图形另存为"对话框，为加密图形文件指定路径、设置名称与类型后，单击 保存(S) 按钮，即可保存加密的图形文件。

步骤 4：当用户再次打开加密图形文件时，系统将打开"密码"对话框，如图 2-1-10 所示。在对话框中输入正确密码才能将此加密文件打开，否则将无法打开此图形。

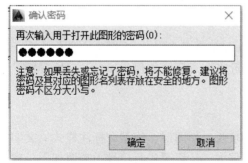

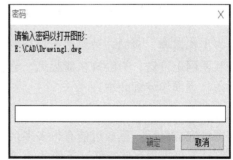

图 2-1-9　"确认密码"对话框　　　　　图 2-1-10　输入密码打开文件

2.1.6 AutoCAD 文件的修复方法

技巧概述：在使用 AutoCAD 工作中，意外死机、停电或文件出错都会给人们的工作带来诸多的困扰与不便。下面讲述在这种情况下，如何对 CAD 文件进行修复的方法。

（1）在出现死机、停电或文件出错自动退出并无提示等意外情况后，打开 CAD 文件出现错误，此时，可以用 AutoCAD 软件里的"文件" | "图形实用工具（U）"下面的"修复（R）"命令，对 CAD 文件进行修复。大多数情况是可以修复的。

（2）文件出错时，一般会出现一个提示是否保存的对话框，此时应选择不保存，如果选择保存，再打开文件时则已丢失，选不保存可能只丢失一部分。

（3）如果用"修复（R）"命令修复以后无用，可用插块方式，新建一个 CAD 文件把原来的文件用插块方式插进来，可能可行。

（4）在出现死机、停电等意外情况后，打开 AutoCAD 文件出现错误并用修复功能无效时，可到文件夹下找到备份文件（bak 文件），将其后缀名改为"dwg"，以代替原文件或改为另一文件名。打开后一般损失的工作量很小。有少数情况死机后再打开文件时虽然能打开，但没有了内容，或只有很少的几个图元，这时千万不能保存文件，按上述方法改备份文件（bak 文件）是最好的方法，如果保存了原文件，备份文件就被更新了，无法恢复到死机前的状态。

（5）如果没注意上面说的，备份文件也已更新到没实际内容的文件，或者在选项中取消了创建备份文件（以节省磁盘空间），那就得去找自动保存的文件了。自动保存的位置如果没自己更改的话，一般在系统文件所自动定义的临时文件夹下，也就是 C：Winnt\Temp 下。自动保存的文件名后缀为"sv$"（当然也可以自己定义），根据时间、文件名，能找到自动保存的文件。例如，受损的文件名是"换热器.dwg"，自动保存的文件名很可能是"换热器-?-?-????.sv$"，其中"?"号是一些不确定的数字。为 AutoCAD 建立专门的临时文件夹是一个较好的方法，便于清理和寻找文件，能减少系统盘的碎片文件。方法是在资源管理器建立文件夹后，在 AutoCAD 的选项中指定临时文件和自动保存文件的位置。

（6）作图习惯要注意，性能欠佳的计算机就不要将太多图纸放在一个文件中，容易出错。要养成随时保存的习惯，还要养成文件备份的习惯。可以在 AutoCAD 软件里的"工具（T）" | "选项（N）"里面的"打开和保存"按钮下面，设置为"自动保存"。

总之，发生意外情况千万不能慌神，要沉着冷静，一般都能把损失减少到最小。如果紧张，总是不断打开文件、保存文件，那只会给恢复带来困难。

2.1.7 AutoCAD 文件的清理方法

由于工作需要，我们经常要把大部分的 AutoCAD 绘制的 dwg 图形文件作为电子邮件的附件在互联网上传送，为经济快捷起见，笔者近来特意琢磨如何为 dwg 文件"减肥"，得到经验两条，下面作详细介绍。

1. 使用 Pureg 命令清理

当图纸完成以后，里面可能有很多多余的东西，如图层、线型、标注样式、文字样式、块、形等，不仅占用存储空间，还使 dwg 文件偏大，所以要进行清理。按照如下步骤进行操作，会将文件内部所有不需要的垃圾对象全部删除。

步骤1：在命令行输入"清理"命令（Pureg），将弹出"清理"对话框，即会看到该图形中所有项目，分别显示各种类型的对象。

步骤2：选中"查看能清理的项目"单选按钮，再单击 全部清理(A) 按钮即可，如图2-1-11所示。

还可以选择性地清理不需要的类型，如需要清理多余的图层，则在"清理"对话框中选择"图层"选项，再单击 清理(P) 按钮，即可将未使用的垃圾图层删除，如图2-1-12所示。

图 2-1-11　清理所有垃圾文件

图 2-1-12　清理未使用的图层

使用 Purge 命令把图形中没有使用过的块、图层、线型等全部删除，可以达到减小文件的目的，如果文件仅用于传送给对方看看或是永久性存档，在使用 Purge 命令前还可以做如下工作：

（1）把图形中插入的块炸开，使图形中不再含有块；

（2）把线型相同的图层上的元素全部放置在一个图层上，减少图层数量。

这样一来就能使更多的图块、图层成为没有使用的，从而可以被 Purge 删除，更加精简文件尺寸，连续多次使用 Purge 命令，就可以将文件"减肥"到极点。

2. 使用 Wblock 命令清理

把需要传送的用 Wblock 命令以写块的方式产生新的图形文件，把新生成的图形文件作为传送或存档用。到目前为止，这是笔者发现的最有效的"减肥"方法。这样就在指定的文件夹中生成了一个新的图形文件，具体操作如下：

步骤1：在命令行输入"写块"命令（Wblock），将弹出"写块"对话框。

步骤2：单击"选择对象"按钮 ，在图形区域选择需要列出的图形，并指定相应基点，按照图2-1-13所示的步骤进行操作，将需要的图形进行写块处理。

技巧提示：比较以上两种方法，各有长短。用 Purge 命令操作简便，但"减肥"效果稍差；用 Wblock 命令

图 2-1-13　写块操作

的最大优点就是"减肥"效果好，最大的缺点就是不能对新生成的图形进行修改（甚至不做任何修改）存盘，否则文件又变大了。dwg 文件用两种方法精简，对比效果后发现，精简后的文件大小相差在 5 kb 以内。读者可根据自己的情况确定使用何种方法。

在传送 dwg 文件前，应用 WinZIP（笔者推荐）压缩，效果较好，压缩后的文件大小只有原来的 40%左右。

2.2 绘图环境基本设置

当认识了图形文件的基本操作后，即可在绘图区中设置绘图环境。通常情况下，用户在 AutoCAD 2014 的默认环境下工作。但是在某些情况下，若在绘图前没有对绘图环境进行设置，在打印图纸时很有可能会出现打印不完整等情况。通过对 AutoCAD 绘图环境的设置可使其更符合用户的绘图习惯，从而提高绘图效率。

2.2.1 系统参数设置

设置系统参数是通过"选项"对话框进行的，如图 2-2-1 所示。可以通过两种方式打开"选项"对话框。

（1）命令行：输入 Options。

（2）菜单栏：选择"工具" | "选项"命令。

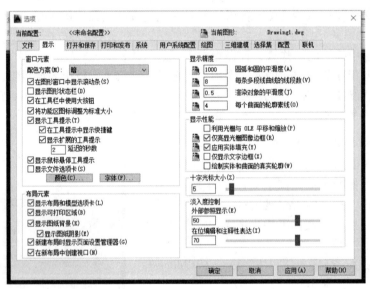

图 2-2-1 "选项"对话框

"选项"对话框由"文件""显示""打开和保存""打印和发布""系统""用户系统配置""草图""三维建模""选择集"和"配置"十个选项卡组成，各个选项卡的主要功能介绍如下：

"文件"选项卡：指定文件夹，以供 AutoCAD 查找当前文件夹中所不存在的文字字体、插件、线型等项目。

"显示"选项卡：用于设置窗口元素、布局元素、显示精度、显示性能、十字光标大小等显示属性。

"打开和保存"选项卡：用于设置默认情况下文件保存的格式、是否自动保存文件以及自动保存时间间隔等属性。

"打印和发布"选项卡：用于设置 AutoCAD 的输出设备。在默认情况下，输出设备为 Windows 打印机。但是通常需要用户添加绘图仪，以完成较大幅面图形的输出。

"系统"选项卡：用于设置当前三维图形的显示属性、当前定点设备、布局生成选项等。

"用户系统配置"选项卡：用于设置是否使用快捷菜单、插入比例、坐标输入优先级、字段等。

"草图"选项卡：用于设置自动捕捉、自动追踪、对象捕捉选项框大小等属性。

"三维建模"选项卡：用于设置三维十字光标、显示 UCS 图标、动态输入、三维对象和三维导航等属性。

"选择集"选项卡：用于设置选择集模式、拾取框大小及夹点颜色和大小等属性。

"配置"选项卡：用于实现系统配置文件的新建、重命名、输入、输出及删除等操作。

2.2.2 绘图界限设置

绘图界限是指绘图空间中一个假想的矩形绘图区域。如果打开了图形边界检查功能，一旦绘制的图形超出了绘图界限，系统就将发出提示。绘图边界即是设置图形绘制完成后输出的图纸大小。常用图纸规格有 A0 ~ A4，一般称为 0 ~ 4 号图纸。绘图界限的设置应与选定图纸的大小相对应。在模型空间中，绘图极限用来规定一个范围，使所建立的模型始终处于这一范围内，避免在绘图时出错。利用 Limits 命令可以定义绘图边界，相当于手工绘图时确定图纸的大小。绘图界限是代表绘图极限范围的两个二维点的 WCS 坐标，这两个二维点分别是绘图范围的左下角和右上角，它们确定的矩形就是当前定义的绘图范围，在 Z 方向上没有绘图极限限制。在绘制图形前可根据图纸的规格设置绘图界限，一般绘图界限应大于或等于选中的图纸尺寸。设置图形界限的方法有如下几种：

（1）菜单栏：切换到"AutoCAD 经典"工作空间中选择"格式" | "图形界限"命令。

（2）命令行：输入 Limits。

A3 图纸的规格为 420 mm × 297 mm，精度的默认值为小数点之后 4 位数。

可以通过以下两种方式设置绘图界限，如图 2-2-2 所示。

图 2-2-2　图形界限

在执行图形界限命令的过程中，命令行会出现"开（ON）/关（OFF）"提示选项，用于打开或关闭检查功能。在开（ON）状态下，表示只能在设置的图形界限范围内进行图形的绘制；在关（OFF）状态下，可以在绘图区中的任意位置绘制图形。当用户开启或关闭图形界限功能后还需要选择"视图"|"重生成"命令，设置才会生效。设定图形界限时必须选择"ON"命令，取消设定图形界限时必须选择"OFF"命令。

2.2.3 绘图单位设置

在开始绘图前，首先应确定一个图形单位，用来表示图形的实际大小。通常情况下，用户是采用 AutoCAD 2014 的默认单位来绘图的。在 AutoCAD 中，绘图单位和绘图界限都采用样板文件的默认设置，但在实际绘图过程中，样板文件设置的单位并不符合要求，这时就需要用户根据需要进行设置。AutoCAD 2014 支持用户自定义绘图单位，设置图形单位主要是在"图形单位"对话框中进行，打开该对话框的方法主要有如下几种：

（1）菜单栏：单击"菜单浏览器"按钮 ，在打开的应用程序菜单中选择"图形使用工具"|"单位"命令。

（2）命令行：输入 Units、Ddunits 或 UN。

执行上述操作之后将弹出"图形单位"对话框（见图 2-2-3），可以在该对话框中对图形单位进行设置。

1. 长 度

在"长度"选项组中可以设置图形的长度单位的类型和精度。长度单位的默认类型为"小数"，精度的默认值为小数点之后 4 位数。

2. 角 度

在"角度"选项组中可以设置角度单位的类型和精度。"类型"下拉列表框中提供了角度的单位类型，如十进制度数、百分度、度/分/秒、弧度和勘测单位等。角度单位的默认类型为"十进制度数"，精度默认为小数点之后两位数。在"角度"栏中选中 □顺时针(C) 复选框，系统将以顺时针方向为角度的正方向，在默认设置下是以逆时针为角度的正方向。

图 2-2-3 "图形单位"对话框

3. 插入时的缩放单位

在该选项组中可以设置用于缩放插入内容的单位，可以选择的单位有毫米、英寸、码、厘米、米等。

4. 方 向

单击"图形单位"对话框中的"方向"按钮，在弹出的如图 2-2-4 所示"方向控制"对话框中可以设置基准角度方向。AutoCAD 2014 默认的基准角度方向为正东方向。

5. 光 源

"光源"选项组用于设置当前图形中光源强度的单位，其中提供了"国际""美国"和"常规"三种测量单位。

图 2-2-4 "方向控制"对话框

2.2.4 工作空间的切换

AutoCAD 的工作界面是 AutoCAD 显示及编辑图形的区域，在 AutoCAD 2014 中为用户提供了草图与注释、三维基础、三维建模和 AutoCAD 经典四种工作空间。工作空间中各个选项板、工具栏的位置可以由用户自己定义，方便用户在一个熟悉的绘图环境中工作。第一次启动 AutoCAD 2014 是采用默认的"草图与注释"工作空间打开的，常用的是"AutoCAD 经典"工作空间。设置工作空间可以在自定义用户界面对话框中进行，打开该对话框的方法有如下几种：

（1）工作空间：单击标题栏中的"草图与注释"按钮 [⚙ 草图与注释 ▼]，在弹出的下拉列表中选择"AutoCAD 经典"选项，将其切换为"AutoCAD 经典"工作空间，选择"工具"|"工作空间"|"自定义"命令。

（2）选项：单击标题栏中的"草图与注释"按钮 [⚙ 草图与注释 ▼]，在弹出的下拉列表中选择"自定义"选型。

AutoCAD 2014 工作界面的切换的步骤如下：

步骤 1：正常启动 AutoCAD 2014 软件，系统自动创建一个空白文件。

步骤 2：在"快速访问"工具栏中，单击"草图与注释"下拉列表，在其中选择"AutoCAD 经典"选项，即可完成 AutoCAD 2014 工作界面的切换，如图 2-2-5 所示。

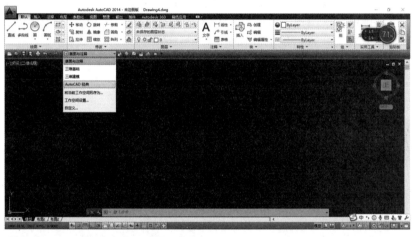

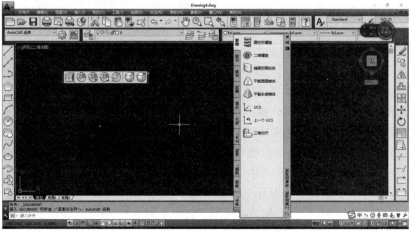

图 2-2-5　工作界面的切换

在状态栏中单击"切换工作空间"按钮 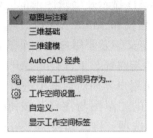，即可弹出如图 2-2-6 所示的快捷菜单，在此菜单中同样提供了 AutoCAD 各种工作界面供用户选择。

图 2-2-6　工作空间

2.3　视图操作

2.3.1　缩放视图

实际绘图时，经常需要改变图形的显示比例，如放大图形或缩小图形。通过图形缩放功能，用户可以更准确地观察图形。缩放后，图形的显示大小发生变化，但是其真实尺寸不变。

可以通过以下几种方法进行图形的缩放。

（1）工具栏：选择"默认"|"修改"组，单击"缩放"按钮 缩放。

（2）菜单栏：选择"视图"|"二维导航"组，单击"范围"按钮 范围 右侧的下拉按钮 ▼，在弹出的下拉列表中选择需要的选项。

（3）命令行：输入 Zoom（Z）。

（4）滚动鼠标滚轮。

缩放图形的方式多种多样，在不同的情况下可采用不同的方式，在使用 Zoom 命令时，只需在命令行中输入 Zoom，然后在列出的选项中选择对应的命令，再在打开的图形中拖动鼠标选择其中的区域，放大图形即可。使用缩放命令对图形对象进行缩放操作时，可以有 8 种缩放方式。图形缩放有以下几种模式，如图 2-3-1 所示。

全部（A）：在当前窗口中显示全部图形。如果绘制的图形包含在用户定义的图形界限内，则在当前视窗中完全显示出图形；如果绘制的图形超出了图形界限，则以图形的边界所包括的范围内进行显示。

中心（C）：指将图形上的指定点作为绘图屏幕的显示中心点（实际上平移视图）。在中心点缩放模式下，用户输入比例因子或高度来显示一个新图形，所指定的点作为新图形的中心点。输入的值比默认值小，将会放大图形；反之，则会缩小图形。

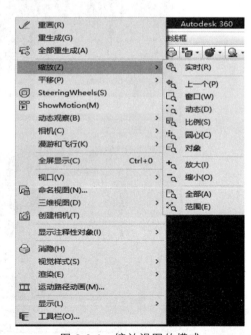

图 2-3-1　缩放视图的模式

实时（R）：执行该操作之后，鼠标指针变成放大镜图标，按下鼠标左键向上拖动能够使图形放大，反之可使图形缩小。可以通过点击【Esc】键或回车键来结束实时缩放操作，或者右击鼠标，选择快捷菜单中的"退出"项，也可以结束当前的实时缩放操作。

窗口（W）：选择窗口缩放之后，可以使用鼠标指定一个矩形区域，通过指定缩放矩形窗口两个对角点，可以使这个矩形窗口内的图形放大至整个屏幕。

上一个（P）：指返回到前面显示的图形视图。可以通过连续单击该按钮的方式依次往前返回。最多可以返回10次。

动态（D）：在动态缩放模式下，窗口中将显示一个带有叉号的矩形方框，单击后叉号消失，显示一个指向右方的箭头，拖动鼠标可以选择窗口的大小来确定选择区域的大小，然后按【Enter】键，即可缩放图形。通过拾取框来动态确定要显示的图形区域。执行该命令后屏幕上会出现动态缩放特殊屏幕模式，其中有3个方框。兰色虚线框一般表示图纸的范围，该范围是用Limits命令设置的边界或者是图形实际占据的矩形区域。绿色虚线框一般表示当前屏幕区，即当前在屏幕上显示的图形区域。选取视图框（框的中心处有一个×），用于在绘图区域中选取下一次在屏幕上显示的图形区域。

比例（S）：根据给定的比例来缩放图形。输入的数值为非零的正数，当输入的值大于1时，则将视图进行放大显示；当输入的值小于1时，则将视图缩小显示。AutoCAD中有3种输入比例值的方法，分别为：直接输入数值表示相对于图形界限进行缩放；在输入的比例值后面加上x，表示相对于当前视图进行缩放；在比例值后面加上xp，表示相对于图纸空间单位进行缩放。

对象（O）：在对象缩放模式下，选择对象后按【Enter】键，选择的对象会位于绘图区域的中心，并放大显示。

范围（E）：将全部图形显示在屏幕上。此时如果各图形对象均没有超出出Limits命令设置的绘图范围，AutoCAD在屏幕上显示该范围。如果有图形对象画到所设置的范围之外，则会扩大显示区域，将超出范围的部分也显示在屏幕上。

2.3.2 平移视图

在AutoCAD绘图过程中，可以移动整个图形，使图形的特定部分位于显示屏幕，方便查看和编辑，这时就需要执行平移命令，使用平移命令的方法主要有如下几种，如图2-3-2所示。

（1）菜单栏：选择"视图"|"二维导航"组，单击"平移"按钮 平移 。

（2）命令行：在命令行中输入Pan（P）（透明命令）。

当执行平移命令后鼠标光标就会变成手形状，按住鼠标左键不放，在绘图区中拖动就可以平移绘图区的图形。平移不改变图形中对象的位置或放大比例，只改变视图。

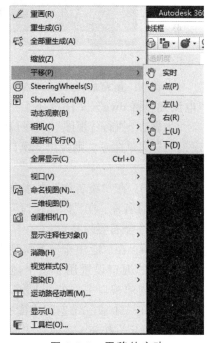

图 2-3-2　平移的启动

2.3.3 平铺视口

平铺视口是指将绘图窗口分成多个矩形视图区域，从而可以得到多个相邻又不同的绘图区域，其中的每一个区域都可用来查看图形对象的不同部分。要创建平铺视口，用户可以通过以下几种方式。

（1）菜单栏：执行"视图"|"视口"|"新建视口"。

（2）命令行：在命令行中输入或动态输入 Vpoints。

执行了新建视口命令后，将弹出"视口"对话框（见图 2-3-3），在该对话框中可以创建不同的视口并设置视口平铺方式等。具体操作步骤如下：

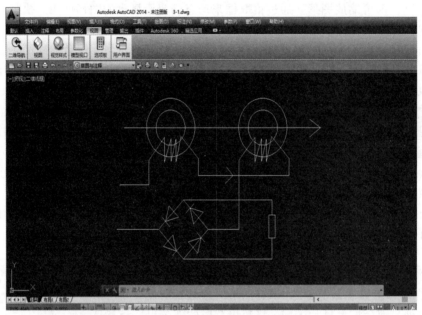

图 2-3-3 "视口"对话框

步骤 1：正常启动 AutoCAD 2014 软件，在"快速访问"工具栏中，单击打开按钮，将"电流互感器.dwg"文件打开。

步骤 2：执行"视图"|"视口"|"新建视口"菜单命令，则弹出"视口"对话框。

步骤 3：在"新名称"文本框中输入新建视口的名称，在"标准视口"列表中选择一个符合需要的视口。

步骤 4：在"应用于"下拉列表中选择将所选的视口设置用于整个显示屏幕还是用于当前视口中；在"设置"下拉列表中选择在二维或三维空间中配置视口，再单击"确定"按钮，完成新建视口的设置，如图 2-3-4 所示。

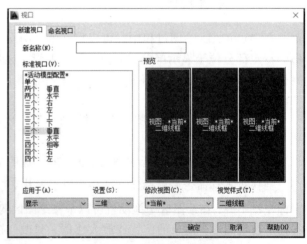

图 2-3-4 新建视口的设置

2.3.4 视口合并的方法

在 AutoCAD 2014 中不仅可以分割视图，还可以根据需要来对视口进行相应的合并，用户可以通过以下几种方式来对视口进行合并。

（1）菜单栏：执行"视图"|"视口"|"合并"。

（2）功能区：单击"模型视口"面板中的合并按钮 ▦ 合并 。

按上例"新建的视口.dwg"文件，执行"视图"|"视口"|"合并"菜单命令，系统将要求选择一个视口作为主视口，再选择一个相邻的视口，即可以将所选择的两个视口进行合并，如图 2-3-3 所示。

其中，四周有粗边框的为当前视口，通过双击鼠标可以在各个视口中进行切换。

2.3.5 使用鸟瞰视图

执行方式：

（1）菜单栏：执行"视图"|"鸟瞰视图"。

（2）命令行：输入 Dsviewer（透明命令）。

"鸟瞰视图"窗口是一种浏览工具。它在一个独立的窗口中显示整个图形的视图，以便快速定位并移动到某个特定区域。"鸟瞰视图"窗口打开时，不需要选择菜单选项或输入命令，就可以进行缩放和平移。

执行实时缩放和实时移动操作的步骤如下：

（1）在鸟瞰视图窗口中单击鼠标左键，则在该窗口中显示出一个平移框（即矩形框）。表明当前是平移模式。拖动该平移框，就可以便图形实时移动。

（2）当窗口中出现平移框后。单击鼠标左键，平移框左边出现一个小箭头，此时为缩放模式。此时拖动鼠标，就可以实现图形的实时缩放，同时会改变框的大小。

（3）在窗口中再单击鼠标左键，则又切换回平移模式。

利用上述方法，可以实现实时平移与实时缩放的切换。

2.3.6 重画与重新生成图形

1. 重 画

（1）当在 AutoCAD 2014 中绘制较复杂或较大的图形时，在绘图区中常常会遗留下用来指示对象位置的标记点，使屏幕看起来有些杂乱，此时可以用刷新屏幕显示的方法，从而消除残留的标记点痕迹，使图形变得更加清晰和有序。重画启动方法如图 2-3-5 所示。

① 菜单栏：在"AutoCAD 经典"工作空间中选择"视图"|"重画"。

② 命令行：输入 Redrawall（透明命令）。

当 Blipmode 打开时，将从所有视口中删除编辑命令留下的点标记。

2. 重新生成

（1）重生成。

使用 AutoCAD 绘图经常会遇到这样的情况，绘制一个圆或圆弧时发现不圆，而且出现边缘轮廓看起来就行正多边形，这是为什么呢？这其实是图形显示出了问题，不是图形错误，要解决这个问题就要优化图形显示。

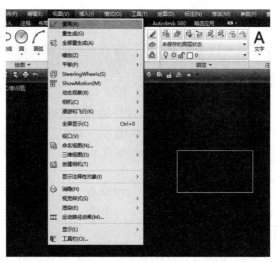

图 2-3-5　重画的启动方法

使用 Regen（重生成）命令可以优化当前视口的图形显示，在当前视口中重生成整个图形并重新计算所有对象的屏幕坐标，同时还重新创建图形数据库索引，从而优化显示和对象选择的性能。在 AutoCAD 中执行重生成的方法如下：

① 菜单栏：在"AutoCAD 经典"工作空间中选择"视图"|"重生成"。

② 命令行：输入 Regen（透明命令）。

重生成启动方法如图 2-3-6 所示。

（2）全部重生成。

使用 Regenall（全部重生成）命令可以优化所有视口的图形显示。Regenall 重新计算并生成当前图形的数据库，更新所有视口显示。该命令与 Regen 类似。在 AutoCAD 中执行重生成的方法如下：

① 菜单栏：在"AutoCAD 经典"工作空间中选择"视图"|"全部重生成"。

② 命令行：输入 Regenall（透明命令）。

全部重生成启动方法如图 2-3-7 所示。

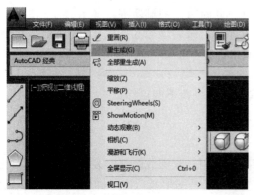

图 2-3-6　重生成启动方法

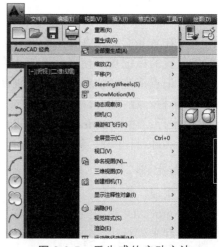

图 2-3-7　重生成的启动方法

2.3.7 清除屏幕

清除屏幕与重画和重生成的功能有所不同，重画和重生成主要用于消除残留的标记点和痕迹，而清除屏幕可将图形环境中，除了一些基本的命令或菜单外的其他配置在屏幕上进行清除，从而只保留绘图区，这样更有利于突出图形本身，以便于查看。清除屏幕的方法如下：

（1）菜单栏：在"AutoCAD 经典"工作空间中选择"视图"|"全屏显示"。

（2）快捷键：按【Ctrl + 0】组合键快速清除屏幕。

如图 2-3-8 所示，当清除屏幕并查看清除后的效果后，可在"AutoCAD 经典"工作空间中再次选择"视图"|"全屏显示"命令，退出清除屏幕显示。

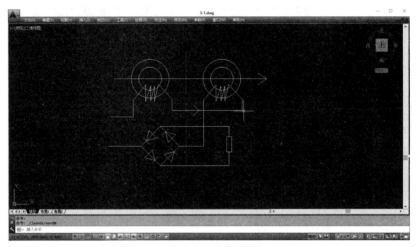

图 2-3-8　全屏显示

2.4　图层的认识与使用

2.4.1　认识图层

图层相当于绘图中使用的重叠图纸，每一张图纸像是一张透明的薄膜（也可以理解为玻璃），每一张可以单独绘图和编辑，设置不同的特性而不影响其他的图纸，重在一起又成为一幅完整的图形。图层是图形中使用的主要组织工具。可以使用图层将信息按功能编组，起到对图形进行分类的作用，也可以强制执行线型、颜色及其他标准。

绘制复杂的图层时，除了前面所学的编辑之外，一般需要多个图层来管理、控制图形，如创建图层、管理图层和保存与调用图层等，而且每个图层应设置不同的图层特性，以适应不同图形的需求。

图层类似于投影片将不同属性的对象分别画在不同投影片上，并将多个投影片重叠在一起，除了图形对象之外，其余部分全部为透明状态。

在 AutoCAD 2014 中绘制任何对象都是在图层中进行的，图层可以是系统生成的默认图层，也可以是用户新建的图层。对图层进行编辑后，位于图层上的图形对象也会随之而改变。使用图层管理图形，用户就可以独立地对每个图层中的图形对象进行修改、编辑，而对其他层中的图像不会有任何影响。

通过创建图层，可以将类型相似的对象指定给同一图层以使其相关联。例如，可以将构造线、文字、标注和标题栏置于不同的图层上。然后可以控制以下各项：

（1）图层上的对象在任何视口中是可见还是暗显；

（2）是否打印对象以及如何打印对象；

（3）为图层上的所有对象指定何种颜色；

（4）为图层上的所有对象指定何种默认线型和线宽；

（5）是否可以修改图层上的对象；

（6）对象是否在各个布局视口中显示不同的图层特性。

每个图形均包含一个名为"0"的图层，此图层无法删除或重命名。该图层可以确保每个图形至少包括一个图层，并提供与块中的控制颜色相关的特殊图层。在绘制图形的时候建议用户创建几个新图层来组织图形，而不是在图层0上创建整个图形。

2.4.2 图层的创建与删除

1. 创建图层

创建新图层，列表将显示名为"图层1"的图层。创建新图层后图层名称为可编辑状态，可以直接输入图层名称。因此，可以立即输入新图层名，新图层将继承图层列表中当前选定图层的特性（颜色、开或关状态等）。如果图层名称呈不可编辑状态，用户可以通过单击鼠标右键，在弹出的快捷菜单中选择"重命名图层"命令或按【F2】键对图层重命名，输入名称后按【Enter】键即可。图层名称不可超过255个字符，包括各类符号、数字、中文等。图层与图层之间具有相同的坐标系、绘图界限、缩放倍数，不同层上的对象可以同时进行操作，而且操作在当前图层上进行。

创建图层主要在"图层特性管理器"对话框中进行，打开该对话框的方法有如下几种：

（1）功能区："常用"选项卡|"图层"面板|"图层特性管理器"。

（2）菜单栏：选择"格式（O）"|"图层（L）"。

（3）命令行：输入 Layer（LA）。

通过以上任意一种方式，都将打开图层特性管理器对话框。注意可以在图形中创建的图层数以及可以在每个图层中创建的对象数实际上没有限制。

如图2-4-1所示，打开"图层特性管理器"对话框，并创建一个新的图层，并将图层的名称更改为"轮廓线"。其具体操作如下：

图2-4-1　打开图层管理器

步骤 1：打开图层管理。

在打开的 AutoCAD 窗口中选择"默认"|"图层"组，单击"图层特性"按钮，打开"图层特性管理器"对话框。

在 AutoCAD 2014 中绘制的图形都是在图层上进行的，对图层进行编辑后，位于其上的图形实体特性也会随之而变化。

步骤 2：新建轮廓线。

（1）如图 2-4-2 所示，在打开的对话框中单击"新建图层"按钮。

图 2-4-2　新建图层

（2）在图层列表中出现"图层一"图层将其名称更改为"轮廓线"。

在"图层特性管理器"对话框中对图层进行设置后，应及时应用并保存设置。

步骤 3：关闭对话框。

如图 2-4-3 所示，在"轮廓线"图层的其他位置单击鼠标，确定"轮廓线"图层的创建，单击"关闭"按钮，关闭"图层特性管理器"对话框。

图 2-4-3　创建完成

在"图层特性管理器"对话框中可以添加删除和重命名图层，也可以更改图层特性。

创建图层后，可以控制图层特性管理器中列出的图层名，并且可以按图层名或图层特性（颜色或可见性）对其进行排序。

2. 删除图层

从图形文件定义中删除选定图层，只能删除未被参照的图层。参照的图层包括图层 0 和 DEFPOINTS、包含对象（包括块定义中的对象）的图层、当前图层以及依赖外部参照的图层。注意：如果绘制的是共享工程中的图形或是基于一组图层标准的图形，删除图层时要小心，新图层将在最新选择的图层下进行创建。

选中该图层点击右键选择"删除"按钮，即可删除该图层。

2.4.3 设置图层的特性

在图形的绘制过程中，常常会使用不同颜色、线型和线宽的线条来代表不同的图形对象，下面分别对图层特性中常使用的颜色、线型以及线宽进行介绍。

1. 设置图层颜色

在绘图过程中，为了区分不同的对象，通常需要将图层设置为不同的颜色，AutoCAD2014中提供了 7 种标准颜色，即红色、黄色、绿色、青色、蓝色、紫色和白色，用户也可以根据需要设置其他的颜色。下面将打开"图层特性管理器"对话框，对图层颜色进行更改。具体操作如下：

步骤 1：打开管理器对话框。

如图 2-4-4 所示，打开图形文件，选择"默认"|"图层"组，单击"图层特性"按钮，打开"图层特性管理器"对话框。

图 2-4-4 图层特性按钮

打开"图层特性管理器"是打开当前图层的第一步，因此，可通过不同的方法进行打开，之前章节已经作了介绍。

步骤 2：打开"选择颜色"对话框。

如图 2-4-5 所示，在打开的"图层特性管理器"对话框中单击"尺寸标注"图层的"颜色"按钮■白，打开"选择颜色"对话框。

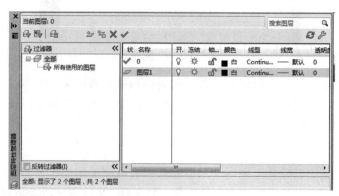

图 2-4-5 选择颜色

选择颜色还可通过单击所需设置的图层的"颜色"按钮■白，再单击鼠标右键，在弹出的快捷菜单中选择"选择颜色"命令设置颜色。

步骤3：设置颜色。

（1）如图2-4-6所示，在"选择颜色"对话框中选择颜色选项。

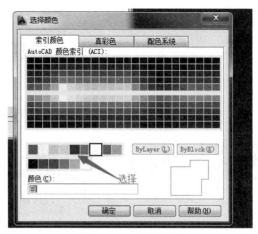

图 2-4-6　设置颜色

（2）单击"确定"按钮，返回"图层特性管理器"对话框。

需要注意的是，在绘图过程中，设置图层颜色与改变图形颜色类似，只是针对的对象不同，设置图层颜色是针对图层中的所有对象，而改变颜色主要是针对单独的选择对象，其打开的方法有所不同，但是它们都将打开"选择颜色"对话框，并在其中进行设置。

2. 设置图层线型

在图层中除了使用不同的颜色表示图形的不同外，不同的线型表示的作用也不相同。在默认情况下采用"Continous"线型，而在实际的绘图中，经常使用点划线、虚线等线型，因此需为图层设置相应的线型。

如图 2-4-7 所示，在打开的"图层特性管理器"对话框中，将"母线"图层的线型更改为"ACADISO007W100"。其具体操作如下：

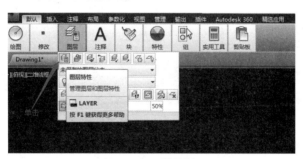

图 2-4-7　图层特性管理器

步骤1：打开管理器对话框。

打开图形文件，选择"默认"|"图层"组，单击"图层特性"按钮，打开"图层特性管理器"对话框。

步骤2：加载线型。

（1）在"图层特性管理器"对话框中选择"母线"图层的"Continous"选项。

（2）打开"选择线型"对话框，单击"加载"按钮。

如图 2-4-8 所示，选择单个线型选项，在打开的"选择线型"对话框中将只显示选择的线型样式。

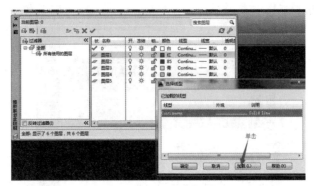

图 2-4-8　选择线型

步骤 3：选择线型。

（1）打开"加载或重载线型"对话框，在该对话列表框的"可用线型"列表框中选择"ACAD1S007W100"选项。

（2）单击"确定"按钮。当为图层设置线型后，还可在"AutoCAD 经典"工作空间中通过选择"格式"|"线型"命令，在打开的"线型管理器"对话框中对线型的比例因子进行设置。

步骤 4：设置图层线型。

（1）如图 2-4-9 所示，返回"选择线型"对话框，在已加载的线型列表框中选择"ACAD_1S007W100"选项。

（2）单击"确定"按钮。

图 2-4-9　已加载线型选择

3. 设置图层线宽

通常在对图层进行颜色和线型设置后，还需对图层线宽进行设置。不同线条的粗细，可以代表不同图形对象，如粗实线一般表示图形的轮廓线，细实线表示剖切线等。

在为图层设置线宽前，线宽的显示形式都以默认形式进行显示。由于 AutoCAD 在各个行业中使用的线型完全不同，所以在选择线型、线宽时可线型完全不相同，根据自身行业的需要进行加载。用户在设置线宽时为了更好地了解图层线宽原来的状态和现在选择的状态，可以通过"线宽"对话框下面的提示来查看。单击"帮助"按钮，在打开的"AutoCAD 2014帮助"窗口中也会显示相关的信息。

如图 2-4-10 所示，打开"图层特性管理器"对话框，将"轮廓线"图层线宽设置为 0.30 mm，将其余图形的线宽设置为 0.20 mm。其具体操作如下：

步骤 1：打开管理器对话框。

打开图形文件，选择"默认"|"图层"组，单击"图层特性"按钮，打开"图层特性管理器"对话框，在其中选择"轮廓线"图层的"默认"选项。

图 2-4-10　默认选项

步骤 2：设置线宽。

（1）如图 2-4-11 所示，打开"线宽"对话框，在"线宽"对话框的"线宽"列表框中选择"0.30 mm"选项。

图 2-4-11　线宽选择

（2）单击"确定"按钮，返回"图层特性管理器"对话框。

步骤 3：设置其他线宽。

如图 2-4-12 所示，使用相同的方法，对其余图层的线宽进行设置，其设置的线宽为"0.20 mm"，查看设置完成后的效果。

图 2-4-12　设置其他线宽

2.4.4　图层管理

图层管理包括设置为当前图层、图层的打开与关闭、冻结与解冻以及锁定与解锁等。通过对图层的管理，可以为图形的绘制和管理带来极大便利。

1. 设置当前图层

若在指定的图层上对图形进行绘制，首先应切换至当前图层，然后在绘图区中绘制图形，某图形的特性将与该图层相匹配，即图形的颜色、线型、线宽为该图层所设置的特性。切换当前图层，主要有以下几种方法。

（1）通过按钮设置当前图层。

在"图层特性管理器"对话框中选中需要设置为当前的图层，单击"置为当前"按钮。

（2）通过快捷菜单话置当前图层。

在"图层特性管理器"对话框中选中需要设置为当前的图层，单击鼠标右键，在弹出的快捷菜单中选择"置为当前"命令。

（3）通过下拉列表设置当前图形。

选择"常用"|"图层"组，在"图层"下拉列表框中选择需要设置为当前图层的图层。

（4）通过面板中设置当前图层。

在绘图区中选择图形对象，在"默认"选项卡的"图层"面板中，单击"将对象的图层设为当前图层"按按钮。

2. 打开关闭图层

默认情况下图层都处于打开状态，在该状态下图层中的所有图形对象将显示在屏幕上，用户可对其进行编辑操作及打印，若将其关闭后，该图层上的实体不会显示在屏幕上，也不能被编辑以及打印输出。打开与关闭图层，主要有以下两种方法。

（1）"图层特性管理器"对话框。

如图 2-4-13 所示，在"图层特性管理器"对话框中单击图层上的"开"状态图标💡，使其变为💡，图层即被关闭，再次单击可打开该图层。

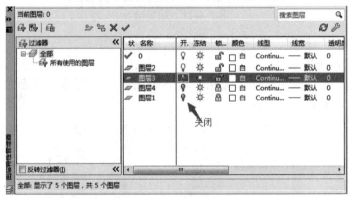

图 2-4-13　图层的关闭

（2）下拉按钮。

如图 2-4-14 所示，选择"默认"|"图层"组，单击"图层"下拉按钮，在打开的下拉列表中点击图层的开关图标💡，使其变为💡，图层即被关闭，再次单击可打开该图层。

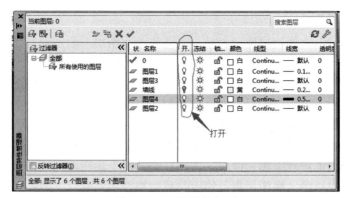

图 2-4-14　图层的打开

3. 冻结与解冻图层

冻结所有视图中选定的图层，包括"模型"选项卡。冻结图层有利于减少系统生成时间，冻结的图层不参与计算且不显示在绘图区中，并且用户不能对其进行编辑。可以通过冻结图层来提高 Zoom、Pan 和其他若干操作的运行速度，提高对象选择性能并减少复杂图形的重生成时间。冻结后将不会显示、打印、消隐、渲染或重生成冻结图层上的对象。

冻结命令用于希望长期不可见的图层。如果计划经常切换可见性设置，请使用"开/关"设置，以避免重生成图形。可以在所有视图、当前布局视图或新的布局视图中（在其被创建时）冻结某一个图层。

解冻一个或多个图层可能会导致重新生成图形。冻结和解冻图层比打开和关闭图层需要更多的时间。

需要注意的是，不能冻结当前层，也不能将冻结层改为当前层，否则将会显示警告信息对话框。

冻结与解冻图层，主要有以下两种方法。

（1）"图层特性管理器"对话框。

在"图层特性管理器"对话框中需要进行冻结的图层上单击"冻结"状态图标☼，使其变为❀，则将该图层冻结。

（2）下拉按钮。

如图 2-4-15 所示，选择"默认"｜"图层"组，单击"图层"下拉按钮，在打开的下拉列表中单击需要进行冻结图层的"冻结"状态图标☼，使其变为❀，则将该图层冻结。

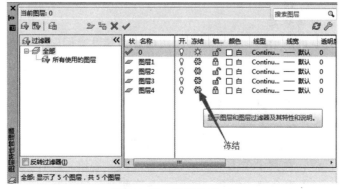

图 2-4-15　图层的冻结

4. 锁定与解锁图层

锁定某个图层时，在解锁该图层之前，无法修改该图层上的所有对象。锁定图层可以降低意外修改对象的可能性。用户仍然可以将对象捕捉应用于锁定图层上的对象，且可以执行不会修改这些对象的其他操作。可以将对象淡入到锁定图层，以使它们比其他对象显示得更加模糊。这可以轻松查看锁定图层上的对象，也可以降低图形的视觉复杂程度，但仍保留视觉参照和对锁定图层上的对象的对象捕捉功能。

图层被锁定后，该图层上的实体仍显示在屏幕上，但不能对其进行编辑操作，锁定图层有利于对较为复杂图形进行编辑，而锁定图层，通常用于绘制辅助线，如建筑绘图中的轴线和机核制图中的中心点等。将图层进行锁定与解锁操作主要有以下两种方法。

（1）"图层特性管理器"对话框。

在"图层特性管理器"对话框中需要进行锁定的图层上单击"锁定"图标 🔓，使其变为 🔒 状态，则将该图层锁定，再次单击即可解锁此图层。

（2）下拉按钮。

如图 2-4-16 所示，选择"默认" | "图层"组，单击"图层"下拉按钮，在打开的下拉列表中单击要锁定图层的"锁定"图标 🔓，使其变为 🔒 状态，则将该图层锁定，再次单击即可解锁此图层。

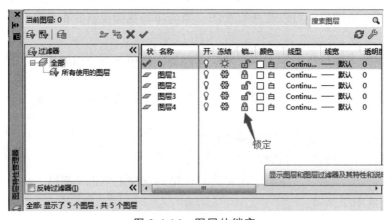

图 2-4-16　图层的锁定

2.4.5　输入输出图层状态

1. 保存并输出图层状态

当需要绘制较复杂的图形时，需创建多个图层并为其设置相应的图层特性。如果每次绘制新的图形都需要创建新的图层，绘制将十分麻烦且会降低工作效率。AutoCAD 2014 提供了保存图层特性功能及用户将创建好的图层以文件的形式保存起来，在绘制其他图形时直接将其调用到当前图形中即可。具体操作如下：

步骤 1：打开状态管理对话框。

（1）打开某个图形文件，选择"默认" | "图层"组，单击"图层特性"按钮，打开"图层特性管理器"对话框，在其中单击"图层状态管理器"按钮，打开"图层状态管理器"对话框。也可按【Alt + S】组合键，打开"图层状态管理器"对话框。

（2）如图 2-5-1 所示，单击"新建"按钮。

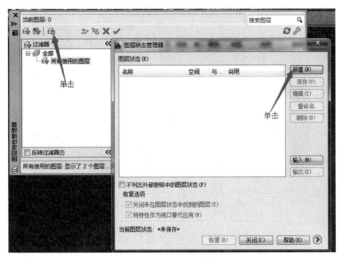

图 2-5-1　新建图层状态

步骤 2：输入新图层状态名。

（1）如图 2-5-2 所示，打开"要保存的新图层状态"对话框，在"新图层状态名"下拉列表框中输入"建筑图层"。

（2）在"说明"文本框中输入说明文字。

（3）单击"确定"按钮。

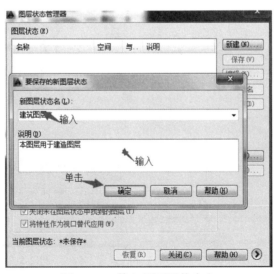

图 2-5-2　输入新图层状态名

步骤 3：编辑图层。

（1）如图 2-5-3 所示，返回"图层状态管理器"对话框，单击"编辑"按钮。

（2）打开"编辑图层状态：建筑图层"对话框，在图层列表框中选择"文字标注"图层。

（3）单击"从图层状态中删除图层"按钮，将选择的图层从图层状态中删除。

（4）单击"确定"按钮，确定编辑操作。

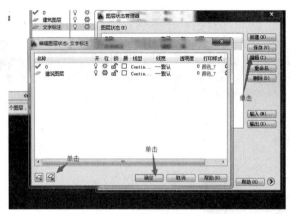

图 2-5-3　编辑图层

步骤 4：输出图层。

（1）如图 2-5-4 所示，返回"图层状态管理器"对话框，单击"输出"按钮。打开"输出图层状态"对话框，在"保存于"下拉列表框中选择文件的保存位置。

（2）在"文件名"文本框中输入"建筑图层.las"。

（3）单击"保存"按钮。

步骤 5：关闭图层。

如图 2-5-5 所示，返回"图层状态管理器"对话框，单击"关闭"按钮，返回"图层特性管理器"对话框，单击"关闭"按钮，完成操作。

图 2-5-4　保存图层状态

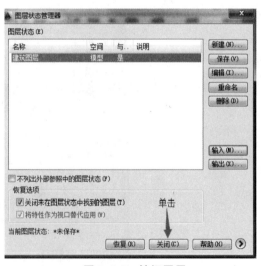

图 2-5-5　关闭图层

2. 输入图层状态

绘制图形时，除了可输出图层状态外，当已经有相似或相同的图层特性，可通过输入图层状态方法来快速设置图层。可以输入保存在图形文件（dwg、dws 和 dwt）中的图层状态，也可以从图层状态（las）文件中输入图层状态。

从图形文件输入图层状态时，可以从"选择图层状态"对话框中选择要输入的多个图层状态。输出图层状态时，图层状态将创建为 las 文件。

如果图层状态从图形中输入，且包含在当前图形中无法加载或不可用的图层特性（如线型或打印样式），则该特性将自动从源图形中输入。

如果图层状态从 las 文件中输入，且包含图形中不存在的线型或打印样式特性，则系统将显示一条消息，通知用户无法恢复特性。

注意：图层状态包含多个无法从 las 文件中恢复的特性时，显示的消息仅指示遇到的第一个无法恢复的特性。从 las 文件或其他图形中输入与当前图形中的图层状态相同的图层状态时，可以选择覆盖现有图层状态或不将其输入，也可以将图层状态输入到程序的早期版本。

下面以在图形文件中输入图层状态为例，其具体操作如下：

步骤 1：打开管理器对话框。

（1）如图 2-5-6 所示，打开图形文件，选择"默认"｜"图层"组，单击"图层特性"按钮，打开"图层特性管理器"对话框，在其中单击"图层状态管理器"按钮，打开"图层状态管理器"对话框。

（2）单击"输入"按钮。

步骤 2：选择输入的图层状态文件。

（1）如图 2-5-7 所示，打开"输入图层状态"对话框，在"文件类型"下拉列表框中选择"图层状态（*.las）"选项。

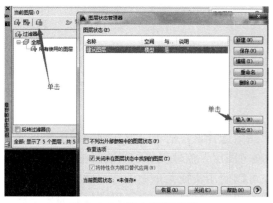

图 2-5-6　输入图层状态　　　　　　　图 2-5-7　选择图层状态文件

（2）在"查找范围"下拉列表框中选择文件存放的位置。

（3）在文件列表中选择要输入的图层状态文件。

（4）单击"打开"按钮。

步骤 3：完成图层输入。

打开"图层状态-成功输入"对话框，单击恢复状态按钮，即可为图形输出图层状态。

2.4.6　图层过滤器

1. 认识图层过滤器

图层过滤器可限制图层特性管理器和"图层"工具栏上的"图层"控件中显示的图层名。在大型图形中，可以使用图层过滤器仅显示要使用的图层。图层过滤器有以下两种。

（1）图层特性过滤器包括名称或其他特性相同的图层。例如，可以定义一个过滤器，其中包括颜色为红色，并且名称中包含字母 mech 的所有图层。

（2）图层组过滤器包括在定义时放入过滤器的图层，而不考虑其名称或特性。通过将选定图层拖动到过滤器，可以从图层列表中添加选定图层。

图层组过滤器只包括明确指定给过滤器的那些图层。即使更改了指定给过滤器的图层的特性，此类图层仍属于该过滤器。图层组过滤器只能嵌套在其他图层组过滤器下。

图层特性管理器中的树状图显示了默认的图层过滤器，以及在当前图形中创建并保存的所有命名过滤器。图层过滤器旁边的图标指示过滤器的类型，将显示以下 5 种默认过滤器。

全部：显示当前图形中的所有图层（始终显示过滤器）。

所有使用的图层：显示在当前图形中绘制的对象上的所有图层（始终显示过滤器）。

外部参照：如果图形附着了外部参照，将显示从其他图形参照的所有图层。

视口替代：如果存在具有当前视口替代的图层，将显示包含特性替代的所有图层。

未协调的新图层：如果自上次打开、保存、重载或打印图形后添加了新图层，将显示未协调的新图层的列表。

需要注意的是，不能重命名、编辑或删除默认过滤器。

2. 定义图层特性过滤器

可以在"图层过滤器特性"对话框中定义图层特性过滤器，从该对话框中可以选择要包括在过滤器定义中的以下任何特性：

（1）图层名、颜色、线型、线宽和打印样式；

（2）图层是否正在使用；

（3）打开还是关闭图层；

（4）在处于激活状态的视口或所有视口中冻结图层还是解冻图层；

（5）锁定图层还是解锁图层；

（6）是否将图层设置为打印。

命名并定义了图层过滤器之后，可以在树状图中选择该过滤器，以在列表视图中显示图层；也可以将过滤器应用于"图层"工具栏，以便"图层"控件仅显示当前过滤器中的图层。在树状图中选择一个过滤器并单击鼠标右键时，可以使用快捷菜单中的选项删除、重命名或修改过滤器。例如，可以将图层特性过滤器转换为图层组过滤器。也可以在过滤器中更改所有图层的特性。"隔离组"选项关闭图形中未包括在选定过滤器中的所有图层。

图层特性过滤器中的图层可能会随图层特性的更改而变化。例如，如果定义了一个名为"Site"的图层特性过滤器，该过滤器包含名称中带有字母"Site"，并且线型为"CONTINUOUS"的所有图层，然后更改了其中某些图层的线型，则具有新线型的图层将不再属于过滤器 Site，且应用该过滤器时，这些图层将不再显示出来。

第3章 AutoCAD 2014 快速绘图操作

3.1 绘图窗口的调整

当需要切换多个文件来进行绘制或编辑时，可以将这些文件都显示在一个工作平面，这样就可随意地在图形中进行切换与编辑，如图形之间的复制操作。

在 AutoCAD 2014 软件中，提供了多种窗口的排列功能。可以通过窗口"最小化"和"最大化"控制按钮 □ □ 和鼠标控件 ↔ ↖ 来调整绘图窗口的大小，还可以在菜单栏处于显示状态时，选择"窗口"菜单项，从弹出的下级菜单中即可看到"层叠""水平平铺""垂直平铺""排列图形"等选项，还可以看到当前打开的图形文件，如图 3-1-1 所示。

1. 层 叠

当图形过多时，可以通过层叠窗口来整理大量窗口，以便于访问，如图 3-1-2 所示。

2. 水平平铺

打开多个图形时，可以按行查看这些图形，如图 3-1-3 所示，只有在空间不足时才添加其他列。

3. 垂直平铺

打开多个图形时，可以按列查看这些图形，如图 3-1-4 所示，只有在空间不足时才添加其他行。

图 3-1-1 "窗口"菜单命令

4. 排列图标

图形最小化时，将图形在工作空间底部排成一排来排列多个打开的图形，如图 3-1-5 所示。

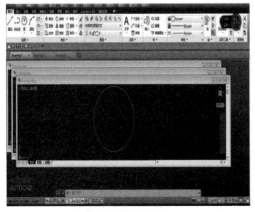

图 3-1-2 层叠

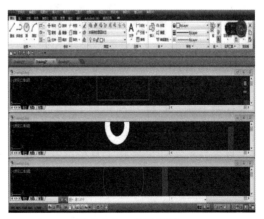

图 3-1-3 水平平铺

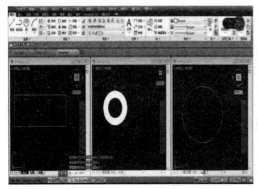
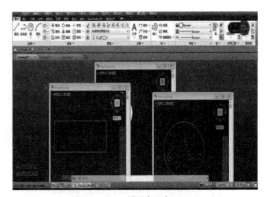

图 3-1-4　垂直平铺　　　　　　　　　　　　图 3-1-5　排列图标

3.2　工具栏的使用技巧

AutoCAD 是一个相当复杂的软件，其工具栏涉及的内容很多，通常每个工具栏都由多个图标按钮组成，每个图标按钮分别对应相应的命令。复杂的工具栏会给用户的工作效率带来一定的影响。为了能够最大限度地使用户在短时间内熟练使用 AutoCAD，AutoCAD 提供了一套自定义工具栏命令，用户可以对工具栏中的按钮进行调整。

3.2.1　控制工具栏的显示

1. 显示工具栏

右击任何工具栏，然后单击快捷菜单上的某个工具栏选项，即可显示该工具栏。

注意：AutoCAD 2014 的所有工具栏都是浮动的，它可以放在屏幕上的任何位置，并且可以改变其大小和形状。对任何工具栏，把光标放置在其标题栏或者其他非图标按钮的地方，然后按下鼠标左键，即可以将它拖动到需要的地方。对于任何的工具栏，把光标放置在其边界地方，当光标成为双向箭头时，按下鼠标左键拖动即可以改变工具栏的大小和形状。

2. 锁定工具栏

锁定工具栏也就是将工具栏固定在特定的位置。被锁定的工具栏的标题是不显示的，如"绘图"工具栏、"标准"工具栏和"对象特性"工具栏等。要锁定一个工具栏，可以在工具栏的标题上按下鼠标左键并将工具栏拖到 AutoCAD 窗口的上下两边或左右两边，这些地方都是 AutoCAD 的锁定区域。当工具栏的外轮廓线出现在锁定区域之后，释放鼠标左键即可锁定该工具栏。如果要将工具栏放在锁定区域中但并不锁定它，可在拖动时按住【Ctrl】键。如图 3-2-1 所示。

3. 显示菜单栏

菜单栏可隐藏、可显示，如图 3-2-2 所示。

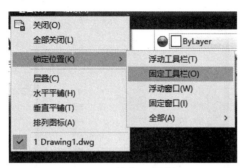

图 3-2-1　锁定工具栏　　　　　　　　　　　图 3-2-2　显示菜单栏

3.2.2　自定义"快速访问"工具栏

由于工作的性质和关注领域不同，每个 AutoCAD 软件使用者对软件中各种命令的使用频率大不相同。所以，AutoCAD 2014 提供了自定义"快速访问"工具栏的功能，让用户可以根据实际需要添加、调整、删除该工具栏上的工具。一般可以将使用频率最高的命令添加到"快速访问"工具栏中，以达到快速访问的目的。

单击"自定义快速访问工具栏"按钮 ▼ ，将会展开如图 3-2-3 所示的自定义快捷菜单，在该菜单中，带 ✓ 标记的命令为已向工具栏添加的命令，可以取消选中该命令在快速访问工具栏的显示。在下侧还提供了"特性匹配""特性""图纸集管理器""渲染"等命令，可以选中添加到"快速访问"工具栏上；还可以通过"在功能区下方显示"选项来改变"快速访问"工具栏的位置。

按照图 3-2-4 所示的步骤操作，可以向"快速访问"工具栏添加已有的命令图标。

图 3-2-3　自定义快速访问工具栏　　　　　　图 3-2-4　　添加已有命令

如果这些命令还不足以满足使用者的需求，可以选择"更多命令"选项来添加相应的命令。例如，在"草图与注释"工作空间的"注释"面板中，找不到"连续标注"命令，这时可以根据图 3-2-5 所示的操作将"连续标注"命令添加到"快速访问"工具栏中。

图 3-2-5　添加更多命令操作

若需要删除"快速访问"工具栏上的命令图标，直接在该图标上右击，在弹出的快捷菜单中，选择从"快速访问"工具栏中"删除（R）"选项即可，如图 3-2-6 所示。

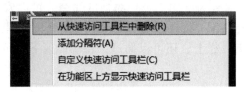

图 3-2-6　删除工具栏命令的方法

3.3　设置 ViewCube 工具的大小

在 AutoCAD 2014 软件中，ViewCube 工具就是绘图区右上方显示的东西南北控键，如图 3-3-1 所示。在绘图过程中该控制键的大小，会直接影响绘图区的大小，用户可以根据需要来调整该控键的大小。

步骤 1：在 AutoCAD 2014 环境中，在 ViewCube 工具上右击，即可弹出快捷菜单，再选择"ViewCube 设置"选项。

步骤 2：随后会弹出"ViewCube 设置"对话框，在"ViewCube 大小"栏中，取消勾选"自动（A）"复选框，则激活"ViewCube 大小"的滑动条，其默认的大小为"普通"，可以根据需要在滑动条位置上单

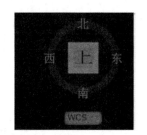

图 3-3-1　东西南北控键

击，来设置 ViewCube 的大小，后面的图形预览将随着鼠标的移动而变化，如图 3-3-2 所示。

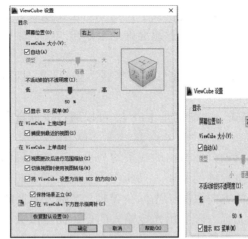

图 3-3-2   调整 ViewCube 工具大小

在"ViewCube 设置"对话框中，可以通过"屏幕位置（0）"选项，来设置该工具浮动在屏幕左上/左下/右上/右下位置；可以通过"不活动时的不透明度（I）"滑动条对其透明度进行设置；还可以设置"ViewCube 工具"下侧的 WCS 图标的显示与否。

在 AutoCAD 2014 软件里，控制显示 ViewCube（显示东西南北的按键）状态，可以用系统变量"NAVVCUBEDISPLAY"来控制，可控制 ViewCube 工具在当前视觉样式和当前视口中的显示。

（1）当"NAVVCUBEDISPLAY"变量为 0 时，ViewCube 工具不在二维和三维视觉样式中显示。

（2）当"NAVVCUBEDISPLAY"变量为 1 时，ViewCube 工具在三维视觉样式中显示但不在二维视觉样式中显示。

（3）当"NAVVCUBEDISPLAY"变量为 2 时，ViewCube 工具在二维视觉样式中显示但不在三维视觉样式中显示。

（4）当"NAVVCUBEDISPLAY"变量为 3 时，ViewCube 工具在二维和三维视觉样式中显示。"NAVVCUBEDISPLAY"默认变量值为 3，可以根据需要进行调整。

3.4   AutoCAD 2014 软件辅助功能的使用

AutoCAD 2014 快速绘图操作除了图形的创建与管理外，AutoCAD 2014 的软件辅助功能是另一个入门知识，它是提高绘制图形精确度和绘制速度的重要功能。常见的辅助功能主要有设置正交与极轴功能、设置栅格和捕捉功能、设置对象捕捉和对象追踪功能等。灵活运用这些辅助绘图工具，可大大提高绘图的工作效率。

3.4.1   正交模式的设置方法

在绘制图形时，除了需要设置图形的界面外，还经常需要绘制水平、垂直或者是成一定角度的线段。当设置了正交功能之后，可更好地绘制出水平或垂直的线段，用正交模式的打开和关闭状态来确定是否在正交模式下作图。当正交模式处于打开状态时，鼠标所拖出的所有线条都是平行于坐标轴的，可迅速准确地绘制出与坐标轴平行的线段，打开与关闭正交的操作方法如下：

方法1：鼠标在状态栏处单击"正交模式"按钮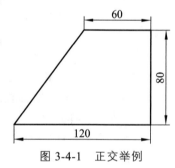，即可打开；若关闭正交模式用鼠标再次单击该按钮，即可关闭。

方法2："正交模式"功能键是【F8】，可以通过按键盘上的【F8】键来开启或者关闭正交模式。

在正交模式下，移动鼠标拖出的线条均为平行于坐标轴的线段，平行于哪一个坐标轴取决于拖出线的起点到坐标轴的距离。只能在垂直或水平方向画线或指定距离，而不管光标在屏幕上的位置。其线的方向取决于光标在 X 轴、Y 轴方向上的移动距离变化。

正交方式只控制光标，影响用光标输入的点，而对以数据方式输入的点无任何影响。

绘制图形时，在正交模式下光标只能在水平和垂直方向移动，可绘制水平和垂直方向的直线。移动光标时，不管水平轴或垂直轴哪个离光标最近，拖引线将沿着该轴移动。

技巧与说明：

（1）在绘图和编辑过程中，可以随时打开或关闭"正交"；

（2）如果在命令行直接输入坐标或运用捕捉对象特殊点功能时，则正交模式不起作用。

（3）不能同时打开"极轴追踪"模式和"正交"模式，但可同时关闭或者只打开其中一个模式。

（4）打开正交模式时，使用直接输入距离的方法可以绘制指定长度的正交线或指定图形对象移动的距离。

【例 3-1】 在正交模式下绘制简单的图形，如图 3-4-1 所示。

操作步骤：首先，确定正交模式为打开。

命令：line 指定一点：50，50↓

指定下一点或【放弃（U）】：鼠标向右移 120↓

指定下一点或【放弃（U）】：鼠标向上移 80↓

指定下一点或【闭合（C）/放弃（U）】：鼠标向左移 60↓

指定下一点或【闭合（C）/放弃（U）】：C↓

图 3-4-1 正交举例

3.4.2 捕捉与栅格的设置方法

捕捉和栅格都是 AutoCAD 精确绘图的辅助工具。使用栅格和捕捉功能，可以用来精确定位点，提高绘图效率。

"捕捉"用于设置鼠标光标移动间距，"栅格"是一些标定位置的小点，使用它可以提供直观的距离和位移参照。捕捉功能常与栅格功能联合使用，一般情况下，先启用栅格功能，再启动捕捉功能捕捉栅格点。

栅格是点或线的矩阵，遍布图界限的整个区域。使用栅格类似于在图形下放置一张坐标纸，可以提供直观的距离和位量的参照，以达到精确绘图的目的。但所显示的栅格不是图形的一部分，打印时不打印出来。

单击状态栏中的"栅格显示"按钮▦，使该按键呈凹下状态，这时在绘图区域中将显示网格，这些网格就是栅格，如图 3-4-2 所示。

图 3-4-2　启动栅格

如用户需要将鼠标光标快速定位到某个栅格点，就必须启动捕捉功能。单击状态栏中的"对象捕捉"按钮▣即可启用捕捉功能。此时在绘图区中移动十字光标，就会发现光标将按一定间距移动，为方便用户更好地捕捉图形中的栅格点，可以将光标的移动间距与栅格的间距设置为相同，这样光标就会自动捕捉到相应的栅格点，具体操作如下：

步骤 1：执行"工具"|"绘图设置"菜单命令，或者在命令行输入"草图设置"命令（SE），在弹出的"草图设置"对话框中选择"捕捉和栅格"选项卡，如图 3-4-3 所示。

图 3-4-3　"草图设置"对话框

步骤 2：如用户还未启用捕捉功能，可在该对话框勾选"启用捕捉（F9）"和"启用栅格（F7）"复选框，则启用栅格捕捉功能。

步骤 3：在"捕捉间距"选项组中，设置"捕捉 X 轴间距"为 10，"捕捉 Y 轴间距"同样为 10，以此来设置十字光标水平移动的间距值。

步骤 4：在"栅格样式"选项组中，可以设置在不同空间下显示栅格，若选择在"二维模型空间"下来显示点栅格，则在默认的二维绘图区域显示点栅格状态，如图 3-4-4 所示。

步骤 5：在右侧的"栅格间距"选项组中，设置"栅格 X 轴间距"与"栅格 Y 轴间距"均为 10。

步骤 6：最后单击 确定 按钮完成栅格设置，此时绘图区中的光标将自动捕捉栅格点。

在"捕捉和栅格"选项卡中，各主选项的含义如下：

"启用捕捉"复选框：用于打开或者关闭捕捉方式，可以按【F9】键来进行切换，也可以在状态栏中单击▣按钮进行切换。

"捕捉间距"设置区：用于设置 X 轴和 Y 轴的捕捉间距。

"启用栅格"复选框：用于打开或关闭栅格显示，也可按【F7】键进行切换，也可以在状态栏中单击 ▦ 按钮进行切换。当打开栅格状态时，用户可以将栅格显示为点矩阵或者线矩阵。

"栅格捕捉"单选按钮：可以设置捕捉类型为"捕捉和栅格"，移动十字光标时，它将沿着显示的栅格点进行捕捉，是 AutoCAD 默认的捕捉方式。

"矩形捕捉"单选按钮：将捕捉样式设置为"标准矩形捕捉"，十字光标将捕捉到一个矩形栅格，即一个平面上的捕捉，也是 AutoCAD 默认的捕捉方式。

"等轴测捕捉"单选按钮：将捕捉样式设置为"等轴测捕捉"，十字光标将捕捉到一个等轴测栅格，即在三个平面上进行捕捉，鼠标也会跟着变化，如图 3-4-5 所示。

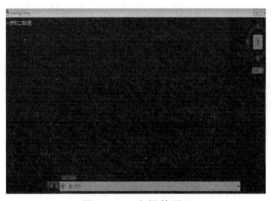

图 3-4-4　点栅格显示　　　　　　　　图 3-4-5　等轴测中的鼠标提示

通过"工具"|"绘图设置"也可以打开"草图设置"对话框。

1. "捕捉和栅格"选项卡

在"草图设置"对话框的"捕捉和栅格"选项卡中，有关栅格的项目含义如下：

栅格样式：通过勾选相应的复选框，可将"二维模型空间""块编辑器"和"图纸/布局"的栅格样式设定为点栅格。

栅格间距：可在"栅格 X 轴间距""栅格 Y 轴间距"两个文本框中，分别设置栅格在 X 轴、Y 轴方向上的显示间距。

栅格行为：设置"视觉样式"下栅格线的显示样式。

勾选"自适应栅格"复选框，在缩小时可限制栅格密度。勾选"允许以小于栅格间距的间距再拆分"复选框，在放大时，可生成更多间距更小的栅格线。勾选"显示超出界限的栅格"复选框可显示超出图形边界的栅格。勾选"遵循动态 UCS"复选框可更改栅格平面以跟随动态用户坐标系的平面。

课堂训练：

修改捕捉和栅格选项卡的数据，并观察屏幕及光标显示的变化。

2. 捕　捉

捕捉模式用于限制十字光标，使其按照用户定义的间距移动。当捕捉模式打开时，光标附着或捕捉到不可见的栅格，有助于使用箭头键或鼠标来精确地定位点。栅格和捕捉同时打开且间距相同时，可使光标锁定在栅格结点上。

（1）打开或关闭捕捉模式。

打开或关闭捕捉模式，常用的方法如下：

① 在状态栏中，单击"捕捉模式"按钮；

② 使用【F9】功能键；

③ 在状态栏的"捕捉模式"按钮上单击鼠标右键，在快捷菜单中选择"设置"，然后在弹出的"草图设置"对话框"捕捉和栅格"选项卡中勾选"启用捕捉"复选框。

（2）"捕捉和栅格"选项卡。

在"捕捉和栅格"选项卡中，有关捕捉的项目含义如下：

① 捕捉间距。

指定 X 方向和 Y 方向的捕捉间距（间距值必须为正实数）以限制光标在指定的 X 和 Y 间隔内移动。捕捉间距在 X 轴方向和 Y 轴方向一般相同，也可以不同。如果勾选了"X 轴间距和 Y 轴间距相等"复选框，则捕捉间距被强制使用同一 X 轴和 Y 轴间距值，栅格间距也受到相同的限制。但是，捕捉间距与栅格间距可以相同也可以不同。

② 捕捉类型。

a. 栅格捕捉。

设定栅格捕捉类型，并启用捕捉模式，光标将只能在栅格点上移动，分为矩形捕捉和等轴测捕捉。两种形式的区别在于栅格的排列方式不同。矩形捕捉是 X 轴和 Y 轴成 90°的捕捉形式；等轴测捕捉用于绘制等轴测图。

b. PolarSnap（极轴捕捉）。

设定极轴捕捉类型，并启用捕捉模式，光标将沿在"极轴追踪"选项卡上相对于极轴追踪起点设置的极轴对齐角度进行捕捉。

（3）极轴间距。

只有在"捕捉类型"中选定"PolarSnap"时，才可设定极轴距离，即设定捕捉增量距离。如果该值为 0，则极轴捕捉距离采用"捕捉 X 轴间距"的值。"极轴距离"设置与"极轴追踪"选项卡中的极坐标追踪或对象捕捉追踪结合使用。如果两个追踪功能都未启用，则"极轴距离"设置无效。

"栅格间距"设置区：用于设置 X 轴和 Y 轴的栅格间距，并且可以设置每条主轴的栅格数。若栅格的 X 轴和 Y 轴的间距为 0，则栅格采用捕捉的 X 轴和 Y 轴的值。图 3-4-6 所示为设置不同的栅格间距效果。

图 3-4-6　设置不同的栅格间距效果

"PolarSnap"单选按钮：可以设置捕捉样式为极轴捕捉，并且可以设置极轴间距，此时光标沿极轴转角或对象追踪角度进行捕捉。

"自适应栅格"复选框：用于界限缩放时栅格的密度。

"显示超出界限的栅格"复选框：用于确定是否显示图像界限之外的栅格。

"遵循动态 UCS"复选框：跟随动态 UCS 和 XY 平面而改变栅格平面。

栅格在绘图区只起辅助作用，并不会打印输出在图纸上，用户也可以通过命令行的方式来设置捕捉与栅格，其中，捕捉的命令为 Snap，栅格的命令为 Grid，其命令行将会按图 3-4-7 所示进行提示，根据提示选项来设置栅格间距、打开与关闭、捕捉、界限等。

GRID
指定栅格间距(X) 或 [开(ON)/关(OFF)/捕捉(S)/主(M)/自适应(D)/界限(L)/跟随(F)/纵横向间距(A)] <100.0000>：

键入命令

图 3-4-7　栅格命令

3.4.3　捕捉模式的设置方法

对象自动捕捉（简称自动捕捉）又称隐含对象捕捉，利用此捕捉模式可以使 AutoCAD 自动捕捉到某些特殊点。启动"自动捕捉"功能的方法如下：

方法 1：执行"工具"|"绘图设置"菜单命令，从弹出的"草图设置"对话框中选择"对象捕捉"选项卡，如图 3-4-8 所示。

方法 2：在状态栏上的"对象捕捉"按钮上右击，从快捷菜单中选择"设置"选项，也可以打开此对话框，如图 3-4-9 所示。

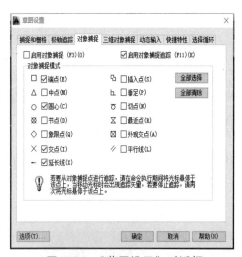

图 3-4-8　"草图设置"对话框

图 3-4-9　设置捕捉

在"对象捕捉"选项卡中，可以通过"对象捕捉模式"选项组中的各复选框确定自动捕捉模式，即确定使 AutoCAD 将自动捕捉到哪些点。

在"对象捕捉"选项卡中，各主选项的含义如下：

"启用对象捕捉（F3）"复选框：用于确定是否启用自动捕捉功能；同样可以在状态栏单击"对象捕捉"按钮 来激活，或按【F3】键，或者按【Ctrl + F】组合键，即可在绘图过程中启用捕捉选项。

"启用对象捕捉追踪（F11）"复选框：用于确定是否启用对象捕捉追踪功能。

"对象捕捉模式"选项组：在实际绘图过程中，有时经常需要找到已知图形的特殊点，如圆形点、切点、直线中点等，只要在该特征点前面的复选框□处单击，即可选中☑设置为该点捕捉。

利用"对象捕捉"选项卡设置默认捕捉模式，并启用对象自动捕捉功能后，在绘图过程中每当 AutoCAD 提示用户确定点时，如果使光标位于对象上在自动捕捉模式中设置的相应点的附近，AutoCAD 会自动捕捉到这些点，并显示出捕捉到相应点的小标签，如图 3-4-10 所示。

在 AutoCAD 2014 中，也可以右击状态栏中的"对象捕捉"按钮□，在弹出的快捷菜单中选择捕捉的特征点，如图 3-4-11 所示。另外，在捕捉时按住【Ctrl】键或【Shift】键，并单击鼠标右键，将弹出对象捕捉快捷菜单，如图 3-4-12 所示，通过快捷菜单上的特征点选项来进行捕捉。

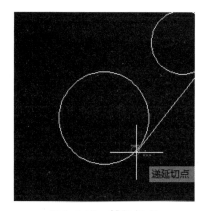
图 3-4-10　捕捉切点

图 3-4-11　捕捉的特征点

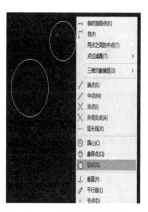
图 3-4-12　右击选择特性点

【例 3-2】　绘制如图 3-4-13 所示的两圆的圆心连线及公切线。

（1）在"对象捕捉"选项卡中单击"全部清除"按钮。

（2）复选圆心及切点项。

（3）选中"启用对象捕捉"复选按钮。

（4）单击"确定"按钮。

（5）执行以下命令：

命令：line 指定第一点：（捕捉一圆的圆心）

指定下一点或【放弃（U）】：（捕捉另一圆的圆心）

指定下一点或【放弃（U）】：回车结束命令。

圆心连线绘制完毕。

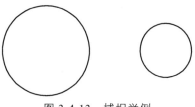
图 3-4-13　捕捉举例

（6）由于圆心已设置为自动捕捉，可能画两圆的公切线会受到影响，下面我们去掉圆心的自动捕捉。

右键单击□按钮，在快捷菜单中选"设置"项，出现对话框如图 3-4-14 所示，清除圆心复选标记，单击"确定"按钮，关闭对话框。

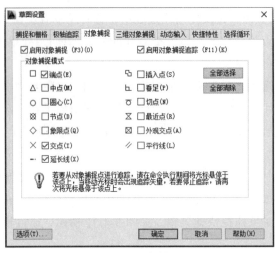

图 3-4-14　对象捕捉设置

3.4.4　极轴追踪的设置方法

与正交功能相对的是极轴功能，使用极轴功能不仅可以绘制水平线、垂直线，还可以快速绘制任意角度或设定角度的线段。

单击状态栏中的"极轴追踪（F10）"按钮 ⊕ 或按【F10】键，都可以启用极轴功能，启用后用户在绘图操作时，将在屏幕上显示由极轴角度定义的临时对齐路径，系统默认的极轴角度为90°，通过"草图设置"对话框可设置极轴追踪的角度等其他参数，具体操作如下：

步骤1：在命令行输入"草图设置"命令（SE），或者在状态栏中右击"极轴追踪"按钮 ⊕ ，在弹出的"草图设置"对话框中选择"极轴追踪"选项卡，如图3-4-15所示。

步骤2：在"增量角"下拉列表中指定极轴追踪的角度，若选择增量角为30，则光标移动到相对于前一点的0、30、60、90、120、150等角度上时，会自动显示出一条极轴追踪虚线，如图3-4-16所示。

图 3-4-15　极轴追踪设置

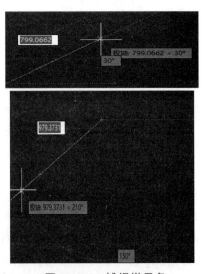

图 3-4-16　捕捉增量角

步骤 3：勾选"附加角"复选框，然后单击 新建(N) 按钮，可新增一个附加角。附加角是指当十字光标移动到设定的附加角度位置时，也会自动捕捉到该极轴线，以辅助用户绘图。如图 3-4-17 所示的新建的附加角 19，在绘图时即可捕捉到 19°的极轴。

步骤 4：在"极轴角测量"选项组中还可以更改极轴的角度类型，系统默认选中"绝对（A）"单选按钮，即以当前用户坐标系确定极轴追踪的角度。若选中"相对上一段"单选按钮，则根据上一个绘制的线段确定极轴追踪的角度。

步骤 5：最后单击 确定 按钮，完成极轴追踪功能的设置。

在设置不同角度的极轴时，一般只设置附加角，可以在附加角一栏中进行"新建"和"删除"附加角，而增量角为默认捕捉角，很少改变。

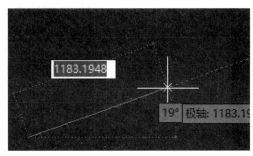

图 3-4-17　捕捉附加角

增量角和附加角的区别在于：附加角不能倍量递增，如设置附加角为 19，则只能捕捉到 19°的极轴，与之倍增的角度：38°、57°等则捕捉不了。

注意：其中若设置"极轴角测量"为"相对上一段"，在上一条线基础上附加角和增量角都可以捕捉得到增量的角度。

【例 3-3】　画变压器或电源的"Y"接符号。

首先，在对话框中设置角增量为 30；对象捕捉追踪设置为用所有极轴角设置追踪，如图 3-4-18 和图 3-4-19 所示。

图 3-4-18　极轴角设置

图 3-4-19　极轴角修改图

接着执行如下命令：

命令：line 指定第一点：150，150↓

指定下一点或【放弃（U）】：向右上方移动光标，待出现极轴标记后，输入 50↓

指定下一点或【放弃（U）】：↓

至此，画出了 30°角方向的直线，150°、270°角方向的直线的绘制过程，不再赘述。最终效果如图 3-4-20 所示。

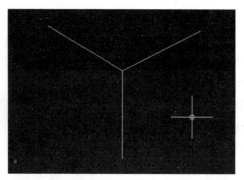

图 3-4-20　变压器或电源的"Y"接符号

【例 3-4】　已知直线 1 如图 3-4-21（a）所示，画出与直线 1 平行的直线。

操作过程如下：

命令：line 指定第一点：（在直线外任取一点）

指定下一点或【放弃（U）】：（按住 Shift 键，并单击右键，从对象捕捉快捷菜单中选择平行）par 到，在出现此提示后，鼠标移到直线 1 上，停留片刻，出现平行标记。然后，鼠标移至平行方向，则出现表示平行的一条橡皮筋线，在此橡皮筋线上任取一点或给定距离。

指定下一点或【放弃（U）】：（在右键菜单中选择确定，结束命令）

效果如图 3-4-21（b）所示。

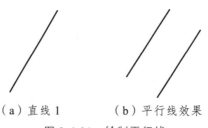

（a）直线 1　　　　　（b）平行线效果

图 3-4-21　绘制平行线

3.4.5　对象捕捉追踪的使用方法

对象捕捉应与对象捕捉追踪配合使用，在使用对象捕捉追踪时必须同时启动一个或多个对象捕捉，同时应用对象捕捉功能。

首先按【F3】键启用"对象捕捉"功能，再单击状态栏中的"对象捕捉追踪（F11）"按钮∠，或者按【F11】键，都可以启用对象捕捉追踪功能；若要对"对象捕捉追踪"功能进行设置，则右击∠按钮，在弹出的"草图设置"对话框中切换到"极轴追踪"选项卡，其中"对象捕捉追踪设置"选项组中包括了"仅正交追踪"和"用所有极轴角设置追踪"两个单选按钮，通过这两个单选按钮可以设置对象追踪的捕捉模式。

"仅正交追踪"单选按钮：在启用对象捕捉追踪时，仅显示已获得的对象捕捉点的正交（水平/垂直）对象捕捉追踪路径。

"用所有极轴角设置追踪"单选按钮：将极轴追踪设置应用到对象捕捉追踪。使用该方式捕捉特殊点时，十字光标将从对象捕捉点起沿极轴对齐角度进行追踪。

利用"对象捕捉追踪"功能，可以捕捉矩形的中心点来绘制一个圆，其操作步骤如下：

步骤1：执行"矩形"命令（REC），在绘制区域任意绘制一个矩形对象。

步骤2：在命令行输入"草图设置"命令（SE），在弹出的"草图设置"对话框中选择"对象捕捉"选项卡。

步骤3：勾选"启用对象捕捉"与"启用对象捕捉追踪"复选框，再设置"对象捕捉模式"为"中点"捕捉，然后单击 确定 按钮，如图3-4-22所示。

步骤4：在命令行输入"圆"命令（C），根据命令行提示"指定圆的圆心"时，鼠标移动到矩形上水平线上，捕捉到中心标记△后，向下拖动，会自动显示一条虚线，即为对象捕捉追踪线，如图3-4-23所示。

步骤5：同样，鼠标移动至矩形左垂直边，且捕捉垂直中点标记△后，水平向右侧进行移动，当移动到相应位置时，即会同时显现两个中点标记延长虚线，中点则出现一个交点标记×，如图3-4-24所示。

步骤6：单击鼠标确定圆的圆心，继续拖动鼠标向上捕捉到水平线上中点后，单击确定圆的半径来绘制出一个圆，如图3-4-25所示。

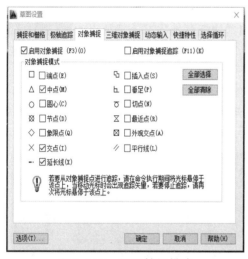

图3-4-22　设置捕捉模式

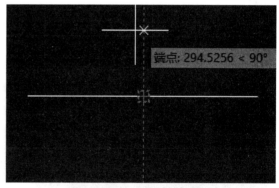

图3-4-23　捕捉中点并拖动

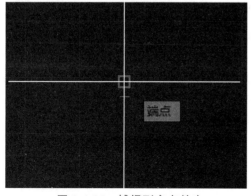

图3-4-24　捕捉到交点单击

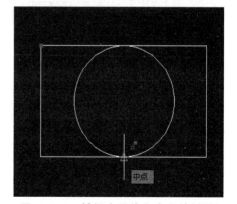

图3-4-25　捕捉水平线上中点绘制圆

【例3-5】　以给定的斜线（见图3-4-26）为斜边绘制一个直角三角形。

绘图步骤如下：

（1）在"草图设置"的"极轴追踪"选项卡中选择"仅正交追踪"，在"对象捕捉"选项卡中勾选"启用对象捕捉"和"启用对象捕捉追踪"，并选中"端点"，最后"确定"。

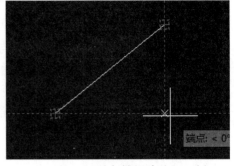

（2）点取"直线"工具将光标移到斜线 A 点悬停，移动光标就会显示一条过该点的追踪路径；再将光标移至斜线 B 点悬停，然后移动光标，也显示一条过该点的追踪路径。当光标移到直角三角形直角的大概位置时，会显示两条追踪路径的交点，此时单击鼠标左键。

图 3-4-26　"对象捕捉追踪"示例

（3）捕捉斜线 B 点单击鼠标左键，回车。

（4）再点取"直线"工具，分别捕捉 A 点和 C 点，回车即可。

3.4.6　临时追踪的使用方法

单击状态栏中的"对象捕捉"按钮![图标]，在弹出的快捷菜单中有个特征点为![临时追踪点(K)]，该捕捉方式始终跟踪上一次单击的位置，并将其作为当前的目标点，也可以用"TT"命令进行捕捉。

"临时追踪点"与"对象捕捉"模式相似，只是在捕捉对象的时候先单击。例如，图 3-4-27 中有一个矩形和点 A，要求从点 A 绘制一条线段过矩形的中心点，其中要用到"临时追踪点"来进行捕捉，绘制的效果如图 3-4-28 所示，其操作步骤如下：

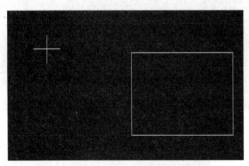

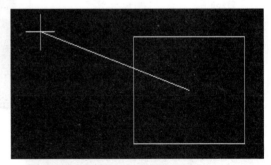

图 3-4-27　原图形　　　　　　　　图 3-4-28　绘制连接线

步骤 1：执行"直线"命令（L），单击起点 A。

步骤 2：命令提示"指定下一点或[放弃（U）]:"时，输入 TT 并按【Enter】键，提示指定"临时对象追踪点:"，此时鼠标移动捕捉到左边的中点，单击左键，确定以左边的中点为临时追踪点，鼠标稍微向右移动，出现水平追踪对齐线。

这时就能以临时追踪点为基点取得相对坐标获得目标点，但是要获得的点与上边的中点有关，因此再用一次临时追踪点。

步骤 3：再次输入 TT 按【Enter】键确定，在指定临时追踪点为矩形上边中心点并单击，出现垂直对齐线，沿线下移光标到第一个临时追踪点的右侧。

步骤 4：在出现第二条水平对齐线时，同时看到两道对齐线相交，如图 3-4-29 所示。此时单击确定直线的终点，该点即为矩形中心点。

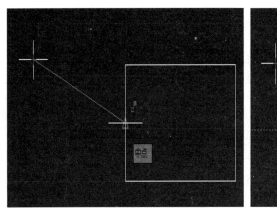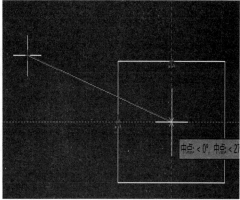

图 3-4-29　临时捕捉的应用

3.4.7　"捕捉自"功能的使用方法

右击状态栏中的"对象捕捉"按钮 则弹出快捷菜单，其中显示各个捕捉特征点。 捕捉方式可以根据指定的基点，再偏移一定的距离来捕捉特殊点，也可用 Fro 或 From 命令进行捕捉。其捕捉方式如下：

步骤 1：执行"直线"命令（L），绘制一条长为 10 的水平线段；按空格键重复命令，提示"指定下一点或[放弃（U）]："时，在命令行输入 From，命令提示"基点"，此时单击已有的水平线段左端点作为基点。

步骤 2：继续提示"<偏移>"时，在命令行输入"@0，2"，然后按空格键确定。

步骤 3：此时鼠标光标将自动定位在指定偏移的位置点，然后向右拖动并单击，如图 3-4-30 所示。即可利用"捕捉自"功能来绘制另外一条直线，其命令行提示如下：

命令：L

指定一个点：from　　　　　　　　　　\\启动"捕捉自"命令

基点：　　　　　　　　　　　　　　　\\捕捉线段左端点并单击作为基点

<偏移>：@0，2　　　　　　　　　　\\输入偏移点相对基点的相对坐标

指定下一点或[放弃（U）]：　　　　　\\捕捉到偏移点，向右拖动并单击

图 3-4-30　"捕捉自"功能的应用

"捕捉自"命令一般应用于某些命令中，以捕捉相应基点的偏移量，从而来辅助图形的绘制，其快捷命令为 From 且不分大小写（AutoCAD 中的所有命令也不区分大小写）。

1. 对象捕捉

【例 3-5】　绘制一个以已知矩形中心为圆心，半径为 50 mm 的圆。

绘图步骤如下：

（1）点取"圆"工具。

（2）在状态栏"对象捕捉"按钮上单击鼠标右键，勾选"中点"。

（3）单击"临时追踪点"工具，即打开"临时追踪"功能。

（4）移动光标到矩形上边线靠近中点位置，将显示中点捕捉标记，移动光标后将出现一条过矩形上边线中点的追踪路径。

（5）继续移动光标到矩形右边线上中点附近，在中点处将显示中点捕捉标记，移动光标出现另一条过矩形右边线中点的追踪路径，然后再移动光标靠近矩形中心附近，直到同时出现两条追踪路径及其交点，如图 3-4-31 所示，该点即作为圆心。

（6）再输入圆的半径 50 mm，回车即可。

图 3-4-31 "对象捕捉"的使用

2. 捕捉自

利用"捕捉自"工具，可确定从参照点偏移一定距离的点。该工具经常与对象捕捉一起使用。使用"捕捉自"工具，系统会提示输入基点，并将该点作为临时参照点。

【例 3-6】 绘制一个圆心与当前圆的圆心在 30°方向上且相距 200 mm，半径为 50 mm 的圆，如图 3-4-22 所示。

绘图步骤如下：

（1）点取"圆"工具。

（2）单击"捕捉自"工具，打开"捕捉自"功能。

（3）在状态栏"对象捕捉"按钮上单击鼠标右键，勾选"圆心"。

（4）将光标移动到当前圆的圆心附近捕捉该圆的圆心。

（5）输入"@200<30"，确定圆心。

（6）输入圆的半径 50 mm，回车即可。

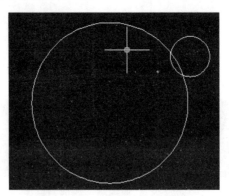

图 3-4-32 "捕捉自"的使用

3. 无捕捉

"无捕捉"按钮可用来关闭对象捕捉模式。

4. 对象捕捉设置

单击"对象捕捉设置"按钮，将弹出"草图设置"对话框的"对象捕捉"选项卡，如图 3-4-33 所示。

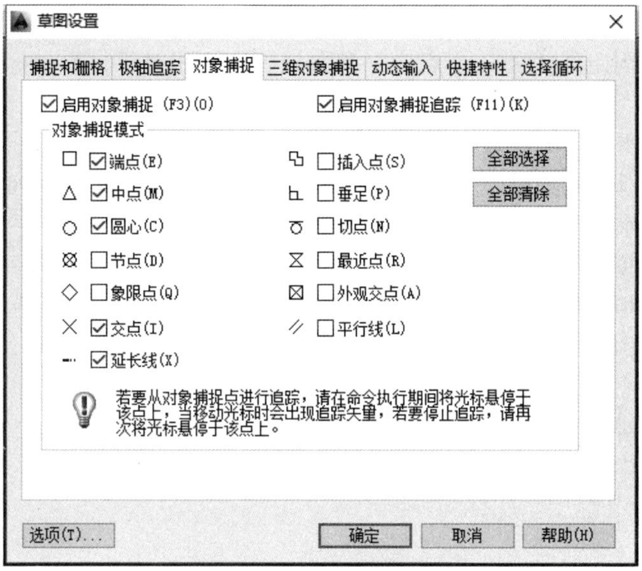

图 3-4-33　对象捕捉设置

3.4.8　设置线宽显示功能

在绘制图形时，除了设置各种辅助功能外，还常常需要设置不同的线宽来区别一些线型。当设置了线宽后，需要开启线宽显示功能才能看见设置线宽后的效果，可以通过单击状态栏的"显示/隐藏线宽"按钮来开启或关闭该功能。

3.5　几何约束功能

几何约束功能，也是辅助功能中的一种，利用几何约束功能绘制图形，如将线条限制为水平、垂直、同心以及相切等特性，从而可快速对图形对象进行编辑处理，更好地完成图形的绘制。

3.5.1　几何约束功能介绍

几何约束功能主要指几何限制条件。当选择"参数化"选项卡，在"几何"组中单击相应的几何约束按钮即可对图形对象进行限制（见图3-5-1），其中各按钮的作用如下：

"重合"按钮：单击该按钮后，即可执行"重合"命令，在绘图区中分别选择图形的两个端点，即可将选择的两个点进行重合。

"共线"按钮：共线约束强制使两条直线位于同一条无限长的直线上。

图 3-5-1　约束设置对话框

"同心"按钮：同心约束强制使选定的圆、圆弧或椭圆保持同一中心点。

"固定"按钮：固定约束使一个点或一条曲线固定到相对于世界坐标系（WCS）的指定位置和方向上。

"平行"按钮：平行约束强制使两条直线保持相互平行。

"垂直"按钮：垂直约束强制使两条直线或多段线线段的夹角保持90°。

"水平"按钮：水平约束强制使一条直线或一对点与当前X轴保持平行。

"竖直"按钮：竖直约束强制使一条直线或一对点与当前Y轴保持平行。

"相切"按钮：相切约束强制使两条曲线保持相切或与其延长线保持相切。

"平滑"按钮：平滑约束强制使一条样条曲线与其他样条曲线、直线、圆弧或多段线保持几何连续性。

"对称"按钮：对称约束强制使对象上的两条曲线或两个点关于选定直线保持对称。

"相等"按钮：相等约束强制使两条直线或多段线线段具有相同长度，或强制使圆弧具有相同半径值。

3.5.2　以几何约束方式绘制图形

使用几何约束方式绘制图形时，可对已经绘制的图形对象进行编辑处理，从而快速、准确地完成图形对象的绘制，以方便图形的控制。

下面将打开"线段 dwg"图形文件，并利用几何约束功能，将图形中的4条边约束为60°的平行四边形。其具体操作如下：

步骤1：

（1）打开"线段.dwg"图形文件，选择"参数化"|"几何"组，单击"相等"按钮。

（2）将左下端和右上端的直线进行相等约束，如图3-5-2所示。

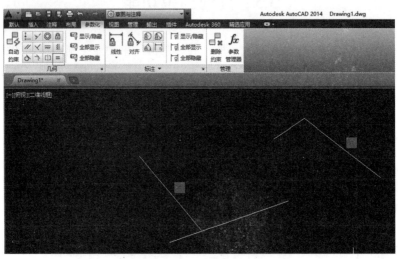

图 3-5-2　相等约束

步骤2：

单击"相等"按钮，执行相等命令，在命令行提示后先选择顶端直线，再选择底端直线，查看选择后的效果，如图3-5-3所示。

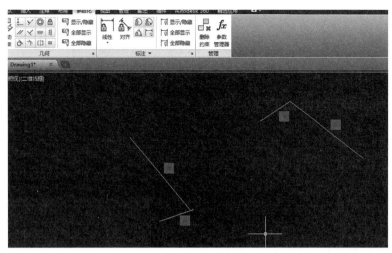

图 3-5-3　相等约束

步骤 3：

（1）选择"参数化"|"几何"组，单击"重合"按钮。

（2）分别选择顶线端点和左侧线段端点，使其进行重合操作，并查看重合后的效果，如图 3-5-4 所示。

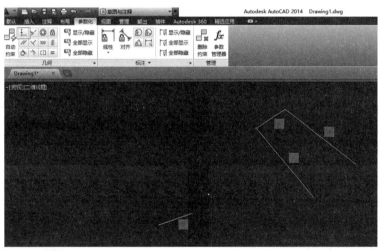

图 3-5-4　重合操作

步骤 4：

再次单击"重合"按钮，将其余线条的端点进行重合操作，并查看重合后的效果。

步骤 5：

（1）选择"参数化"|"几何"组，单击"水平"按钮，将右下方的直线进行水平约束，查看约束后的效果。

（2）选择"参数化"|"标注"组，单击"角度"按钮，将底端水平线与左方直线的角度进行约束，约束角度为 60°，查看完成后的效果。

第 4 章　AutoCAD 2014 基础图形的绘制

【本章导读】

学习了 AutoCAD 2014 软件的基本操作之后，可以进行基础图形的绘制。基础图形包括点、直线类、圆类、正多边形等。本章重点介绍二维基础图形的创建方法和步骤，并结合具体实例进一步说明这些命令的使用方法和技巧。

【技能目标】

（1）学会点的不同绘制方法。
（2）能够熟练绘制直线类对象。
（3）会绘制圆、圆弧、椭圆、椭圆弧等圆类对象。
（4）会绘制矩形及各种正多边形。

4.1　点的绘制

点是最简单的图形对象，与直线、圆和圆弧一样都是图形实体对象，也具有各种实体属性。点不仅仅是组成图形最基本的元素，利用点命令不仅可以创建单点或多点，还可以通过点来标识某些特殊部分，如直线的端点、中点，以及将图形对象分成若干段时所标注的点等。

4.1.1　设置点样式

在 AutoCAD 2014 中，默认绘制的点显示为一个小圆点，不利于查看。因此，要绘制的图形需表现出点的位置等特征时，就必须先设置点样式。点样式设置可通过"点样式"对话框来完成，打开对话框的方法有几种。

（1）命令行：输入 Ddptype。

（2）功能区：选择"常用"｜"实用工具"，单击"点样式"按钮。

（3）菜单栏："AutoCAD 经典"工作空间中选择"格式"｜"点样式"。

根据以上任意一种方法，并执行该命令后，再打开"点样式"对话框。在该对话框上方列表框中选择需要的点样式，并在"点大小"文本框中输入点的大小，单击确认按钮，完成点样式的设置。执行命令后，弹出如图 4-1-1 所示的对话框。对话框列出可供选择的 20 种点样式，可直接选取，并输入点大小的百分比，该百分比可以是相对于屏幕的大小，也可以设置成绝对单位大小。

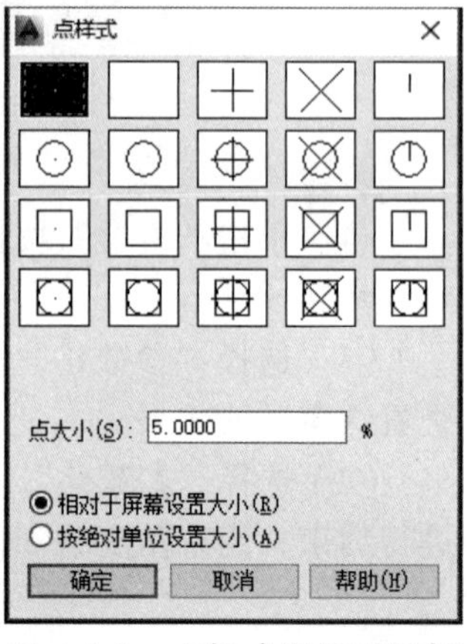

图 4-1-1　点样式设置对话框

"点样式"对话框中各单选按钮的具体含义如下：

在设置点样式时，如果选中相对于屏幕设置大小（R）单选按钮，当进行缩放操作时，点的显示大小将跟随屏幕尺寸的百分比变化；如果选中按绝对单位设置大小（A）单选按钮，当进行缩放操作时，点的显示大小将按输入的数值大小保持不变。

4.1.2　单点的绘制

在 AutoCAD 2014 中，除了可设置点样式外，还可绘制单点。但是每执行一次"单点"命令，只能绘制一个单点。调用"单点"命令的方法主要有如下几种。

（1）命令行：输入 Point（PO）。

（2）菜单栏：在"AutoCAD 经典"工作空间中选择"绘图"｜"点"｜"单点"。

（3）工具栏：在"AutoCAD 经典"工作空间中的工具栏中单击"点"按钮。

使用命令行绘制单点的方法为：在命令行输入 Point，按【Enter】键执行该命令，在绘图区中适当的位置单击鼠标左键，即可完成单点的绘制，如图 4-1-2 所示。

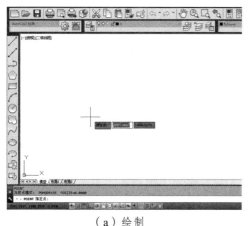

（a）绘制　　　　　　　　　　　　　（b）效果

图 4-1-2　单点的绘制

技巧与说明：

（1）当使用命令行输入点命令或通过绘图菜单选择"单点"后，可直接在指定位置单击只能创建一个点。而使用其他方式执行点命令，可在绘图区多个位置单击，创建多个点，按回车键、空格键或鼠标右键即结束命令。

4.1.3　多点的绘制

若使用单点命令绘制多个点时，会显得绘图过程十分烦琐。为了提高绘图效率，可以使用绘制多点命令来完成多个点的绘制。调用绘制多点的命令主要有如下几种。

（1）命令行：输入 Point（PO）。

（2）功能区：选择"常用"｜"绘图"组，单击"多点"按钮。

（3）菜单栏：在"AutoCAD 经典"工作空间中选择"绘图"｜"点"｜"多点"。

常用绘制多点的方法为，根据以上任意一种方法，并执行该命令后，在绘图区任意位置单击鼠标左键，单击鼠标左键次数越多，绘制的点也越多。当绘制完成后按【Esc】键，退出"多点"命令。多点绘制效果如图 4-1-3（b）所示。

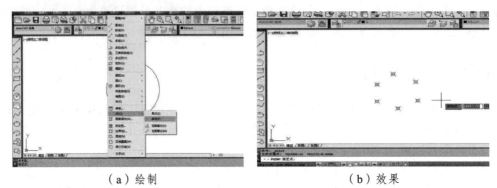

（a）绘制　　　　　　　　　　　（b）效果

图 4-1-3　多点的绘制

4.1.4　绘制定数等分点

绘制定数等分点与绘制多点不同，它是指在选定对象上绘制的点，将以指定数目来进行划分，每段的长度相等。调用定数等分点命令的方法主要有如下几种。

（1）命令行：输入 Divide（DIV）。

（2）功能区：选择"常用" | "绘图"组，单击"定数等分"按钮。

（3）菜单栏：在"AutoCAD 经典"工作空间中选择"绘图" | "点" | "定数等分"。

下面将根据以上任意一种方法，将"圆弧.dwg"图形文件等分成 6 段，其具体操作如下：

步骤 1：打开"圆弧.dwg"图形文件，在命令行中输入 Divide，按【Enter】键执行命令。

步骤 2：将鼠标光标移到圆弧上，单击鼠标左键，选择要进行定数等分的圆弧。

步骤 3：在动态文本框中输入等分数目"6"，按【Enter】键确定定数等分数目的输入。完成后的效果如图 4-1-4 所示。

4.1.5　绘制定距等分点

绘制定距等分点与绘制定数等分点不同，它是指在选定的对象上绘制的点将对象以指定距离来进行划分，点与点之间的距离相等。定距等分的起点一般是指实体对象的绘制起点，最后一段的长度不一定等于指定的分段长度。调用定距等分点的方法主要有以下几种。

（1）命令行：输入 Measure（ME）。

（2）功能区：选择"常用" | "绘图"组，单击"定距等分"按钮。

（3）菜单栏：在"AutoCAD 经典"工作空间中选择"绘图" | "点" | "定距等分"。

下面根据以上任意一种方法，对"圆弧.dwg"图形文件中的直线执行"定距等分"命令，使其点与点的距离为 10 mm。其具体操作如下：

步骤 1：打开"圆弧.dwg"图形文件，在"AutoCAD 经典"工作空间中，选择"绘图" | "点" | "定距等分"命令。

步骤 2：将鼠标光标移动到圆弧上，单击鼠标左键，选择要进行定距等分的圆弧。

步骤 3：在动态文本中输入每段线的长度为"10"，按【Enter】键确定定距等分值的输入，完成后的效果如图 4-1-5 所示。

图 4-1-4　将圆弧定数等分

图 4-1-5　将圆弧定距等分

4.2　直线类对象的绘制

当掌握了点的输入方法后，可发现点的绘制在日常使用中并不多，更多的还是直线的绘制，通过直线绘制的图形主要有直线、射线、构造线等。

4.2.1　直线的绘制

在绘图中直线是最常见的图形元素之一，绘制直线的方法也比较简单，一般只需确定直线的起点和端点即可完成对直线的绘制。使用直线绘制命令，一次可以画一条线段，也可以连续画多条线段，且每条线段相互独立。其调用直线命令的方法如下几种。

（1）命令行：输入 Line（L）。

（2）功能区：选择"命令"｜"绘图"组，单击"直线"按钮╱。

（3）菜单栏：在"AutoCAD 经典"工作空间中选择"绘图"｜"直线"。

（4）工具栏：在"AutoCAD 经典"工作空间的工具栏中单击"直线"按钮╱。

下面将根据以上方法，绘制扬声器，并存为"扬声器.dwg"图形文件，具体步骤如下：

步骤 1：执行直线命令。

（1）在"AutoCAD 经典"工作空间中选择"绘图"｜"直线"命令，如图 4-2-1 所示。

（2）在绘图区任意位置单击鼠标左键指定直线起点位置。

图 4-2-1　调用直线命令

步骤 2：绘制图形。

（1）按【F8】键开启正交功能，鼠标光标向左移动，在文本命令行中输入"20"，按【Enter】键确认水平直线的长度。

（2）按照同样的方法，鼠标光标向下移动绘制长度为"40"的直线，向右移动绘制长度为"20"的直线，按【Esc】键退出"直线"命令，如图 4-2-2 所示。

步骤 3：设置对象捕捉。

（1）在状态栏中的"对象捕捉"按钮⬜上单击鼠标右键。

（2）在弹出的快捷菜单中选择"端点"命令，如图 4-2-3 所示。

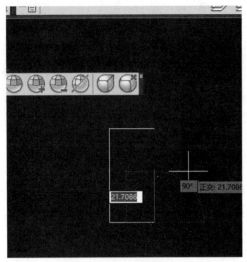
图 4-2-2　绘制直线部分

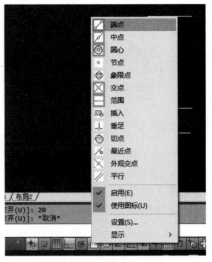
图 4-2-3　设置对象捕捉

步骤 4：利用对象捕捉绘制图形。

（1）在命令行中输入 Line，按【Enter】键执行"直线"命令。

（2）将鼠标光标移动到图形下方，捕捉直线端点，单击鼠标左键，指定直线起点。

（3）将鼠标光标向上移动，捕捉图形另一端点，单击鼠标左键，指定直线终点，如图 4-2-4 所示。

步骤 5：输入坐标绘制图形。

（1）输入直线下一点的坐标（@20.20），输入完成后按【Enter】键确认输入。

（2）将鼠标光标向下移动，在动态文本框中输入"80"，按【Enter】键确认输入。

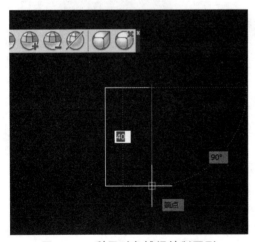
图 4-2-4　利用对象捕捉绘制图形

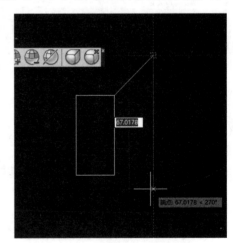
图 4-2-5　输入坐标绘制图形

技巧与说明——"闭合"与"放弃"选项：

在执行"直线"命令时，如果绘制了多条相连接的线段，需要将直线的端点与第一条直线的起点相重合，从而形成一个封闭的图形。可以在命令提示行中输入"C"，选择"闭合"选项；如需要撤销刚才绘制的线段但又不退出直线命令，可以在命令提示行中输入"U"，执行"放弃"命令。

078

步骤 6：完成绘制。

在命令行中输入"C"，选择"闭合"选项，完成绘制图形，并查看绘制后的效果，如图 4-2-6 所示。完成后以"扬声器.dwg"为名进行保存。

技巧与说明——AutoCAD 的运用技巧：

（1）在 AutoCAD 中任意一个命令或操作的执行方式，一般都有在命令行中输入命令名，功能区中选择相应命令和菜单栏中选择相应按钮 3 种方式，不同方式结果相同。一般来说，工具栏方式操作更加快捷，但对于需要大量长期作图的用户，要使操作方式更加快捷，就可使用在命令行中输入命令名的方式。AutoCAD 针对不同命令设置了相应的命令名，只要在命令行输入一两个字母。就可快速执行命令，这种方式要求用户多练多用，长期使用即可记住各种命令，养成一种快速作图的习惯。

（2）单击鼠标右键都将弹出类似图 4-2-7 所示的快捷菜单，只不过选项会因不同的命令而不同。利用快捷菜单，用户可将精力集中于屏幕，提高绘图效率，而不用频繁将目光在屏幕与键盘间来回切换。

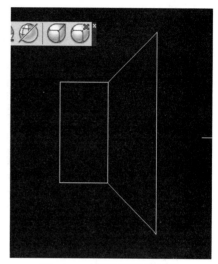

图 4-2-6　扬声器绘制效果

（3）确定线段的起点和终点有两种方法：一种是使用键盘输入坐标值，另一种是使用光标在屏幕上直接点取。如果需要绘制固定角度固定长度的直线时，注意键盘上【Tab】键的使用。

（4）在命令执行过程中，按【Esc】键可终止命令执行。

（5）当需要重复执行上一命令时，可单击鼠标右键，在快捷菜单中选"重复×××"。如当上一次直线命令结束后，需要第二次执行直线命令，就可以在如图 4-2-8 所示的快捷菜单中选"重复 LINE（R）"。

图 4-2-7　快捷菜单

图 4-2-8　重复执行直线

（6）绘制直线时，要善于运用正交模式的切换，如果绘制的均是水平或竖直的直线，打开正交模式会比较方便，如果绘制的是非水平竖直线，在正交模式关闭的状态下绘制会更加方便。如图 4-2-9 所示图形，绘制前激活正交模式，以一点为起点按次序输入相应的数值，即可完成图形的绘制。而在绘制图 4-2-10 所示，需要注意正交模式的切换，在绘制长度为 80 的水平线时，打开正交模式，在绘制与水平线成 40°角的长度为 51 的斜线时，需要关闭正交模式。

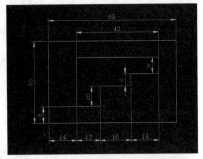

图 4-2-9　正交模式绘图图例

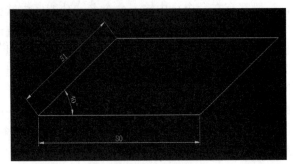

图 4-2-10　平行四边形

4.2.2　射线的绘制

在绘制图形时，射线的作用与直线有所不同，射线一般只做辅助线，射线是只有起点和方向，没有终点的直线。调用"射线"命令的方法主要有如下几种。

（1）命令行：输入 Ray。

（2）功能区：选择"默认"｜"绘图"组，单击"射线"按钮 。

（3）菜单栏：在"AutoCAD 经典"工作空间中选择"绘图"｜"射线"。

常用绘制射线的方法为：根据以上任意一种方法，并执行该命令后，在绘图区任意位置单击鼠标左键指定射线起点位置。在动态文本框中输入通过点，按【Enter】键确认输入，再次按【Enter】键退出"射线"命令，完成绘制。射线的绘制过程如图 4-2-11 所示。

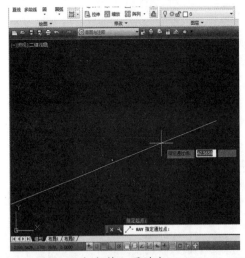

（a）输入通过点

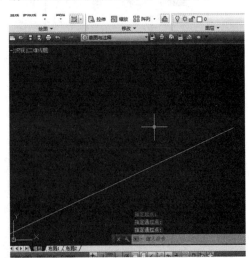

（b）效果

图 4-2-11　射线的绘制

4.2.3　构造线的绘制

构造线是没有起点和终点，两端都可以无限延伸的直线。与射线一样，在绘图过程中常用作辅助线，在建筑设计中常用作确定建筑图形的结构，而在机械设计中常用于绘制轴线。调用"构造线"命令的方法主要有如下几种。

（1）命令行：输入 Xline（XL）。

（2）功能区：选择"默认"｜"绘图"组，单击"构造线"按钮 ✐。

（3）菜单栏：在"AutoCAD 经典"工作空间中选择"绘图"｜"构造线"。

（4）工具栏：在"AutoCAD 经典"工作空间的工具栏中单击"构造线"按钮 ✐。

在绘制构造线时，将出现不同的选项，包括水平、垂直、角度、二等分和偏移五种，下面对各选项含义进行介绍。

水平（H）：绘制一条通过指定点且水平的构造线。

垂直（V）：绘制一条通过指定点且垂直的构造线。

角度（A）：可按指定的角度绘制一条构造线，在指定构造线的角度时，该角度是构造线与坐标系水平方向上的夹角，若角度值为正值，则绘制的构造线将逆时针旋转。

二等分（B）：使用该选项绘制的构造线将平分指定的两条相交线之间的夹角。

偏移（O）：创建平行于另一对象的平行线，绘制此平行构造线时可以指定偏移的距离与方向，也可以指定通过的点。

下面将使用工具栏的方法，利用构造线命令为已知三角形的锐角创建角平分线。其具体操作如下：

步骤 1：绘图栏执行构造线命令。

打开"三角形.dwg"图形文件，在"AutoCAD 经典"工作空间的工具栏中单击"构造线"按钮 ✐，执行"构造线"命令，如图 4-2-12 所示。

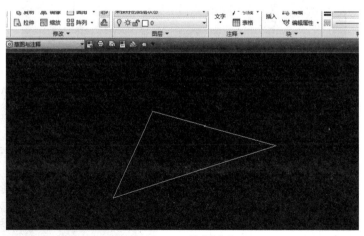

图 4-2-12　绘制准备

步骤 2：绘制角平分线。

（1）在命令行中输入"B"，按【Enter】键，选择"二等分"选项。

（2）开启对象捕捉，设置端点捕捉后，分别捕捉锐角的顶点、起点和端点，如图 4-2-13 所示。

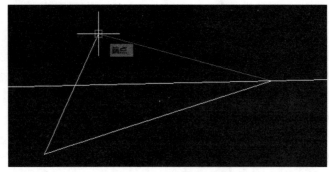
图 4-2-13 绘制角平分线

步骤 3：完成绘制。

按【Esc】键退出命令，并查看完成设置后的效果，如图 4-2-14 所示。

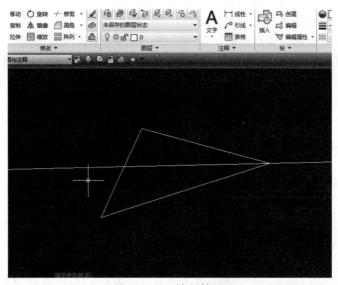
图 4-2-14 绘制效果

【例 4-1】 绘制与 X 轴成 32°角的构造线 1，并绘制与构造线 1 成 45°角的构造线 2，再分别绘制与构造线 1 平行的构造线 3 和构造线 4，其中构造线 3 与构造线 1 的平行距离为 30，构造线 4 要求通过 A 点，如图 4-2-15 所示。

操作步骤的命令执行过程如下：

（1）构造线 1 的绘制：

命令：xline 指定点或[水平（H）/垂直（v）/角度（A）/二等分（B）/偏移（O）]：（输入 A）

输入构造线的角度（0）或[参照（R）]：（输入 32，即构造线与 X 轴的角度 32°）

指定通过点：（指定该构造线的通过点）

指定通过点：（回车结束）

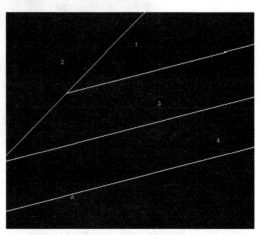
图 4-2-15 例题图

（2）构造线 2 的绘制：

命令：xline 指定点[水平（H）/垂直（V）/角度（A）/二等分（B）/偏移（O）]：A

输入构造线的角度（0）或[参照（R）]：（可输入 R，即构造线 2 以参照指定线的方式绘制）

选择直线对象：（选择构造线 1）

输入构造线的角度<0>：45（输入构造线 1 与构造线 2 间的角度值 45°）

指定通过点：（指定构造线 2 的通过点）

指定通过点：（回车结束）

（3）构造线 3 的绘制：

命令：xline 指定点或[水平（H）/垂直（V）/角度（A）/二等分（B）/偏移（O）]：（输入 O）

指定偏移距离或[通过（T）]<默认值>，（输入 30，即构造线了与构造线 1 的平行距离 30）

选择直线对象：（选择构造线 1）

指定向哪侧偏移：（在构造线 1 的下方任意位置单击鼠标）

选择直线对象：（回车结束）

（4）构造线 4 绘制步骤：

命令：xline 指定点或[水平（H）/垂直（V）/角度（A）/二等分（B）/偏移（O）]：（输入 O）

指定偏移距离或[通过（T）]<通过>：（输入 T）

选择直线对象：（选择构造线 1）

指定通过点：（使用对象捕捉指定 A 点）

选择直线对象：（回车结束）

4.3 圆类命令的使用

在 AutoCAD 2014 中的图形绘制过程中，除了绘制直线和点外，还有圆弧类的图形对象也是常见的绘制种类，其中主要包括圆、圆弧、椭圆、圆环、椭圆弧等，绘制方法相对于直线型图形对象的绘制方法更加复杂，下面将分别进行介绍。

4.3.1 圆的绘制

圆是绘制图形中使用非常频繁的图形元素之一，如在电气制图中可绘制变压器、互感器等，在机械图形中可绘制轴孔和螺孔等，在建筑制图中绘制孔洞、灯饰和管道等，都会用到"圆"命令。

1. 命令执行方式

（1）命令行：输入 Circle（C）。

（2）功能区：选择"默认"｜"绘图"组，单击"圆"按钮。

（3）菜单栏：在"AutoCAD 经典"工作空间中选择"绘图"｜"圆"。

（4）工具栏：在"AutoCAD 经典"工作空间的工具栏中单击"圆"按钮。

若选择"默认"｜"绘图"组，单击"圆"按钮，在弹出的下拉列表框中包括了半径画圆、直径画圆、两点画圆、三点画圆和两种相切画圆的 6 种方式，如图 4-3-1 所示。下面将依次介绍这几种绘制方法。

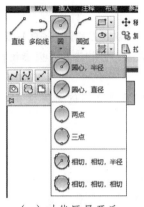

（a）功能区展开后　　　　　　　　　（b）子菜单

图 4-3-1　画圆方式

　　使用"相切，相切，半径"方式绘制圆时，只需要通过指定半径和两个相切对象绘制圆。下面将利用圆的各种绘制方法共同完成房屋装饰设计中的装饰品，在绘制时首先绘制装饰品耳朵、头和嘴巴，然后利用"直线"命令绘制上下颌分界线。

　　2. 具体操作

　　（1）圆心、半径方式画圆（见图 4-3-2）。

　　在功能区选择"常用"｜"绘图"｜"圆"，启动圆命令后，提示如下：

　　命令：_circle 指定圆的圆心或[三点（3P）/两点（2P）/切点、切点、半径（T）]：（指定圆心）

　　指定圆的半径或[直径（D）]：（输入圆的半径）

　　（2）圆心、直径方式画圆（见图 4-3-3）。

　　在快捷菜单中选"重复 CIRCLE（R）"，启动圆命令后，提示如下：

　　命令：_circle 指定圆的圆心或[三点（3P）/两点（2P）/切点、切点、半径（T）]：（指定圆心）

　　指定圆的半径或[直径（D）]<默认值>：（输入 D，即选择直径方式）

　　指定圆的直径<默认值>：（输入 100，即圆的直径）

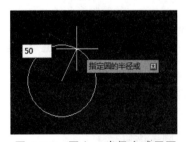
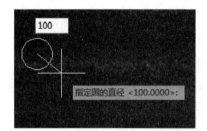

图 4-3-2　圆心、半径方式画圆　　　　　　图 4-3-3　圆心、直径方式画圆

　　（3）两点方式画圆（见图 4-3-4）。

　　这种方法多用于绘制两点之间的距离等于圆的直径时的两点圆。

　　命令：_circle 指定圆的圆心或[三点（3P）/两点（2P）/切点、切点、半径（T）]：（输入 2P，即选择两点方式）

指定圆直径的第一个端点：（指定第一个点）

指定圆直径的第二个端点：（指定第二个点）

（4）三点。

使用"三点"方式绘制圆时，只需要依次确定通过圆上任意的 3 个点来绘制，也可以通过在动态文本框中输入点与点之间的距离确定点的位置来绘制圆。这种方法多用于绘制通过指定点的圆。

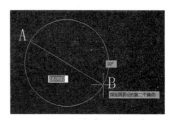

图 4-3-4　两点方式画圆

（5）相切、相切、半径方式画圆。

这种方法多用于绘制与两个指定对象相切的圆。

命令：_circle 指定圆的圆心或[三点（3P）/两点（2P）/切点、切点、半径（T）]：（输入 T，即选择相切、相切、半径方式）

指定对象与圆的第一个切点：（在线段上捕捉第一个切点）

指定对象与圆的第二个切点：（在圆弧上捕捉第二个切点）

指定圆的半径<默认值>：（输入圆的半径值）

（6）相切、相切、相切方式画圆。

使用"相切、相切、相切"方式绘制圆时，只需要通过指定 3 个对象绘制。这种方法多用于绘制与 3 个对象相切,绘制圆的直径是系统根据相切对象的位置和大小自动计算出来的。

3．技巧与说明

（1）绘制的对象切于直线时，切点可以在直线的延长线上。

（2）在功能区和菜单中选择的画圆方式是明确的,相应的提示不再给出画圆方式的选项。

（3）指定圆心或其他点时可配合对象捕捉方式准确画圆，如图 4-3-5 的绘制过程中，应用此技巧可以达到事半功倍的效果。

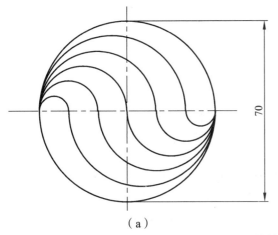

（a）

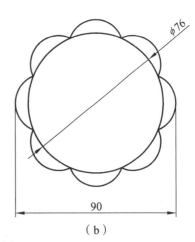

（b）

图 4-3-5　圆的绘制举例

4.3.2　圆弧的绘制

圆弧是圆的一部分。在电气工程制图中，圆弧比圆使用更加普遍，如绘制弧垂和接触网线路图时，在绘制机械图时常用于绘制相贯线等图形。圆弧可通过圆弧命令直接画出，也可以通过打断圆或倒圆角等方法产生圆弧。

1. 命令执行方式

（1）命令行：输入 ARC（A）。

（2）功能区：选择"默认"｜"绘图"组，单击"圆弧"按钮。

（3）菜单栏：在"AutoCAD 经典"工作空间中选择"绘图"｜"圆弧"。

（4）工具栏：在"AutoCAD 经典"工作空间的工具栏中单击"圆弧"按钮。

AutoCAD 2014 提供了 11 种绘制圆弧的方式，在功能区面板或菜单均可以直接指定圆弧绘制方式，相应的提示不再给出可以选择的参数。通过工具栏或命令行取用圆弧工具时，相应的提示会给出可能的多种参数。绘制圆弧时，可以以指定圆弧的圆心、端点、起点、半径、角度、弦长和方向值的各种组合形式绘制。其方法为：选择"常用"｜"绘图"组，单击"圆弧"按钮右侧的下拉按钮，在弹出的下拉列表中包括了"三点""起点、圆心、端点"、"起点、端点、角度""圆心、起点、端点"和"继续"等 11 种形式，如图 4-3-6 所示。下面将依次介绍这 11 种绘制圆弧的方法。

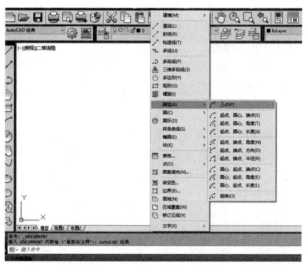

图 4-3-6　圆弧的绘制方法

2. 具体绘制方法

（1）三点画弧：通过指定圆弧上的起点、端点（终点）和弧上任意一点画弧。

（2）起点、圆心、端点画弧：通过指定圆弧上的起点和圆弧圆心后，确定端点画弧。所画圆弧是从起点按逆时针方向到端点的圆弧。

（3）起点、圆心、角度画弧：通过指定圆弧上的起点和圆弧圆心后，输入圆弧的包含角度画弧。正角度值为逆时针画弧，负角度值为顺时针画弧。

（4）起点、圆心、长度画弧：通过指定圆弧上的起点和圆弧圆心后，输入圆弧的弦长画弧。弦长为正值弧的圆心角小于 180°，为负值弧的圆心角则大于 180°。

（5）起点、端点、角度画弧：通过指定圆弧上的起点、端点和圆弧的包含角画弧。

（6）起点、端点、方向画弧：通过指定圆弧上的起点、端点后，确定方向画弧。方向是指起点处圆弧的切线方向，该方向可以用鼠标直接确定，也可用角度确定，角度是所指方向和 X 轴正方向的夹角。

（7）起点、端点、半径画弧：通过指定圆弧上的起点、端点和圆的半径画弧。

（8）圆心、起点、端点画弧：与起点、圆心、端点画弧相似，仅确定参数的顺序不同。

（9）圆心、起点、角度画弧：与起点、圆心、角度画弧相似，仅确定参数的顺序不同。

（10）圆心、起点、长度画弧：与起点、圆心、长度画弧相似，仅确定参数的顺序不同。

（11）继续画弧，若取用圆弧工具后直接回车或按空格键，也是采用继续画弧的方式。继续画弧即该圆弧的起点为上一个圆弧的端点或上一个直线的端点，且与其相切。

3. 绘制实例

在电力线路工程中，悬垂导线示意图经常用到。如图 4-3-7 所示，两根杆塔相距 50 m，已知两杆塔导线悬挂点（此例假设为杆顶）距地 16 m，中间所假设的导线最大弧垂为 1.2 m，请利用直线和圆弧命令绘制。

绘制过程如下：

（1）首先绘制相距 50 m 的两条平行的垂直线，即杆塔。

（2）设置对象捕捉模式为端点、中点，并调用对象捕捉工具条。

（3）连接两直线下端点作为辅助线。

（4）在绘图工具栏单击圆弧图标，启动画弧命令。

（5）捕捉其中一条垂直线的顶点作为圆弧的起点。

（6）临时追踪辅助线的中点垂直向上导向，输入 14.8。

图 4-3-7　绘制悬垂导线示意图

（7）捕捉另一条直线的顶点作为圆弧的端点。

电力系统示意图中经常用到的电抗器符号如图 4-3-8 所示，请利用圆及圆弧命令绘制。

（1）打开正交模式。

（2）启动直线绘制命令，画一条端点为（50，50）和（100，50）的直线。

（3）选择"绘图"|"圆弧"|"起点、圆心、角度"。

① 捕捉（100，50）这一端点。

② 临时追踪（100，50）这一端点，向右导向，输入 20，则确定了圆心。

③ 输入 -270，确定圆弧包含角。

（4）绘制该符号的另外两条直线段。完成效果如图 3-11 所示。

技巧与说明：圆弧具有方向性，默认的方向是逆时针方向。如果要画顺时针方向的圆弧用三点画弧法或者确定负的角度。

有时直接绘制圆弧比较麻烦，可以使用修剪（Trim）命令修剪得到圆弧，也可以使用圆角（Fillet）命令在两个对象之间产生圆弧。详见其他章节。

图 4-3-8　电抗器符号

课堂训练：绘制如图 4-3-9、4-3-10 所示的图形。

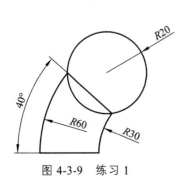

图 4-3-9　练习 1

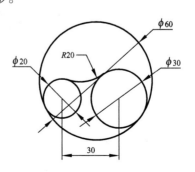

图 4-3-10　练习 2

4.3.3 圆环的绘制

圆环是一种可填充的同心圆，绘制圆环时，首先应指定圆环的内径和外径，然后再指定圆环的中心点，即可完成圆环图形的绘制。其内径可以为 0，也可以与外径相等。绘制圆环时，指定内径和外径后，可连续确定圆心绘制多个圆环。在 AutoCAD 系统默认情况下，圆环的两个圆形中间的面积填充为实心。

1. 命令执行方式

（1）命令行：输入 Donut（DO）。
（2）功能区：选择"常用"|"绘图"|"圆环"。
（3）菜单栏：在"AutoCAD 经典"工作空间中选择"绘图"|"圆环"。

2. 具体操作过程

命令：DONUT
指定圆环的内径<默认值>:（指定圆环的内圆直径）
指定圆环的外径<默认值>:（指定圆环的外圆直径）
指定圆环的中心点或<退出>:（确定圆环圆心的位置）
指定圆环的中心点或<退出>:（继续确定下一个圆环圆心位置，或按回车键、空格键、鼠标右键结束命令）

绘出的圆环，其两圆之间的部分为填实的，如图 4-3-11（a）所示。

3. 技巧与说明

（1）若指定圆环内径为 0，则绘出实心圆，如图 4-3-11（b）所示；若内径与外径相等，则绘出空心圆，如图 4-3-11（c）所示。

（2）圆环是否填充可以设置，方法如下：

① 在命令行输入 Fillmode，将其值设置为 1，则圆环为填充；将其值设置为 0，则为不填充，如图 4-3-11（d）所示。

② 在命令行输入 Fill，将其设置为"ON"，则圆环填充；将其设置为"OFF"，则不填充。

③ 通过菜单设置，选择"工具"|"选项"|"显示"，在"显示性能"中将"应用实体填充（Y）"勾选则圆环填充，反之不填充。

设置修改后，需执行"视图"|"重生成"命令，才可看到修改效果。

（a）　　　　（b）　　　　（c）　　　　（d）

图 4-3-11　圆环的绘制效果

4.3.4 椭圆的绘制

椭圆的绘制与圆环不同，在 AutoCAD 2014 中，椭圆的形状主要由中心、长轴和短轴三个参数来描述。当长轴与短轴相等时，绘制出来的图形是一个正圆。

1．命令执行方式

（1）命令行：输入 Ellipse（EL）。

（2）功能区：选择"默认" | "绘图"组，单击"椭圆"按钮，在弹出的下拉列表框中选择相应选项。

（3）菜单栏：在"AutoCAD 经典"工作空间中选择"绘图" | "椭圆"，然后在弹出的下拉列表中选择相应选项。

（4）工具栏：在"AutoCAD 经典"工作空间的工具栏中单击"椭圆"按钮。

2．具体绘制方法

（1）确定两轴长度绘制椭圆。

命令：ellipse

指定椭圆的轴端点或[圆弧（A）/中心点（C）]：（确定椭圆第一根轴的第一个端点）

指定轴的另一个端点：（确定该轴第二个端点）

指定另一条半轴长度或[旋转（R）]：（确定第二根轴的端点）

（2）确定轴长及转角绘制椭圆。

命令：_ellipse

指定椭圆的轴端点或[圆弧（A）/中心点（C）]：（确定椭圆第一根轴的第一个端点）

指定轴的另一个端点：（确定该轴第二个端点）

指定另一条半轴长度或[旋转（R）]：（选择 R）

指定绕长轴旋转的角度：（输入绕长轴的旋转角度）

其旋转角度的最大值为 89.4°。

（3）确定中心点和两轴端点绘制椭圆。

命令：_ellipse

指定椭圆的轴端点或[圆弧（A）/中心点（C）]：（选择 C）

指定椭圆的中心点：（确定椭圆的中心点）

指定轴的端点：（确定第一根轴的端点）

指定另一条半轴长度或[旋转（R）]：（确定第二根轴的端点或选择 R，通过旋转方式确定第二根轴）

4.3.5 椭圆弧的绘制

和圆弧一样，椭圆弧也是椭圆上的某一部分，椭圆弧主要运用在某些特别的图形中，绘制椭圆弧的方法是首先绘制一个椭圆，然后根据提示，确定椭圆弧的起始点和终止点。

1．命令执行方式

（1）命令行：输入 Ellipse（EL），选择"圆弧"选项。

（2）功能区：选择"默认" | "绘图"组，单击"椭圆"按钮右侧的下拉按钮，在弹出的下拉列表框中选择"椭圆弧"选项。

（3）菜单栏：在"AutoCAD 经典"工作空间中选择"绘图" | "椭圆"命令，然后在弹出的子菜单中选择"圆弧"命令。

2. 具体操作过程

命令：ellipse

指定椭圆的轴端点或[圆弧（A）/中心点（C）]：_a

指定椭圆弧的轴端点或[中心点（C）]：（确定椭圆第一根轴的第一个端点）

指定轴的另一个端点：（确定该轴第二个端点）

指定另一条半轴长度或[旋转（R）]：（确定第二根轴的端点）

指定起点角度或[参数（P）]：（可直接单击鼠标左键确定椭圆弧的起始点或输入起始角度）

指定端点角度或[参数（P）/包含角度（I）]：（输入或指定终止角度，或选择I，有提示后输入包含角）

3. 技巧与说明

起始角、终止角是按椭圆长轴的第一个端点沿着逆时针方向测量的。

常用绘制椭圆弧的方法为：根据以上任意一种方法，并执行该命令后，在命令行中输入"A"，按【Enter】键选择"圆弧"选项。在绘图区中任意位置单击鼠标左键确定椭圆的轴端点。将鼠标光标向左移动，在命令行中分别输入椭圆第一端点和另一点的距离（长轴），在输入短半轴后，按【Enter】键，然后输入起始角度和终止角度即可。

参数"P"表示需要手动输入椭圆弧的起始角度，但系统将通过矢量参数方程式"$p(u) = c + a*\cos(u) + b*\sin(u)$"来绘制椭圆弧。其中，"$c$"表示椭圆的中心点；"$a$"表示椭圆的长轴；"$b$"表示椭圆的短轴；"$u$"表示从起始角度开始的包含角度，如图 4-3-12 所示。

（a）绘制　　　　　　　　　　　　　（b）效果

图 4-3-12　椭圆弧的绘制

4.4　矩形、正多边形的绘制

在绘制图形的过程中，除了需要绘制直线和圆之外，还经常需要绘制由多条相等边组成的多边形图形，如正三边形、正四边形和矩形等。熟练掌握多边形绘制命令，可以提高绘图效率，下面对其进行逐一讲解。

4.4.1　绘制矩形

矩形是最简单的封闭直线图形，它可使用直线进行绘制，但是通过直线绘制的速度过慢而且过程烦琐、效率太低，而使用"矩形"命令能够很好地提高绘图效率。调用"矩形"命令的方法主要有如下几种。

（1）命令栏：输入 Rectang（REC）。

（2）功能栏：选择"默认"｜"绘图"组，单击"矩形"按钮 。

（3）菜单栏：在"AutoCAD 经典"工作空间中选择"绘图"｜"矩形"。

（4）工具栏：在"AutoCAD 经典"工作空间的工具栏中"矩形"按钮 。

绘制矩形的方法为，根据以上任意以一种方法，并执行该命令后，在命令行中对应的选项，输入选项值，并在绘图区任意处单击鼠标左键，指定矩形的第一角位置。若选择"尺寸"选项，需输入长度和宽度即可，如图 4-4-1 所示。

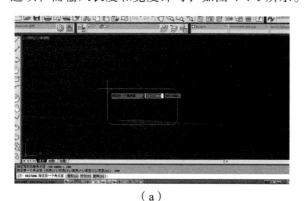 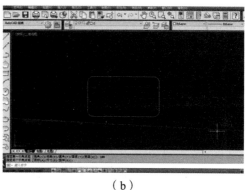

（a） （b）

图 4-4-1 矩形的绘制

矩形命令行各选项的含义如下：

倒角（C）：指倒角距离，当绘制带倒角的矩形时，每一个角点的逆时针和顺时针方向的倒角都可相同，也可不同，其中第一个倒角距离是指角点逆时针方向倒角的距离，第二个倒角距离是指角点顺时针方向倒角的距离。

圆角（E）：需要绘制圆角矩形时选择该选项可以指定矩形的圆角半径。

宽度（W）：该选项为要绘制的矩形指定多段线的宽度。

面积（A）：该选项通过确定矩形面积大小的方式绘制矩形。

尺寸（D）：该选项通过输入矩形的长和宽两个边长确定矩形大小。

标高（E）：指所在平面高度，在执行"矩形"命令时可通过标高的设置确定其平面高度。

厚度（T）：矩形的厚度，在执行命令时带厚度的矩形具有三维立体的特征。

【例 4-2】 绘制一矩形，第一个倒角距离为 10，第二个倒角距离为 5。

指定第一个角点或[倒角（C）/标高（E）/圆角（F）/厚度（T）/宽度（W）]：（输入 C）

指定矩形的第一个倒角距离<0.0000>：（输入 1 0）

指定矩形的第二个倒角距离<0.0000>：（输入 5）

指定第一个角点或[倒角（C）/标高（E）/圆角（F）/厚度（T）/宽度（W）]：（确定第一个角点 A）

指定另一个角点或[面积（A）/尺寸（D）/旋转（R）]：（确定另一个对角点 B）

效果如图 4-4-2 所示。

技巧与说明：

（1）设定了倒角、标高、圆角或厚度等参数后，AutoCAD 2014将始终以设置的参数绘制矩形，直至参数重新设置。

（2）如果矩形的线条宽度设为 0，则 AutoCAD 2014 根据当前图层的默认线型宽度来绘制矩形；如果设置线条宽度大于 0，则按该宽度而不是当前图层默认的线型宽度绘制矩形。

（3）用 Rectang 命令画出的矩形是一个实体，四条边不能单独分别编辑，若要使各边成为单一直线编辑，须先使用 Explore 命令对矩形进行分解。

绘制带圆角或倒角的矩形时，如果矩形的长度和宽度太小，而无法使用当前设置创建矩形时，则绘制出来的矩形将不进行圆角或倒角操作。

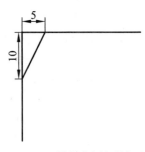

图 4-4-2　绘制有倒角的矩形

4.4.2　绘制多边形

在 AutoCAD 中，可以绘制边数为 3～1 024 的正多边形。在 AutoCAD 中可以通过指定多边形的边长或指定中心点和相切、相接的方式绘制多边形。

1. 命令执行方式

（1）命令栏：在命令行中执行 Polygon（POL）。

（2）功能区：选择"默认"｜"绘图"组，单击"多边形"按钮⬠。

（3）菜单栏："AutoCAD 经典"工作空间中选择"绘图"｜"多边形"。

（4）工具栏："AutoCAD 经典"工作空间的工具栏中单击"多边形"按钮⬠。

2. 具体绘制方法

（1）内接法绘制正多边形。

命令：_polygon 输入侧面数<默认值>：（输入正多边形的边数）

指定正多边形的中心点或[边（E）]：（确定正多边形的中心点）

输入选项厂内接于圆（I）/外切于圆（C）]<默认选项>：（选择内接方式 I）

指定圆的半径：（确定内接圆的半径）

绘制效果如图 4-4-3 所示。

（2）外接法绘制正多边形。

命令：_polygon 输入侧面数<默认值>：（输入正多边形的边数）

指定正多边形的中心点[边（E）]：（确定正多边形的中心点）

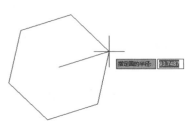

输入选项厂内接于圆（I）/外切于圆（C）]<默认选项>：（选择内接方式 C）

图 4-4-3　用内接法绘制正多边形

指定圆的半径：（确定内接圆的半径）

绘制效果如图 4-4-4 所示。

（3）边长法绘制正多边形。

命令：_polygon 输入侧面数<默认值>：（输入正多边形的边数）

指定正多边形的中心点或[边（E）]:（输入 E）

指定边的第一个端点:（指定正多边形一条边的一个端点）

指定边的第二个端点:（指定正多边形该边的另一个端点）

绘制效果如图 4-4-5 所示。

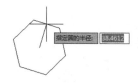

图 4-4-4　用外接法绘制正多边形

图 4-4-5　用边长法绘制正多边形

下面将绘制"螺母图形.dwg"图形文件，只要通过"圆"命令绘制圆，然后利用"多边形"命令绘制正六边形，最后利用"圆"命令绘制孔。其具体操作如下：

步骤 1：绘制圆。

（1）在"AutoCAD 经典"工作空间的工具栏中单击"圆"按钮。

（2）绘制一个圆心坐标为（150，150）、半径为 50 的圆，如图 4-4-6 所示。

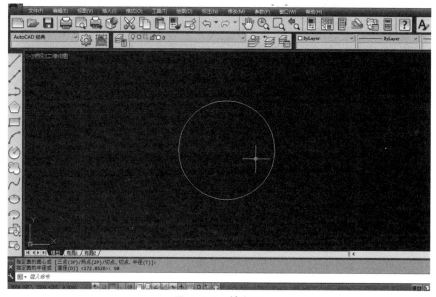

图 4-4-6　绘制圆

步骤 2：绘制多边形。

（1）在命令行中输入 POL 命令，按【Enter】键。输入侧面数"6"，按【Enter】键，在绘制的圆图形中捕捉其中点，并用鼠标左键单击。

（2）在命令行中输入"C"，或选择"外切于圆"选项，按【Enter】键。

（3）指定圆的半径为 50，按【Enter】键，如图 4-4-7 所示。

步骤 3：绘制另一个圆。

使用绘制圆的方法绘制另一个圆，使用鼠标左键捕捉圆心位置，并以 30 为半径绘制另一个圆，并查看绘制后的效果，如图 4-4-8 所示。

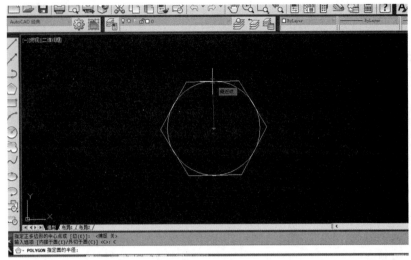

图 4-4-7 绘制多边形

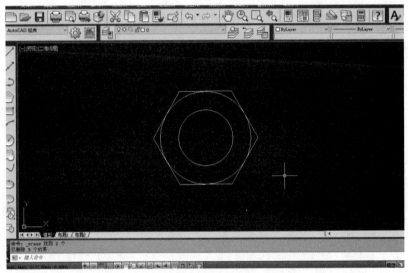

图 4-4-8 绘制效果

课堂训练：绘制如图 4-4-9 所示的变压器。

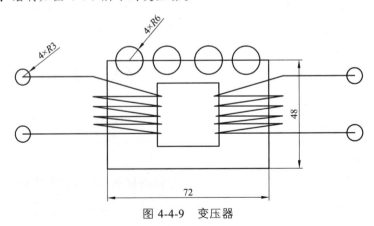

图 4-4-9 变压器

第5章 AutoCAD 2014 复杂图形的绘制

【本章导读】

在图形的绘制过程中，时常会遇到复杂图形。复杂图形拆分开来看，就是多线、多段线、样条曲线、图案填充构成的。本章重点介绍这些复杂命令的操作方法与步骤，并结合具体实例讲解使用技巧。

【技能目标】

（1）了解多段线与多线的绘制方法。

（2）了解样条曲线的绘制方法。

（3）了解修订云线的绘制方法。

（4）了解图案填充的方法。

5.1 多线的绘制与编辑

5.1.1 多线的绘制

多线对象是由 1~16 条平行线组成，这些平行线称为元素。多线是由多条平行线组成的组合图形，平行线之间的间距和数目是可以调整的。其突出的优点是能够提高绘图效率，保证图线之间的统一性。

使用"多线"命令可以一次绘制多条平行线，且平行线之间的距离和数目都可以调整，各线条也可以使用不同的颜色。在实际绘图中，多线多用于绘制建筑平面图中的墙体。多线是 AutoCAD 中设置项目最多，应用最复杂的直线段对象。

1. 命令执行方式

（1）命令行：输入 Mline（ML）。

（2）菜单栏：在"AutoCAD 经典"工作空间中选择"绘图" | "多线"。

2. 具体操作过程

命令：mline

当前设置：对正 = 上，比例 = 20.00，样式 = STANDARD

指定起点或[对正（J）/比例（S）/样式（ST）]:（指定第一段多线的起点）

指定下一点:（指定第一段多线的端点）

指定下一点或[放弃（U）]:（指定第二段多线的端点；或直接按回车，结束多线命令；或选择放弃上一步的操作）

指定下一点或[闭合（C）/放弃（U）]:（指定第三段多线的端点；或直接按回车，结束多线命令；或输入 C，使最后端点和最初起点连线形成闭合的图形；或选择放弃上一步的操作）

选项说明：

（1）对正（J）：设置绘制多线时的基准对正位置。若选择该项，有提示如下：

输入对正类型[上（T）/无（Z）/下（B）]<上>：（选择其中一种对正位置）

上（T）：当按坐标系正向画线时，以最上（或最左）的那条线为基准。

无（Z）：以多线的中心线为基准，即 0 偏差位置。

下（B）：当按坐标系正向画线时，以最下（或最右）的那条线为基准。

（2）比例（S）：配合偏移量设置多线的平行线之间的距离，即多线的宽度 = 比例 × 偏移量。

（3）样式（ST）：设置多线的绘制样式。默认样式为标准型，也可以根据提示输入已经定义过的多线样式名。

5.1.2　多线样式设置

在绘制多线前应该对多线的样式进行设置，包括对多线的数量以及每条线之间的偏移距离等进行设置。设置多线样式可以通过"多线样式"对话框完成。

1. 命令执行方式

（1）命令行：输入 Mlstyle。

（2）菜单栏：在"AutoCAD 经典"工作空间中选择"绘图" | "多线样式"。

2. 具体操作过程

执行多线样式命令后，弹出"多线样式"对话框，如图 5-1-1 所示。对话框中各项含义如下：

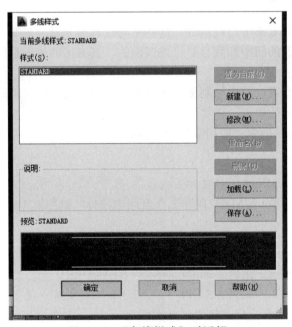

图 5-1-1　"多线样式"对话框

（1）置为当前：在样式列表中选择一个样式作为当前样式。

（2）新建：弹出"创建新的多线样式"对话框，如图 5-1-2 所示。输入"新样式名"后，单击"继续"，弹出"新建多线样式"对话框，如图 5-1-3 所示。

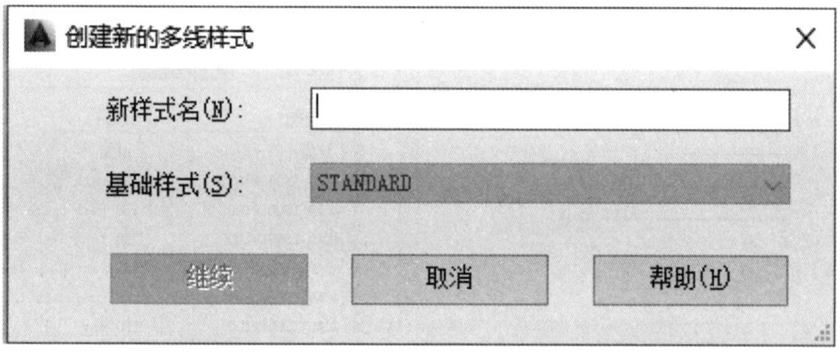

图 5-1-2 "创建新的多线样式"对话框

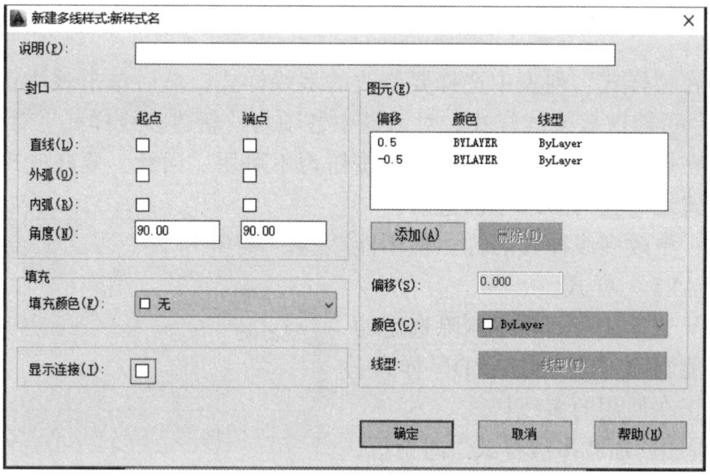

图 5-1-3 "新建多线样式"对话框

对话框中各区域说明如下:

① 封口:控制多线起点和端点封口形式。

封口是新建多线样式的常见操作,其各项含义如下:

直线:表示多线端点以垂直线封口。

外弧:表示多线端点以向外凸出的弧线封口。

内弧:表示多线端点以向内凹进的弧线封口。

角度:用于设置多线封口处的角度。

② 填充:在下拉列表中选择多线的背景填充颜色。

③ 显示连接:勾选该复选项,在多线转折处则显示连接线,反之不显示。

④ 图元:显示和设置多线元素的特性。

⑤ 添加:添加新线。单击该按钮,在元素列表框中会增加一条偏移距离为 0 的新线。

⑥ 偏移:设置所选线元素的偏移量,即多线平行线间的距离。

⑦ 颜色:设置所选线元素的颜色。

⑧ 线型:设置所选线元素的线型。单击该按钮,弹出"选择线型"对话框,如图 5-1-4 所示,可从"已加载的线型"列表中选择,若没有所需线型,则单击"加载",弹出"加载或重载线型"对话框,如图 5-1-5 所示,在"可用线型"列表中选择所需线型,单击"确定",所选线型就会列在"已加载的线型"列表中供选择。

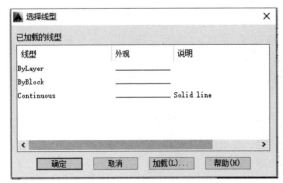

图 5-1-4 "选择线型"对话框

图 5-1-5 "加载或重载线型"对话框

（3）修改：在"样式"列表中选择要修改的多线样式，然后单击该按钮，弹出"修改多线样式"对话框，可修改该多线样式，对话框中各项与"新建多线样式"对话框一致。但是，选择在图形中正在使用的任何多线样式，该按钮为不可用。因此，要修改现有的多线样式，必须在使用该样式绘制任何多线之前进行。

（4）重命名：更改多线样式名称。但不能重命名"STANDARD"样式。

（5）删除：从"样式"列表中删除选定的多线样式。但不能删除"STANDARD"样式、当前多线样式和正在使用的多线样式。

（6）加载：弹出"加载多线样式"对话框，如图 5-1-6 所示，可加载已定义的多线样式文件。AutoCAD 提供的多线样式文件是 acad.mln，也可创建新的多线样式文件（扩展名为.mln）。

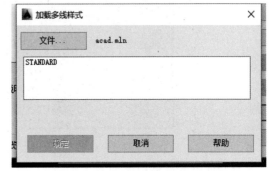

图 5-1-6 "加载多线样式"对话框

设置多线样式的方法为：根据以上任意一种方法，并执行该命令后，在打开的"多线样式"对话框中单击 新建(N)... 按钮。在打开的"创建新的多线样式"对话框的"新样式名"文本框中输入新的多线样式名称，单击 继续 按钮，如图 5-1-7 所示。在打开的"新建多线样式"对话框中设置新建的样式，单击 确定 按钮，如图 5-1-8 所示。

图 5-1-7 新建多线样式

图 5-1-8 完成

5.1.3 绘制多线实例

当设置好多线样式后，就可以开始绘制多线了。

下面将利用以上命令行的方法进行，创建长为 3 000、宽为 3 500 的"卧室墙体"图形，操作步骤如下：

步骤 1：选择"比例"选项。

（1）启动 AutoCAD 2014，并切换到"AutoCAD 经典"工作空间，在命令行中输入 ML。

（2）在命令行中输入"S"，按【Enter】键选择"比例"选项，如图 5-1-9 所示。

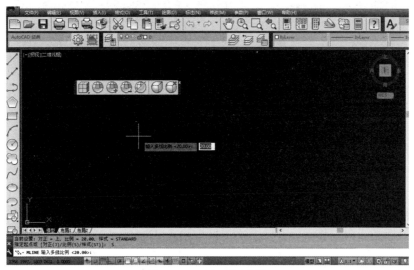

图 5-1-9　选择"比例"

步骤 2：确认比例，选择对齐选项。

（1）在命令行中输入比例"240"，按【Enter】键。

（2）在命令行中输入"J"，按【Enter】键选择"对正"选项。

（3）在弹出的下拉列表中选择"无"选项，如图 5-1-10 所示。

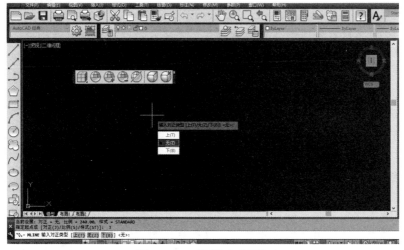

图 5-1-10　选择"对正"

步骤3：开始绘制图形。

（1）在绘图区中任意位置单击鼠标左键，指定起点位置。

（2）按【F8】键开启正交功能，鼠标向左移动，在动态文本框中输入多线的长度值为"300"，按【Enter】键确认，如图5-1-11所示。

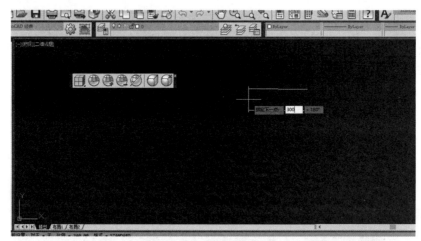

图5-1-11 开始绘制图形

步骤4：输入坐标绘制图形。

（1）将鼠标光标向上移动，在动态文本框中输入"0，3 000"，按【Enter】键确认输入。

（2）将鼠标光标向右移动，在动态文本框中输入"3 500，0"，按【Enter】键确认输入。

步骤5：完成墙线绘制。

（1）将鼠标光标向下移动，在命令行中输入"3 000"，按【Enter】键确认输入。

（2）将鼠标光标向左移动，在命令行中输入"2 500"，按【Enter】键确认输入。最后按【Esc】键退出命令，完成绘制。

步骤6：查看效果。

在工具栏中单击"直线"按钮 ∕ ，画出预留的大门位置，对图形进行保存，并查看完成后的效果。

在绘制多线中，常使用3种选项，各选项的含义如下：

对正（J）：表示设置多线的3种对齐方式，上对齐是以多线最上方端点作为对齐点进行对齐；无对齐是以多线中轴线作为对齐点进行对齐；下对齐是以多线最下方的端点作为对齐点进行对齐。

比例（S）：表示设置多线样式宽度的比例。系统默认为"20"，如果将多线比例设置为"1"，则不影响多线的线型比例。

样式（ST）：表示调用其他设置好的多线样式，系统默认多线样式为"STANDARD"。

5.1.4 编辑多线

多线是由多个线型和颜色混合成的单一对象，在其中可使用标准的对象编辑方法进行修改，但常见的修改不能编辑多线，如修剪、延伸和打断等。调用编辑多线命令的方法主要有如下两种。

100

（1）命令行：输入 Mledit。

（2）菜单栏：在 "AutoCAD 经典" 工作空间中选择 "修改" ｜ "对象" ｜ "多线"。

常用的编辑多线的方法为根据以上任意一种方法，并执行该命令后，将打开 "多线编辑工具" 对话框，在其中选择需要的编辑工具即可。

5.2 多段线的绘制与编辑

5.2.1 多段线的绘制

多段线是一种由直线段和圆弧组合而成的图形对象，多段线可具有不同线宽。这种线由于其组合形式多样，线宽可变化，弥补了直线或圆弧功能的不足，适合绘制各种复杂的图形轮廓。在 AutoCAD 中多段线是一种非常有用的线段组合体，无论这条多段线中包含多少条直线或圆弧，整条多段线都是一个实体。它们既可以一起编辑，也可以分开来编辑。既可以有统一线宽，也可以有不同线宽，而且同一线段也可以有不同线宽。

多段线适用于以下几个方面：地形、等压和其他科学应用的轮廓素线、布线图和电路印刷板布局、流程图和布管图、三维实体建模的拉伸轮廓和拉伸路径等。

1. 命令执行方式

（1）命令行：输入 Pline。

（2）功能区：选择 "常用" ｜ "绘图" ｜ "多段线"。

（3）菜单栏：在 "AutoCAD 经典" 工作空间选择 "绘图" ｜ "多段线"。

（4）工具栏：选择 "绘图" ｜ "多段线"。

2. 具体操作过程

命令：_plinc

指定起点：（指定多段线起点）

当前线宽为 0.0000

指定下一个点或[圆弧（A）/半宽（H）/长度（L）/放弃（U）/宽度（W）]：（指定多段线第二个端点或输入选项的字符）

指定下一点或[圆弧（A）/闭合（C）/半宽（H）/长度（L）/放弃（U）/宽度（W）]：（指定多段线第三个端点或输入选项的字符）

选项说明：

（1）圆弧（A）：由绘制直线方式转换为绘制圆弧方式。若选择该项，有提示如下：

指定圆弧的端点或[角度（A）/圆心（CE）/闭合（CL）/方向（D）/半宽（H）/直线（L）/半径（R）/第二个点（S）/放弃（U）/宽度（W）]：

各选项含义如下：

① 角度（A）：指定圆弧的包含角。画弧方向取决于包含角的正负，正角度逆时针画弧，负角度顺时针画弧。后续提示与 "圆弧" 命令的相应选项相同。

② 圆心（CE）：指定圆弧的圆心位置。

③ 闭合（CL）：以圆弧段封闭多段线。

④ 方向（D）：以指定的切线方向绘制圆弧。后续提示同"圆弧"命令的相同选项。

⑤ 半宽（H）：设置圆弧的起点半宽值和端点半宽值。端点半宽值将作为下一圆弧段的半宽默认值。

⑥ 直线（L）：转换为绘制直线方式。

⑦ 半径（R）：指定圆弧的半径。盾续提示同"圆弧"命令的相同选项。

⑧ 第二个点（S）：输入确定圆弧的第二个点。这相当于采用"圆弧"命令中的三点方式绘制圆弧。

⑨ 放弃（U）：取消上一次操作。

⑩ 宽度（W）：设置圆弧起点宽度和端点宽度。端点宽度将作为下一线段宽度默认值。

（2）闭合（C）：将多段线首尾相连形成封闭图形。

（3）半宽（H）：设置多段线起点半宽值和端点半宽值。若选择该项，有提示如下：

指定起点半宽<0.0000>：（输入起点半宽值，该值将作为端点半宽的默认值）

指定端点半宽<20.0000>：（输入端点半宽值，该值将作为下一线段起点半宽的默认值）

（4）长度（L）：确定多段线下一段直线的长度，其方向与前一段直线相同或与前一段圆弧相切。

（5）放弃（U）：放弃最后绘制的那段多段线。

（6）宽度（W）：设置多段线起点宽度和端点宽度。若选择该项，有提示如下：

指定起点宽度<60.0000>：（输入起点宽度，该值将作为端点宽度的默认值）

指定端点宽度<100.0000>：（输入端点宽度，该值将作为下一线段起点宽度的默认值）

3. 技巧与说明

当多段线的半宽或宽度值大于 0 值时，绘制的多段线是否显示填充，可通过相关命令的设置实现，具体操作参见圆环的绘制。

闭合的多段线如图 5-2-1 所示。绘制过程如下：

（1）启动多段线命令。

（2）输入（100，50）↓。

（3）在正交模式下，右移鼠标输入 100↓。

（4）利用右键菜单，选择 A 选项，进入画弧模式。

（5）在正交模式下，向上移动鼠标输入 60↓（作为圆弧直径）。

（6）输入 L↓，切换回画直线方式。

（7）利用极轴垂直向上追踪点（100，50），直至出现两条相交的追踪线（正交仍打开的状态下，只能看到一条向上的追踪线）时单击鼠标，确定此直线段的端点。

（8）利用右键菜单，选择 A 选项，进入画圆弧模式。

（9）输入 C，回车结束命令。

利用多段线可设置各段宽度的特性，避雷器符号（见图 5-2-2）就可以按照此方法绘制。绘制过程如下：

（1）绘制一个宽 20、高 45 的矩形。

（2）启动多段线命令。

（3）利用极轴追踪垂直向上追踪矩形上边的中点，输入 20↓。

（4）正交导向向下，输入 40↓。

（5）输入 W 选项↓。

（6）起点宽度设置为 5↓。

（7）终点宽度设置为 0↓。

（8）正交导向向下，输入 12，回车结束命令。

（9）接地符号的绘制可参见其他章节练习。

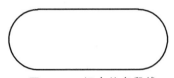

图 5-2-1　闭合的多段线

图 5-2-2　避雷器符号

5.2.2　编辑多段线

在 AutoCAD 中，可编辑任何类型的多段线、多段线形体（如多边形、填充图形、2D 或 3D 多段线图形等）和多变网格等，除了前面介绍的编辑命令外，还可以使用多段线编辑命令对多段线进行编辑，调用多段线编辑命令的方法主要有如下几种。

（1）命令行：输入 Pedit（PE）。

（2）功能区：选择"默认" | "修改"组，单击"编辑多段线"按钮。

（3）菜单栏：在"AutoCAD 经典"工作空间中选择"修改" | "对象" | "多段线"。

常用的编辑多段线的方法为：根据以上任意种方法，并执行该命令后，选择需要编辑的线段，在下方命令行中选择需要编辑多段线的样式，如这里选择"线宽"选项，并输入新宽度值，按【Enter】键即可将线段转换为新的宽度。

闭合：主要用于闭合多段线，若先择的多段线属于闭合状态，则该选项为"打开"，当执行打开命令后将打开多段线。

合并：主要指将首尾相连的多个非多段线对象链接成一条完整的多段线，当选择该选项后，再选择要合并的多个对象，即可将其合并为一条多段线。但是需注意的是，选择的对象必须首尾相连，否则无法进行合并。

宽度：可修改多段线的宽度。

编辑顶点：用于编辑多段线的顶点。当选择该选项后，命令行中将出现提示信息，用户可在其中选择相应的选项对多段线的顶点进行编辑。

拟合：当选择该选项后，系统将用圆弧组成的光滑曲线拟合成多段线。

样条曲线：当选择该选项后，系统将用样条曲线拟合多段线，而拟合后的多段线可使用 Spline 命令，将其转换为样条曲线。其方法为：输入 Spline 命令，选择"对象"选项，然后再选择用样条曲线拟合的多段线即可。

非曲线化：主要用于将多段线中的曲线拉成直线，并同时保留多段线顶点的所有切线信息。

线型生成：主要用于控制有线型的多段线的显示方式，当选择该选项后，可改变多段线的显示方式。

反转：主要用于反转多段线的方向。该选项主要用于第三方应用程序。

放弃：主要用于放弃编辑并结束编辑样条曲线命令。

5.3 样条曲线

5.3.1 创建样条曲线

样条曲线是一种通过或接近指定点的拟合曲线。在 AutoCAD 中，样条曲线的类型是非均匀关系基本样条曲线（Non-Uniform Rational Basis Splines，NURBS）。这种类型的曲线适宜于表达具有不规则变化曲率半径的曲线。样条曲线是经过或接近一系列给定点的光滑曲线。可以控制曲线与点的拟合程度。

Spline 命令创建称为非一致有理 B 样条（NURBS）曲线的特殊样条曲线类型。NURBS 曲线在控制点之间产生一条光滑的曲线。可以通过指定点来创建样条曲线。也可以封闭样条曲线，使起点和端点重合。

绘制样条曲线的方法主要有如下几种。

（1）命令栏：输入 Spline。

（2）功能区：选择"默认"｜"绘图"组，单击"曲线"按钮。

（3）菜单栏：在"AutoCAD 经典"工作空间中选择"绘图"｜"样条曲线"，如图 5-3-1 所示。

（4）工具栏：在"AutoCAD 经典"工作空间的工具栏中单击"曲线"按钮。

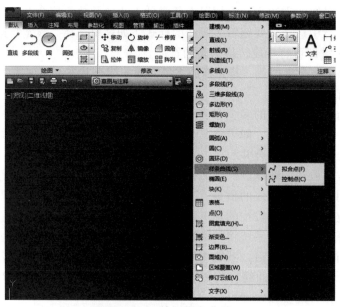

图 5-3-1　绘制样条曲线

样条曲线的绘制比较简单，只需要在绘图区依次指定点的位置，即可绘制出样条曲线。其具体方法为：只需根据以上任意一种方法，并执行该命令后，在绘图区任意位置单击鼠标左键指定样条曲线的第一点，移动鼠标光标在绘图区任意位置依次指定样条曲线的其他点，在命令行中选择"闭合"选项，最后按【Enter】键退出"样条曲线"命令，完成样条曲线的绘制，如图 5-3-2 所示。

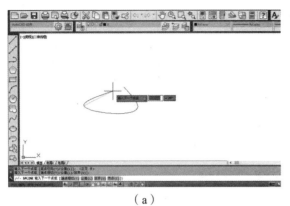 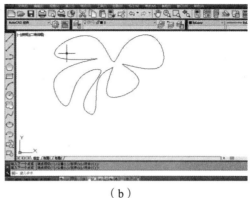

|（a）|（b）|

图 5-3-2　样条曲线的绘制

样条曲线命令行各选项含义如下：

对象（O）：将一条多段线拟合生成样条曲线。

公差（L）：通过设置样条曲线的公差值的大小来控制样条曲线的走向。值越大，曲线偏离指定的点越远；值越小，曲线偏离指定的点越近。

起点切向（T）：指定样条曲线起始点处的切线方向。

端点相切（T）：指定样条曲线终点处的切线方向。

5.3.2　编辑样条曲线

编辑样条曲线和绘制样条曲线不同，通过使用样条曲线的编辑命令和对样条曲线的顶点、精度和反转方向等参数进行设置。调用编辑样条曲线命令的方法主要有如下几种。

（1）命令行：输入 Splinedit。

（2）功能区：选择"默认"|"修改"组，单击"编辑样条曲线"按钮。

（3）菜单栏：在"AutoCAD 经典"工作空间中选择"修改"|"对象"|"样条曲线"，如图 5-3-3 所示。

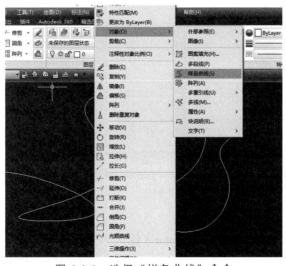

图 5-3-3　选择"样条曲线"命令

（4）快捷菜单：选择要编辑的样条曲线，右击，从打开的快捷菜单上选择"编辑样条曲线"命令。

常用的编辑样条曲线的方法是：根据以上任意一种方法，并执行该命令后，选择需要编辑的线段，并在下方命令行中选取需要编辑的样条曲线样式，如这里选择"拟合数据"选项，在命令行中选择"关闭"选项，即可添加样条曲线，再连续按两次【Enter】键，即可完成样条曲线的编辑。

5.4 绘制修订云线

修订云线与其他图形的作用有所不同，它由多个控制点、最大弧长和最小弧长组成，形状类似于天空中的云朵，主要用于突出显示图纸中已修改的部分。调用"修订云线"命令的方法有如下几种。

（1）命令栏：输入 Revcloud。

（2）功能区：选择"默认"｜"绘图"组，单击"修订云线"按钮。

（3）菜单栏：在"AutoCAD 经典"工作空间中选择"绘图"｜"修订云线"。

（4）工具栏：在"AutoCAD 经典"工作空间的工具栏中单击"修订云线"按钮。

下面将根据以上的方法，先绘制出一个半径为 80 的圆，再设置修订云线的最小弧长和最大弧长分别为 30 和 50，将绘制的圆转换为修订云线。其具体操作如下：

步骤 1：绘制圆（见图 5-4-1）。

（1）在打开界面中的命令行中输入 Circle，按【Enter】键。

（2）在绘图区任意位置指定圆心，并在命令行中输入半径为"80"，按【Enter】键完成绘制。

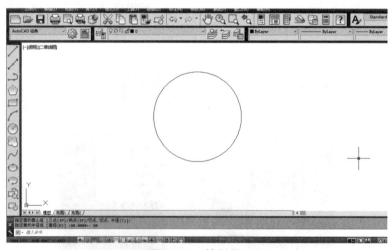

图 5-4-1 绘制圆

步骤 2：设置弧长值（见图 5-4-2）。

（1）在命令行输入 Revcloud，按【Enter】键。

（2）在命令行中输入"A"，选择"弧长"选项，按【Enter】键。

（3）在命令行中输入最小弧长值"30"，按【Enter】键。

（4）设置最大弧长值为"50"，按【Enter】键。

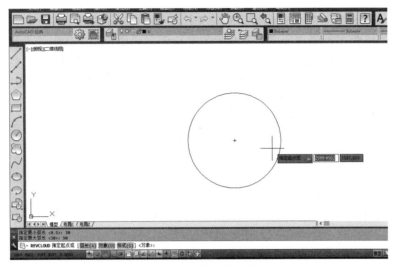

图 5-4-2　设置弧长值

步骤3：完成绘制（见图5-4-3）。

（1）在命令行中输入"O"，选择"对象"选项，按【Enter】键。

（2）用鼠标单击绘制的圆，选择对象，在弹出的下拉列表框选择"否"选项，完成绘制。最后以"修订云线.dwg"为名进行保存。

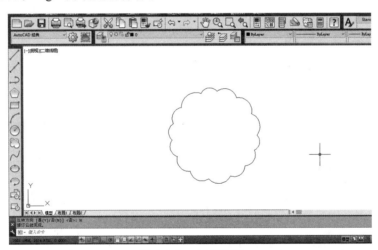

图 5-4-3　完成绘制

修订云线命令行各选项含义如下：

弧长（A）：设置绘制修订云线的最小和最大弧长，其中最大弧长不能超过最小弧长的3倍。

对象（O）：将选择的单个闭合对象转化为修订云线。

样式（S）：选择修订云线的样式，系统默认为"普通"样式。

反转方向：在下拉列表中系统默认为"否"选项，表示绘制出的修订云线是向外凸出；若选择"是"选项，修订云线的方向将反转，为凹进去的云线。

5.5 图案填充

AutoCAD 还可对单个物体或图形进行填充。填充将快速使图形对象表现出某种材质或剖面，使图形变得更美观。用户经常要重复绘制某些图案以填充图形中的一个区域，从而表达该区域的特征，这样的填充操作在 AutoCAD 中称为图案填充。图案填充是一种使用指定线条图案来充满指定区域的图形对象，常常用于表达剖切面和不同类型物体对象的外观纹理等，被广泛应用在绘制机械图、建筑图、地质构造图等各类图形中。例如，在机械工程图中，图案填充用于表达一个剖切的区域，有时使用不同的图案填充来表达不同的零部件或者材料。

下面将介绍创建填充图案、填充边界、渐变色编辑填充图案的方法。在学习图案填充的方法之前，先来了解基本概念。

1. 图案边界

当进行图案填充时，首先要确定填充图案的边界。定义边界的对象只能是直线、双向射线、单向射线、多段线、样条曲线、圆、圆弧、椭圆、椭圆弧、面域等对象或用这些对象定义的块，而且作为边界的对象在当前屏幕上必须全部可见。

2. 孤 岛

在进行图案填充时，把内部闭合边界称为孤岛。在用 BHATCH 命令填充时，AutoCAD 允许用户以拾取点的方式确定填充边界，即在希望填充的区域内任意拾取一点，AutoCAD 会自动确定出填充边界，同时也确定该边界内的孤岛。如果用户是选择对象的方式确定填充边界的，则必须确切地拾取这些孤岛。

5.5.1 创建图案填充

在 AutoCAD 2014 中，图案填充主要是在"图案填充和渐变色"对话框中进行的，调用该对话框的方法主要有如下几种。

（1）命令行：输入 Hatch（H）。

（2）功能区：选择"默认"|"绘图"组，单击"图案填充"按钮。

（3）菜单栏：在"AutoCAD 经典"工作空间中选择"绘图"|"图案填充"。

下面将据以上方法，在图形文件中进行填充练习。其具体操作如下：

步骤 1：打开"图案填充和渐变色"对话框。

打开"隔离开关装置图.dwg"文件，在"AutoCAD 经典"工作空间的命令行中输入 Hatch，打开"图案填充和渐变色"对话框。

步骤 2：打开"填充图案选项板"对话框。

在"类型和图案"栏的"图案"下拉列表框后单击"…"按钮，打开"填充图案选项板"对话框，如图 5-5-1 所示。

图 5-5-1 图案填充选项板

步骤 3：选择图案。

（1）在打开的对话框中选择"其他预定义"选项卡。

（2）在打开的列表框中选择"LINE"选项。

（3）单击确定按钮，返回到"图案填充和渐变色"对话框中。

在选择图案时，要根据特定的要求进行选择，在装饰设计过程中所用的填充图形，主要是根据材质的需要进行填充，如图 5-5-2 所示。

步骤 4：返回绘图区。

（1）在"颜色"下拉列表框中选择"ByLayer"选项。

（2）在"角度和比例"栏的"角度"下拉列表框中输入角度值"45"。

（3）在"比例"下拉列表框中输入比例值"1.25"。

（4）单击"添加拾取点"按钮，即可返回到绘图区中。

单击"颜色"下拉列表框后的"▼"按钮，也可快速选择颜色，如图 5-5-3 所示。

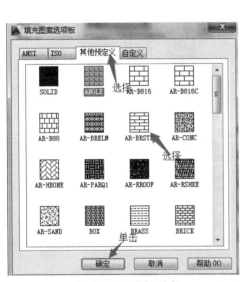

图 5-5-2 选择图案

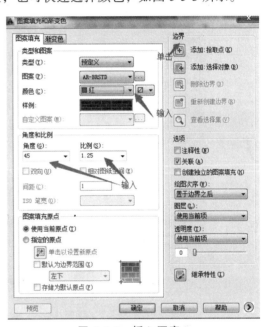

图 5-5-3 插入图案

拾取点：在装饰的边框上拾取一点，指定图案填充区域，按【Enter】键返回到"图案填充和渐变色"对话框中。

填充其他边框：在返回的对话框中单击确定按钮，返回窗口可查看选择的边框已填充所选的图形，根据以上方法，填充其他边框并查看填充填充后效果。

当选择拾取点后，连续按两次【Enter】键，即可自行进行填充。

"添加：选择对象"按钮的作用如下：

在填充图形时，需要选择构成封闭区域的对象，就可以单击"图案填充和渐变色"对话框中的"添加选择对象"按钮，使用该按钮进行选择对象时，不会自动检测内部对象，必须选择选定边界内的对象。在绘图区域单击鼠标右键，在弹出的快捷菜单中可进行放弃最后一个对象、更改选择方式等操作。

5.5.2　创建填充边界

在填充复杂的图形时，经常需要创建填充边界，创建填充边界可以避免填充到不需要填充的图形区域，创建填充边界的对象可以是圆、矩形等单个封闭的图形对象，也可以是由多个首尾相连的线型对象形成的封闭区域。

其方法为：在打开的"图案填充和渐变色"对话框中单击该对话框右下的按钮，即可展开创建填充边界的选项。在右侧依次进行设置即可进行边界的创建与填充。

"孤岛"各项的含义与作用："孤岛"的含义是指内部边界中的对象。如果对填充样式有特殊的要求，也可对相应选项进行设置。在"孤岛显示样式"选项中主要包括了"普通""外部"和"忽略（N）"三种样式。普通"样式表示将从最外层的外边界向内边界填充，第一层填充，第二层不填充，第三层填充，如此交替进行直到选定边界被填充完毕为止；"外部"样式表示将只填充从最外层边界向内第一层边界之间的区域；而"忽略"样式表示将忽略内边界，最外层边界的内部将被全部填充，如图 5-5-4 所示。

图 5-5-4　创建填充边界

以普通方式填充时，如果填充边界内有诸如文字、属性这样的特殊对象，且在选择填充边界时也选择了它们，填充时图案填充在这些对象处会自动断开，就像用一个比它们略大的看不见的框保护起来一样，以使这些对象更加清晰。

5.5.3　填充渐变色

在对图形进行填充时，除了可用图案填充外，还可以使用渐变色填充。填充渐变色主要是在"图案填充和渐变色"对话框的渐变色选项卡中进行，其方法与图案填充的方法基本相同。

步骤 1：设置渐变色。

（1）打开"隔离开关装置图.dwg"图形文件，并在命令行中输入 Hatch，在打开的"图案填充和渐变色"对话框中选择"渐变色"选项卡。

（2）在"渐变色"选项卡的"颜色"栏中选中单色面单选按钮。

在"渐变色"选项卡中除了可选择单色外，还可选择双色来填充渐变色，如图 5-5-5 所示。

步骤 2：设置颜色。

单击颜色后的"…"按钮，打开"选择颜色"对话框，选择"索引颜色"选项卡，如图 5-5-6 所示。

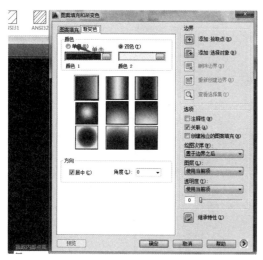

图 5-5-5 "渐变色"选项卡

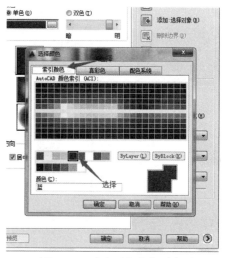

图 5-5-6 "索引颜色"选择卡

步骤 3：选择真彩色。

（1）选择"真彩色"选项卡。

（2）在下方"亮度"文本框中输入亮度值"89"。

（3）单击"确定"按钮。

技巧与说明：渐变色填充是一种颜色的不同灰度之间或两种颜色之间的过渡，使用渐变色填充不仅可以增强演示图形的效果，还可以使其呈现出反射效果，如图 5-5-7 所示。

步骤 4：选择对象。

返回"图案填充和渐变色"对话框，单击"添加拾取点"按钮，退回绘图区中选择电视机的屏幕为填充对象，按【Enter】键。

再次按【Enter】键也可打开"图案填充和渐变色"对话框，在其中还可进行调整设置。

步骤 5：完成填充。

返回"图案填充和渐变色"对话框，单击该对话框中的确定按钮，返回绘图区完成填充。

在填充渐变色时如果需要指定图案填充的绘图次序，可以在"绘图次序"下拉列表框中进行选择，

图 5-5-7 渐变色

其中主要包括了"不指定""后置""前置""置于边界之后"和"重于边界之前"等选项，用户可以根据不同的需要选择不同选项。

5.5.4 编辑填充图案

在为图形填充了图案后可通过图案填充中的编辑命令对其进行编辑，以达到完善的效果。编辑填充图案主要包括快速编辑图案、设置图案可见性、分解图案和修剪图案等，下面将依次进行介绍编辑图案的不同方法，如图 5-5-8 所示。

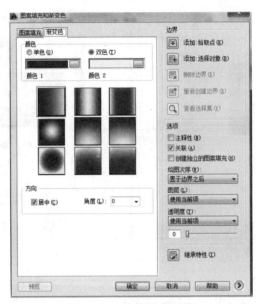

图 5-5-8　编辑填充图案

快速编辑图案：主要是使用编辑填充图案命令，可以通过在命令行中执行 Hatchedit（HE）命令或选择"默认"|"修改"组，单击"编辑图形填充"按钮调用该命令。执行命令后，在打开的"图案填充编辑"对话框中进行编辑，其方法和设置填充图案的方法基本相同。

设置图案可见性：图案填充的可见性是可以控制的。可以用两种方法来控制图案填充的可见性，一种是用命令 Fill 或系统变量 Fillmode 来实现，另一种是利用图层来实现。设置图案可见性主要是在绘制较大的图形时，为了避免用较长时间来等待图形中的填充图形生成而关闭"填充"模式，从而提高显示速度。关闭"填充"模式主要可以通过在命令行中输入 Fill，然后输入 Off，选择"关"选项来实现，但执行该命令后需重生成视图才能将填充的图案关闭。

对于能够熟练使用 AutoCAD 的用户来说，应该充分利用图层功能，将图案填充单独放在一个图层上。当不需要显示该图案填充时，将图案所在层关闭或者冻结即可。使用图层控制图案填充的可见性时，不同的控制方式会使图案填充与其边界的关联关系发生变化，其特点如下：

（1）当图案填充所在的图层被关闭后，图案与其边界仍保持着关联关系，即修改边界后，填充图案会根据新的边界自动调整位置。

（2）当图案填充所在的图层被冻结后，图案与其边界脱离关联关系，即边界修改后，填充图案不会根据新的边界自动调整位置。

（3）当图案填充所在的图层被锁定后，图案与其边界脱离关联关系，即边界修改后，填充图案不会根据新的边界自动调整位置。

分解图案：分解图案主要是使用分解 Explode 命令，图案被分解后，不再是一个单一的对象，而是一组组成图案的线条，此时，就可以对线条进行任何的编辑操作，但是不能对填充的渐变色进行分解。

修剪图案：修剪图案主要是输入 Trim，修剪命令可以修剪填充图案和填充的渐变色，其方法和修剪图形的方法基本相同，但是需注意在修剪之前需将图形文件进行分解。

5.6 绘制实例

【例 5-1】 以不同的设置填充圆的两个部分。

（1）画一个半径为 100 的圆，如图 5-6-1 所示。

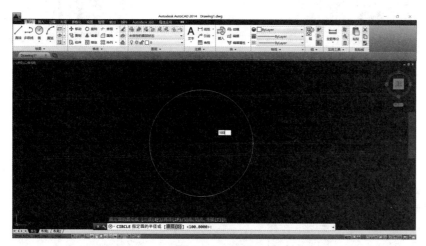

图 5-6-1 画圆

（2）通过捕捉象限点画圆的水平方向的直径，如图 5-6-2 所示。

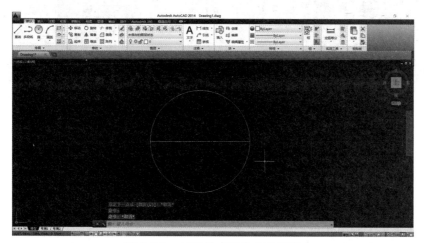

图 5-6-2 画圆的水平方向的直径

（3）启动 Hatch 命令。

（4）选择 ANSI31 图案，角度设置为 0，比例设置为 2，单击拾取点按钮，如图 5-6-3 所示。

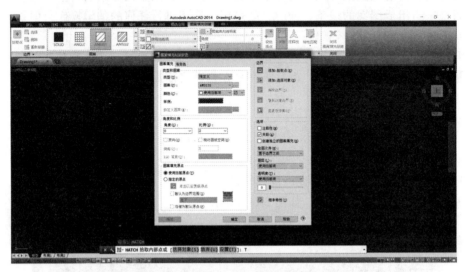

图 5-6-3　图案填充

（5）在上次的半圆内部单击鼠标，如图 5-6-4 所示。

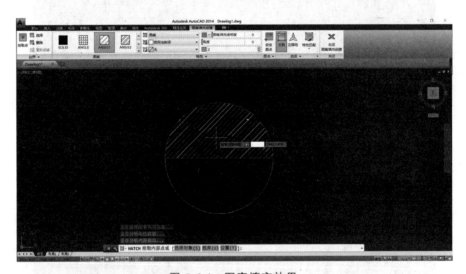

图 5-6-4　图案填充效果

（6）两次回车，结束第一次填充。

（7）直接回车，重复 Hatch 命令。

（8）仍选择 ANSI31 图案，角度设置为 90，比例设置为 2，单击拾取点按钮，如图 5-6-5 所示。

（9）在下面的半圆内部单击鼠标。

（10）两次回车，结束第二次填充，如图 5-6-6 所示。

图 5-6-5　图案填充

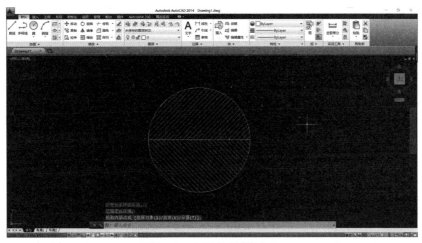

图 5-6-6　图案填充效果

【例 5-2】　绘制多种电源配电箱的符号，如图 5-6-7 所示。

（1）画一个长 50、宽 20 的矩形。

（2）用画直线命令连接矩形的左下角点和右上角点。

（3）启动 Hatch 命令。

（4）单击图案文本框后面的 […] 按钮。

（5）在弹出的对话框中选择其他预定义选项中的 SOLID 图案。

（6）单击"确定"按钮，返回"边界图案填充"对话框。

（7）单击"拾取点"按钮 [图]，切换到模型空间。

（8）在左下角的三角形内部单击，确定填充区域。

（9）回车，返回"边界图案填充"对话框。

（10）单击"确定"按钮。

图 5-6-7　电源配电箱符号

第6章　图形的编辑与修改

【本章导读】

在 AutoCAD 2014 中，单纯地使用绘图命令或绘图工具只能创建出一些基本图形对象，而要绘制复杂的图形，在多数情况下要借助于"修改"菜单中的图形编辑命令。在编辑对象前，用户首先要选择对象，然后再对其进行编辑。当选中对象时，其特征点（即夹点）将显示为小方框，利用夹点可对图形进行简单编辑。此外，AutoCAD 2014 还提供了丰富的对象编辑工具，可以帮助用户合理地构造和组织图形，以保证绘图的准确性，简化绘图操作，从而极大地提高了绘图效率。

【技能目标】

（1）学会使用不同方法选择图形对象。
（2）能灵活运用夹点编辑对象。
（3）能熟练使用删除、复制命令。
（4）能利用镜像、偏移、阵列等命令提高绘图效率。
（5）会对图形对象进行调整及修改。

6.1　选择对象

在编辑图形之前，用户应先学会选择图形对象的方法，选择的对象不同其选择的方法也有差异。在 AutoCAD 2014 中，选择对象的方法很多。例如，可以通过单击对象逐个拾取，也可利用矩形窗口或交叉窗口选择；可以选择最近创建的对象、前面的选择集或图形中的所有对象，也可以向选择集中添加对象或从中删除对象。

6.1.1　点选图形对象

选择具体某个图形对象时，如封闭图形对象，点选图形对象是最常用、最简单的一种选择方法。直接用十字光标在绘图区中单击需要选择的对象，被选中的对象会显示蓝色的夹点，如图 6-1-1 所示，若连续单击不同的对象则可同时选择多个对象。

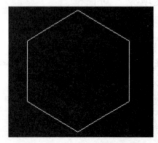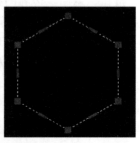

图 6-1-1　点选对象

技巧提示：

在 AutoCAD 中执行大多数的编辑命令时，既可以先选择对象后执行命令；也可以先执行命令后选择对象。执行命令后将提示"选择对象"，要求用户选择需要编辑的对象，此时十字光标会变成一个拾取框，移动拾取框并单击要选择的图形，被选中的对象都将以虚线方式显示，如图 6-1-2 所示。但有所不同的是，在未执行任何命令的情况下，被选中的对象只显示蓝色的夹点。

执行方式如下：

命令行：输入 Select。

Select 命令可以单独使用，也可以在执行其他编辑命令时被自动调用。无论使用哪种方法，AutoCAD 2014 都将提示用户选择对象，并且光标的形状由十字光标变为拾取框，可以选择对象。

图 6-1-2　先执行命令后
选择对象

- 直接用鼠标也可选择对象。
- 窗口选择。从左向右拖动光标，以仅选择完全位于矩形区域中的对象。
- 交叉选择。从右向左拖动光标，以选择矩形窗口包围的或相交的对象。

选择对象：使用对象选择方法。一个称为"对象选择目标框"或"拾取框"的小框将取代图形光标上的十字光标。可在后续命令中自动重新选定使用此命令选定的对象。在后续命令的"选择对象"提示下，使用"上一个"选项可检索上一个选择集。

可以通过在对象周围绘制选择窗口、输入坐标或使用下列选择方法之一，分别选择具有定点设备的对象。无论提供"选择对象"提示的是哪个命令，均可以使用这些方法选择对象。也可以按住【Ctrl】键逐个选择原始的各种形式，这些形式是复合实体的一部分或三维实体上的顶点、边和面。可以选择这些子对象的其中之一，也可以创建多个子对象的选择集。选择集可以包含多种类型的子对象。

要查看所有选项，请在命令提示下输入"？"。

需要点或窗口（W）/上一个（L）/窗交（C）/框选（BOX）/全部（ALL）/栏选（F）/圈围（WP）/圈交（CP）/编组（G）/添加（A）/删除（R）/多个（M）/上一个（P）/放弃（U）/自动（AU）/单选（SI）/子对象（SU）/对象（O）。

选择对象：指定点或输入选项。

各选项含义如下：

◆窗口（W）：选择矩形（由两点定义）中的所有对象。从左到右指定角点创建窗口选择（从右到左指定角点则创建窗交选择）。

指定第一个角点：指定点（1）

指定对角点：指定点（2）

◆上一个（L）：选择最近一次创建的可见对象。对象必须在当前空间（模型空间或图纸空间）中，并且一定不要将对象的图层设置为冻结或关闭状态。

◆窗交（C）：选择区域（由两点确定）内部或与之相交的所有对象。窗交显示的方框为虚线或高亮度方框，这与窗口选择框不同。从左到右指定角点创建窗交选择（从右到左指定角点则创建窗口选择）。

第一个角点：指定点（1）

另一角点：指定点（2）

◆编组（G）：选择指定组中的全部对象。

输入编组名：输入一个名称列表

◆添加（A）：切换到添加模式：可以使用任何对象选择方法将选定对象添加到选择集。自动和添加为默认模式。

◆删除（R）：切换到删除模式：可以使用任何对象选择方法从当前选择集中删除对象。删除模式的替换模式是在选择单个对象时按下【Shift】键，或者是使用"自动"选项。

◆多个（M）：指定多次选择而不高亮显示对象，从而加快对复杂对象的选择过程。如果两次指定相交对象的交点，"多个"也将选中这两个相交对象。

◆上一个（P）：选择最近创建的选择集。从图形中删除对象将清除"上一个"选项设置。程序将跟踪是在模型空间中还是在图纸空间中指定每个选择集。如果在两个空间中切换将忽略"上一个"选择集。

◆放弃（U）：放弃选择最近加到选择集中的对象。

◆自动（AU）：指向一个对象即可选择该对象。指向对象内部或外部的空白区，将形成框选方法定义的选择框的第一个角点。自动和添加为默认模式。

◆单选（SI）：选择指定的第一个或第一组对象而不继续提示进一步选择。

◆子对象（SU）：使用户可以逐个选择原始形状，这些形状是复合实体的一部分或三维实体上的顶点、边和面。可以选择这些子对象的其中之一，也可以创建多个子对象的选择集。选择集可以包含多种类型的子对象。

◆对象（O）：逐个选择原始形状，这些形状是复合实体的一部分或是顶点、边和面按住【Ctrl】键操作与选择 Select 命令的"子对象"选项相同。结束选择子对象的功能。使用户可以使用对象选择方法。

快速选择如图 6-1-3 所示。

在 AutoCAD 2014 中，当用户需要选择具有某些共同特性的对象时，可利用"快速选择"对话框，在其中根据对象的图层、线型、颜色、图案填充等特性和类型，创建选择集。选择"工具"|"快速选择"命令，可打开"快速选择"对话框。

注意：只有在选择了"如何应用"选项组中的"包括在新选择集中"单选按钮，并且"附加到当前选择集"复选框未被选中时，"选择对象"按钮才可用。

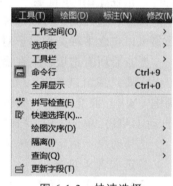

图 6-1-3　快速选择

6.1.2　矩形框选图形对象

矩形窗口（BOX）选择法是通过对角线的两个端点来定义一个矩形窗口，选择完全落在该窗口内的图形。如果矩形的点是从右至左指定的，则框选与窗交等效。否则，框选与窗选等效。

矩形框选是指当命令行提示"选择对象"时，将鼠标光标移动至需要选择图形对象的左侧，按住鼠标左键不放向右上方或右下方拖动鼠标，这时绘图区中将呈现一个淡紫色矩形方框，如图 6-1-4 所示，释放鼠标后，被选中的对象都将以虚线方式显示。其命令提示如下：

选择对象：box　　　　　　\\矩形框选模式

指定第一个角点：　　　　　\\指定窗口对角线第一点

指定对角点：　　　　　　　\\指定窗口对角线第二点

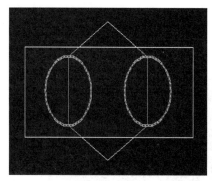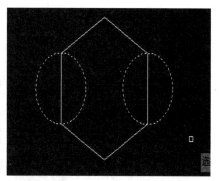

图 6-1-4　矩形框选方式

6.1.3　交叉框选图形对象

交叉框选也是矩形框选（BOX）方法之一，命令提示相同，只是选择图形对象的方向恰好相反。其操作方法是当命令提示"选择对象"时，将鼠标光标移动到目标对象的右侧，按住鼠标左键不放向左上方或左下方拖动鼠标，当绘图区中呈现一个虚线显示的绿色方框时释放鼠标，这时与方框相交和被方框完全包围的对象都将被选中，如图 6-1-5 所示。

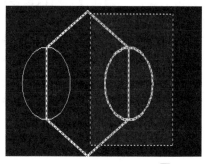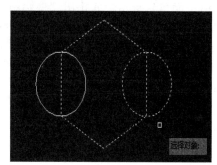

图 6-1-5　交叉框选

交叉框选与矩形框选（BOX）是系统默认的选择方法，用户可以在"选择对象"提示下直接使用鼠标从左至右或者从右至左定义对角窗口，便可以实现以上选择，也就是说不输入 BOX 选项也能直接使用这两种方法选择图形。

6.1.4　栏选图形对象

栏选是指通过绘制一条多段直线来选择对象，该方法在选择连续性目标时非常方便，栏选线不能封闭或相交，同时栏选不受 PICKADD 系统变量的影响。

如图 6-1-6 所示，当命令提示"选择对象："信息时，执行 Fence（F）命令，并按【Enter】键即可开始栏选对象，此时与栏选虚线相交的图形对象将被选中，其命令执行过程如下：

选择对象：f　　　　　　　　　　　　　\\栏选操作
指定第一个栏选点：
指定下一个栏选点或[放弃（U）]：　　　　\\指定第一点 A
指定下一个栏选点或[放弃（U）]：　　　　\\指定第二点 B

119

指定下一个栏选点或[放弃（U）]:　　　　　　\\指定第三点 C
指定下一个栏选点或[放弃（U）]:　　　　　　\\按【Enter】键结束栏选线
选择对象:*取消*　　　　　　　　　　　　　\\按【Enter】键结束选择操作

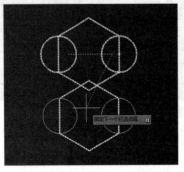 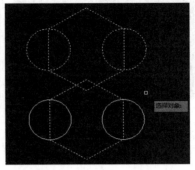

图 6-1-6　栏选图形

6.1.5　圈围图形对象

圈围选择所有落在窗口多边形内的图形，与矩形框选对象的方法类似。该多边形可以为任意形状，但不能与自身相交或相切。将绘制多边形的最后一条线段，所以该多边形在任何时候都是闭合的。圈围不受 PICKADD 系统变量的影响。当命令提示"选择对象:"时，执行 Wpolygon 或者 WP 命令并按【Enter】键，即可开始绘制任意形状的多边形来框选对象，多边形框显示为实线。

如图 6-1-7 所示，在使用圈围选择图形时，根据提示使用鼠标在图形相应位置依次指定圈围点，此时将以淡蓝色区域跟随着鼠标的移动直至指定最后一个点且按空格键确定后结束选择，其命令提示如下:

选择对象: wp　　　　　　　　　　　　　　\\圈围操作
第一圈围点:　　　　　　　　　　　　　　　\\指定起点 1
指定直线的端点或[放弃（U）]:　　　　　　\\指定点 2
指定直线的端点或[放弃（U）]:　　　　　　\\指定点 3
指定直线的端点或[放弃（U）]:　　　　　　\\指定点 4
指定直线的端点或[放弃（U）]:　　　　　　\\指定点 5
指定直线的端点或[放弃（U）]:　　　　　　\\指定点 6
指定直线的端点或[放弃（U）]: 找到 3 个　　\\按空格键结束选择

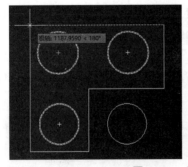 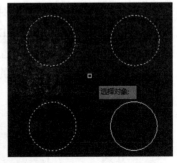

图 6-1-7　圈围选择

120

6.1.6 圈交图形对象

圈交图形对象是一种以多边形交叉窗口选择的方法，与交叉框选对象的方法类似，但使用交叉多边形方法可以构造任意形状的多边形来选择对象。该多边形可以为任意形状，但不能与自身相交或相切。将绘制多边形的最后一条线段，所以该多边形在任何时候都是闭合的。圈交不受 PICKADD 系统变量的影响。当命令行中显示"选择对象:"时，执行 Cpolygon 或 CP 命令，并按【Enter】键即可绘制任意形状的多边形来框选对象，多边形框将显示为虚线，与多边形选择框相交或被其完全包围的对象均被选中。

如图 6-1-8 所示，在使用圈交选择图形时，根据提示使用鼠标在图形相应位置依次指定圈围点，此时将以绿色区域跟随着鼠标的移动直至指定最后一个点且按空格键确定后结束选择，其命令提示如下：

选择对象：cp	\\圈交选择操作
第一圈围点：	\\指定起点 1
指定直线的端点或[放弃（U）]：	\\指定点 2
指定直线的端点或[放弃（U）]：	\\指定点 3
指定直线的端点或[放弃（U）]：	\\指定点 4
指定直线的端点或[放弃（U）]：找到 4 个	\\按空格键确定选择

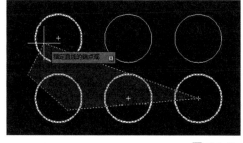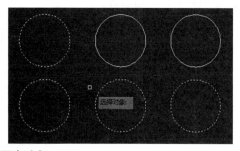

图 6-1-8　圈交选择

6.2　使用夹点编辑图形

夹点就是对象上的控制点，也是特征点。选择对象时，在对象上将显示出若干个小方框，这些小方框用来标记被选中对象的夹点。绘图区中直接选择图形对象后，在图形对象的关键处出现的一些实心蓝色小方框就是夹点。利用夹点可以对图形对象进行拉伸、旋转、移动、缩放和镜像等编辑操作。将鼠标光标移动到夹点上时，系统默认夹点的颜色为绿色，单击某个夹点时，系统默认夹点的颜色会变为红色。按住【Shift】键，单击夹点可以选择多个夹点。

选择对象并单击某一夹点后，单击鼠标右键，在弹出的快捷菜单中选择相应命令，即可对选中的夹点进行拉伸、移动、缩放、旋转和镜像等操作，其使用方法与编辑图形对象命令相似。

6.2.1 控制夹点显示

默认情况下，夹点始终是打开的。用户可以通过"工具"｜"选项"对话框的"选择"选项卡的"夹点"选项组中选中"启用夹点"复选框。在该选项卡中设置夹点的显示，还可以设置代表夹点的小方格的尺寸和颜色。对不同的对象来说，用来控制其特征的夹点的位置和数量也不相同。

下表列举了 AutoCAD 中常见对象的夹点特征。也可以通过 GRIPS 系统变量控制是否打开夹点功能，1 代表打开，0 代表关闭。

AutoCAD 中常见对象的夹点特征如下：

可以拖动夹点执行拉伸、移动、旋转、缩放或镜像操作。选择执行的编辑操作称为夹点模式。夹点是一些实心的小方框，使用定点设备指定对象时，对象关键点上将出现夹点。可以拖动这些夹点快速拉伸、移动、旋转、缩放或镜像对象。

夹点打开后，可以在输入命令之前选择要操作的对象，然后使用定点设备操作这些对象。注意锁定图层上的对象不显示夹点。

对象类型及夹点特征说明如下：

直线：两个端点和中点。

多段线：直线段的两端点、圆弧段的中点和两端点。

构造线：控制点以及线上的邻近两点。

射线：起点及射线上的一个点。

多线：控制线上的两个端点。

圆弧：两个端点和中点。

圆：4 个象限点和圆心。

椭圆：4 个顶点和中心。

椭圆弧：端点、中点和中心点。

区域填充：各个顶点。

文字：插入点和第 2 个对齐点（如果有的话）。

段落文字：各顶点。

属性：插入点。

形：插入点。

三维网络：网格上的各个顶点。

三维面：周边点。

线性标注、对齐标注：尺寸线和尺寸界线的端点，尺寸文字的中心点。

角度标注：尺寸线端点和指定尺寸标注弧的端点，尺寸文字的中心点。

半径标注、直径标注：半径或直径标注的端点，尺寸文字的中心点。

坐标标注被标注点：用户指定的引出线端点和尺寸文字的中心点。

6.2.2　使用夹点编辑图形

在 AutoCAD 2014 中夹点是一种集成的编辑模式，具有非常实用的功能，它为用户提供了一种方便快捷的编辑操作途径。使用夹点可以对对象进行拉伸、移动、旋转、缩放及镜像等操作。选择对象并单击某一夹点后，单击鼠标右键，在弹出的快捷菜单中选择相应命令，即可对选中的夹点进行拉伸、移动、缩放、旋转和镜像等操作，其使用方法与编辑图形对象命令相似。

1. 使用夹点拉伸对象

在不执行任何命令的情况下选择对象，显示其夹点，然后单击其中一个夹点，该夹点将被作为拉伸的基点。

2. 使用夹点移动对象

在不执行任何命令的情况下选择对象，显示其夹点，然后单击其中一个夹点，右击，在快捷菜单中选择"移动"命令。

注意：移动对象仅仅是位置上的平移，而对象的方向和大小并不会被改变。要非常精确地移动对象，可使用捕捉模式、坐标、夹点和对象捕捉模式。用户通过输入点的坐标或拾取点的方式来确定平移对象的目的点后，即可以基点为平移的起点，以目的点为端点将所选对象平移到新位置。

3. 使用夹点镜像对象

在不执行任何命令的情况下选择对象，显示其夹点，然后单击其中一个夹点，右击，在快捷菜单中选择"镜像"命令。

4. 使用夹点旋转对象

在不执行任何命令的情况下选择对象，显示其夹点，然后单击其中一个夹点，右击，在快捷菜单中选择"旋转"命令。

5. 使用夹点缩放对象

在不执行任何命令的情况下选择对象，显示其夹点，然后单击其中一个夹点，右击，在快捷菜单中选择"缩放"命令。

6.3　删除与复制对象

6.3.1　删除与恢复对象

1. 放弃与重做对象

执行方式如下：

菜单栏：选择"编辑"|"放弃"/"重做"。

命令行：输入 Undo/Redo。

工具栏：🔙 / 🔜。

2. 删除对象

执行方式如下：

菜单栏：选择"修改"|"删除"，如图 6-3-1 所示。

命令行：输入 Erase（E）。

工具栏：🖊️。

通常，当发出"删除"命令后，用户需要选择要删

图 6-3-1　删除对象

除的对象，然后按回车键或【Space】键结束对象选择，同时将删除已选择的对象。如果用户在"选项"对话框的"选择"选项卡中，选中"选择模式"选项组中的"先选择后执行"复选框，那么就可以先选择对象，然后单击"删除"按钮将其删除。

注意：使用 OOPS 命令，可以恢复最后一次使用"打断""块定义"和"删除"等命令删除的对象。

6.3.2 复制对象

1."剪切"命令

命令执行方式如下：

菜单栏：选择"编辑"|"剪切"。

命令行：输入 Cutclip。

工具栏： ✂ 。

快捷键：【Ctrl + X】键。

快捷菜单：在绘图区域右击鼠标，从打开的快捷菜单中选择"剪切"。

执行上述命令后，所选择的实体从当前图形上剪切到剪贴板上，同时从原图形中消失。

2."复制"命令

命令执行方式如下：

菜单栏：选择"编辑"|"复制"。

命令行：输入 Copyclip。

工具栏： ⊙ 复制。

快捷键：【Ctrl + C】键。

快捷菜单：在绘图区域右击鼠标，从打开的快捷菜单中选择"复制"，如图 6-3-2 所示。

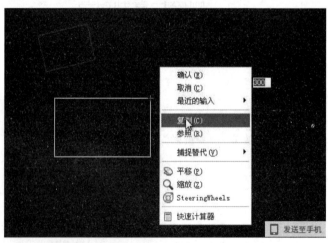

图 6-3-2　复制对象

执行上述命令后，所选择的对象从当前图形上复制到剪贴板上，原图形不变。

注意：使用"剪切"和"复制"功能复制对象时，已复制到目的文件的对象与源对象毫无关系，源对象的改变不会影响复制得到的对象。

3．"带基点复制"命令

命令执行方式如下：

菜单栏：选择"编辑"｜"带基点复制"。

命令行：输入 Copybase。

快捷键：【Ctrl + Shift + C】键。

快捷菜单：在绘图区域右击鼠标，从快捷菜单中选择"带基点复制"。

4．复制链接对象

命令执行方式如下：

菜单栏：选择"编辑"｜"复制链接"。

命令行：输入 Copylink。

对象链接和嵌入的操作过程与用剪切板粘贴的操作类似，但其内部运行机制却有很大的差异。链接对象与其创建应用程序始终保持联系。例如，Word 文档中包含一个 AutoCAD 图形对象，在 Word 中双击该对象，Windows 自动将其装入 AutoCAD 中，以供用户进行编辑。如果对原始 AutoCAD 图形作了修改，则 Word 文档中的图形也随之发生相应的变化。如果是用剪贴板粘贴上的图形，则它只是 AutoCAD 图形的一个拷贝，粘贴之后，就不再与 AutoCAD 图形保持任何联系，原始图形的变化不会对它产生任何作用。

5．"粘贴"命令

命令执行方式如下：

菜单栏：选择"编辑"｜"粘贴"。

命令行：输入 Pasteclip。

工具栏：。

快捷键：【Ctrl + V】键。

快捷菜单：在绘图区域右击鼠标，从打开的快捷菜单中选择"粘贴"。

执行上述命令后，保存在剪切板上的对象被粘贴到当前图形中。

6．选择性粘贴对象

命令执行方式如下：

菜单栏：选择"编辑"｜"选择性粘贴"，如图 6-3-3 所示。

命令行：输入 Pastespec。

系统打开"选择性粘贴"对话框，在该对话框中进行相关参数设置。

7．粘贴为块

命令执行方式如下：

菜单栏：选择"编辑"｜"粘贴为块"，如图 6-3-4 所示。

命令行：输入 Pasteblock。

快捷键：【Ctrl + Shift + V】键。

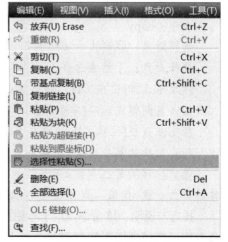

图 6-3-3　选择性粘贴

快捷菜单：终止所有活动命令，在绘图区域单击鼠标右键，然后选择"粘贴为块"。

将复制到剪贴板的对象作为块粘贴到图形中指定的插入点。

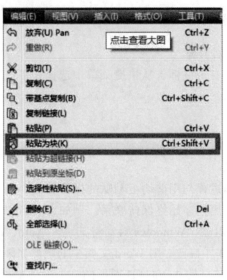

图 6-3-4　粘贴为块

【例 6-1】　复制单个对象，绘制变压器简易符号，如图 6-3-5 所示。

（1）画一个半径为 20 的圆。

（2）执行 Copy 命令的操作过程如下：

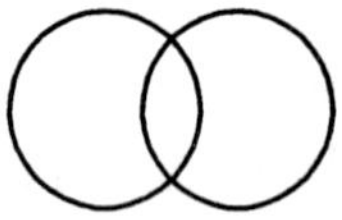

命令：copy

选择对象：找到 1 个（选择圆）

选择对象：↓结束选择

图 6-3-5　变压器简易符号

指定基点或位移，或者[重复（M）]：（捕捉圆心）指定位移的第二点或<用第一点作位移>：（在正交模式下右移鼠标，在合适位置单击）

【例 6-2】　多重复制对象，如图 6-3-6 所示。

（1）画一个半径为 20 的圆。

（2）执行 COPY 命令的过程如下：

命令：copy

选择对象：找到 1 个（选择圆）

选择对象：↓结束选择

图 6-3-6　多重复制对象

指定基点或[位移（D）/模式（O）]：O

输入复制模式选项[单个（S）/多个（M）]<多个>：m

指定基点或[位移（D）/模式（O）]<位移>：指定基点：（捕捉圆的左象限点）

指定位移的第二点或<用第一点作位移>：（捕捉圆的右象限点，以下类同）

指定位移的第二点或<用第一点作位移>：指定位移的第二点或第一点作位移>：指定位移的第二点或<用第一点作位移>：↓结束命令

技巧与说明：该命令仅用于本图形内复制对象，而利用"编辑"菜单内的复制（copyclip）命令则可把被选图形复制到剪贴板上，用于其他图形或被别的程序（如 Word 等）使用。

6.4 镜像、偏移和阵列对象

6.4.1 镜像复制对象（见图6-4-1）

镜像命令执行方式如下：

菜单栏：选择"修改"|"镜像"。

命令行：输入 Mirror。

工具栏：⚠ 镜像。

可以将对象以镜像线对称复制。

图 6-4-1　镜像复制对象

在 AutoCAD 中，使用系统变量 Mirrtext 可以控制文字对象的镜像方向。如果 Mirrtext 的值为1，则文字对象完全镜像，镜像出来的文字变得不可读；如果 Mirrtext 的值为0，则文字对象方向不镜像，镜像出来的文字变得可读。

【例6-3】　绘制电容器的符号。

（1）用 Line 命令绘制如图6-4-2（a）所示的两条互相垂直的直线。

（2）执行 Mirror 命令操作如下：

命-令：_mirror

选择对象：指定对角点：找到2个（选择上述两条直线）

选择对象：↓结束选择

指定镜像线的第一点：（在垂直线的右方合适位置指定一点）指定镜像线的第二点
（在正交模式下指定与第一点横坐标相同的另一点）

是否删除源对象？【是（Y）/否（N）】<N>：1 结束命令

效果如图6-4-2（b）所示。

（a）　　　　　　　　　　　　　（b）

图 6-4-2　电容器符号

技巧与说明：

（1）镜像轴线可以是任意角度，图中不要求实际存在该线，给定两点即可。

（2）对文字作镜像时，为避免镜像后的文字反向显示，应事先将系统变量 Mirrtext 的新值设置为0。

命令：mirrtext

输入 mirrtexi 的新值<1>：0↓

【例6-4】　绘制如图6-4-3所示的图形，它表示某仅具有隔离插头的手车式高压开关柜。

（1）以"缺省设置"新建文件。

（2）启用捕捉及栅格功能，则屏幕上出现 X 及 Y 方向距离均为10的栅格点。

（3）通过捕捉栅格点画一条长为20的直线。

（4）启动画圆弧命令，通过捕捉栅格点，以三点方式画一个半径为 10 的半圆。

（5）启动画多段线命令，多段线的形状及各段长度如图 6-4-3（a）所示。其中左半段的线段设置为 1 mm，右半段的线宽设置为 0.25 mm。

（6）执行 Mirror 命令操作如下：

命令：_mlrror

选择对象：指定对角点：找到 3 个（选择上述直线、圆弧、多段线）

选择对象：↓结束选择

指定镜像线的第一点：（捕捉多段线的右端点）指定镜像线的第二点：（捕捉上一点下方的任意栅格点）

是否删除源对象？[是（Y）/否（N）]<N>：↓结束命令

效果如图 6-4-3（b）所示。

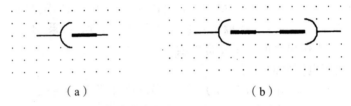

（a）   （b）

图 6-4-3　镜像命令与捕捉栅格功能的综合运用

6.4.2　偏移复制对象（见图 6-4-4）

图 6-4-4　偏移复制对象

命令执行方式如下：

菜单栏：选择"修改"|"偏移"。

命令行：输入 Offset（O）。

工具栏：🗒️。

可以对指定的直线、圆弧、圆等对象作偏移复制。在实际应用中，常利用"偏移"命令的这些特性创建平行线或等距离分布图形。

注意：使用"偏移"命令复制对象时，对直线段、构造线、射线作偏移，是平行复制。对圆弧作偏移后，新圆弧与旧圆弧同心且具有同样的包含角，但新圆弧的长度要发生改变；对圆或椭圆作偏移后，新圆、新椭圆与旧圆、旧椭圆有同样的圆心，但新圆的半径或新椭圆的轴长要发生变化。

【例 6-5】　偏移复制圆弧，如图 6-4-5 所示。

（1）绘制一条圆弧，起点（120，90），第二点（160，140），终点（220，160），如图 6-4-5（a）所示。

（2）偏移复制圆弧的操作过程如下：

命令：_offset

指定偏移距离或【通过（T）]<通过>：8（指定偏移复制后的对象距源对象 8 个图形单位）

选择要偏移的对象或<退出>：（拾取圆弧）

指定点以确定偏移所在一侧：（在圆弧左上方单击）

选择要偏移的对象或<退出>：（在刚复制的圆弧上单击）

指定点以确定偏移所在一侧：（在刚复制的圆弧左上方单击，以下类同）

……

选择要偏移的对象或<退出>：I 结束命令

效果如图 6-4-5（b）所示。

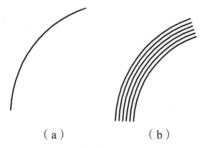

（a）　　　　　　　（b）

图 6-4-5　偏移复制命令举例

技巧与说明：

（1）偏移命令与其他编辑命令不同，只能用直接拾取的方式一次选择一个对象进行偏移复制。

（2）不能偏移点、多线、图块、属性和文本。

（3）直线、射线、构造线等对象将平行偏移复制。直线的长度保持不变。

（4）圆、圆弧、椭圆、椭圆弧、正多边形、矩形等对象偏移时将同一中心按法线方向复制。

6.4.3　阵列复制对象（见图 6-4-6）

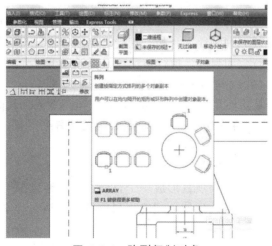

图 6-4-6　阵列复制对象

129

1. 命令执行方式

菜单栏：选择"修改"|"阵列"。

命令行：输入 Array。

工具栏：🔳🔳 阵列 。

打开"阵列"对话框，可以在该对话框中设置以矩形或者环形方式阵列复制对象。

注意：（1）行距、列距和阵列角度的值的正负性将影响将来的阵列方向：行距和列距为正值将使阵列沿 X 轴或者 Y 轴正方向阵列复制对象；阵列角度为正值则沿逆时针方向阵列复制对象，负值则相反。如果是通过单击按钮在绘图窗口中设置偏移距离和方向，则给定点的前后顺序将确定偏移的方向。

（2）预览阵列复制效果时，如果单击"接受"按钮，则确认当前的设置，阵列复制对象并结束命令；如果单击"修改"按钮，则返回到"阵列"对话框，可以重新修改阵列复制参数；如果单击"取消"按钮，则退出"阵列"命令，不做任何编辑。

2. 具体操作过程

（1）矩形阵列。

矩形阵列是通过确定行数、列数、行间距、列间距及阵列倾斜角度，使选取的阵列对象以矩形方式进行阵列复制，以创建源对象的多个副本对象。

命令：arrayrect

选择对象：（选择要阵列的对象）

选择对象：（继续选择要阵列的对象，或直接回车）

类型 = 矩形 关联 = 是

为项目数指定对角点或[基点（B）/角度（A）/计数<C>]<计数>：（使用预览网格，拖动鼠标确定阵列行数和列数或输入选项）

指定对角点以间隔项目或[间距（S）]<间距>：（使用预览网格，拖动鼠标确定矩形阵列的对角点，以确定阵列对象的间距，或直接回车选择默认选项）

按 Enter 键接受或[关联（AS）/基点（B）/行（R）/列（C）/层（L）/退出（X）]<退出>：（直接回车，接受预览效果或输入选项进行相关参数的修改）

选项说明：

① 基点（B）：确定阵列的基点。一般使用阵列的源对象的关键点作为基点。

② 角度（A）：行轴线和列轴线保持相互正交，确定行轴线与 X 轴的正向夹角角度。

③ 计数（C）：确定行数和列数。执行该选项，提示如下：

输入行数或[表达式（E）]<4>：（确定行数的值或输入 E）

"表达式（E）"选项是指使用数学公式或方程式获得行数或列数的数值。

④ 关联（AS）：确定是将阵列中创建的项目作为关联阵列对象，还是作为独立对象。执行该选项，提示如下：

创建关联阵列[是（Y）/否（N）]<是>：

"是（Y）"选项使创建的阵列项目形成一个整体，可以通过编辑阵列的特性和源对象快速修改，类似于块。"否（N）"选项使创建的阵列项目作为独立对象，修改一个项目不影响其他项目。

⑤ 层（L）：三维绘图时确定 Z 轴向上阵列的层数和层间距。

（2）路径阵列。

路径阵列是沿路径或部分路径均匀分布复制对象。

命令：arraypath

选择对象:（选择要阵列的对象）

选择对象:（继续选择要阵列的对象，或直接回车）

类型＝路径关联＝否

选择路径曲线:（选择直线、多段线、圆弧、圆或椭圆等对象作为路径）

输入沿路径的项数或[方向（O）/表达式（E）]<方向>:（确定阵列项目数）

指定沿路径的项目之间的距离或[定数等分（D）/总距离（T）/表达式（E）]<沿路径平均定数等分（D）>:（确定阵列项目的间距）

按 Enter 链接受或[关联（AS）/基点（B）/项目（I）/行（R）/层（L）/对齐项目（A）72方向（Z）/退出（X）]<退出>:（直接回车，接受预览效果或输入选项进行相关参数的修改）

常用选项说明：

① 方向（O）：确定选定对象是否需要旋转后再阵列，执行该选项，提示如下：

指定基点或[关键点（K）]<路径曲线的终点>:（可指定基点，该点将与路径始点对齐；或输入 K）

选择"关键点（K）"选项，会有提示：

指定源对象上的关键点作为基点:（指定关键点作为基点而生成的阵列的源对象，阵列的基点保持与源对象的关键点重合）

指定与路径一致的方向或[两点（2P）/法线（NOR）]<当前>:（使用当前默认路径方向则直接回车，或输入选项）

选择"两点（2P）"选项，通过指定两点来确定与路径起始方向的方向。

选择"法线（NOR）"选项，使阵列图形法线方向与路径对齐。

② 定数等分（D）：沿整个路径长度按阵列对象的定数平均等分来确定对象的间距。

③ 总距离（T）：指定整个路径的总长度。

④ 关联（AS）：确定在阵列中创建的项目作为关联阵列对象还是作为独立对象。选择该选项后，会有提示：

创建关联阵列[是（Y）/否（N）]<是>:

选择"是（Y）"选项，阵列申的项目将作为一个整体，类似于块，使其可通过编辑阵列的特性和源对象，快速传递修改。选择"否（N）"选项，创建的每个阵列项目将作为独立对象，更改任何一个项目不影响其他项目。

⑤ 基点（B）/项目（I）：确定基点和项目数。

⑥ 行（R）：确定行数和行间距。

⑦ 层（L）：指定阵列中的层数和层间距。

⑧ 对齐项目（A）：确定是否将阵列项目与路径对齐。

⑨ Z 方向（Z）：控制是否保持阵列对象的原始 Z 方向或沿三维路径自然倾斜阵列对象。

（3）环形阵列。

环形阵列是通过围绕指定的中心点按确定的圆周等距复制源对象。

命令：_arraypolar

选择对象:（选择要阵列的对象）

选择对象：（继续选择要阵列的对象，或直接回车）

类型＝极轴关联＝是

指定阵列的中心点或[基点（B）/旋转轴（A）]：（指定阵列中心点，或输入选项）输入项目数或[项目间角度（A）/表达式（E）]<4>：（确定含源对象在内的阵列总项目数，或输入选项）

指定填充角度（＋－逆时针、－－顺时针）或[表达式（EX）]<3 6 0>：（用鼠标单击确定阵列中第一个项目与最后一个项目基点间的包含角；或直接输入包含角的值，正值为逆时针旋转阵列，负值为顺时针）

按 Enter 键接受或[关联（AS）/基点（B）/项目（I）/项目间角度（A）/填充角度（F）/行（ROW）/层（L）/旋转项目（ROT）/退出（X）]：（直接回车，接受预览效果或输入选项进行相关参数的修改）

常用选项说明：

① 旋转轴（A）：指定两个点来自定义旋转轴。

② 项目间角度（A）：指定项目之间的角度。

③ 旋转项目（ROT）：确定阵列项目是否绕环形阵列的中心点旋转。

6.5 对象的调整

6.5.1 移动对象

命令执行方式如下：

菜单栏：选择"修改"|"移动"。

命令行：输入 Move（M）。

移动对象是指对象的重定位。可以在指定方向上按指定距离移动对象，对象的位置发生了改变，但方向和大小不改变。

【例 6-6】 绘制熔断器的一般符号，如图 6-5-1 所示。

（1）在正交模式下画一条长为 10 的直线。

（2）画一个宽为 5，高为 2 的矩形，如图 6-5-1（a）所示。

（3）执行移动命令的过程如下：

命令：move

选择对象：找到 1 个（选择矩形）

选择对象：↓结束选择

指定基点或位移：捕捉矩形垂直边的中点

指定位移的第二点或<用第一点作位移>：（单击捕捉工具栏的"最近点"按钮）_nea 到（在直线上的合适位置单击）。

效果如图 6-5-1（b）所示。

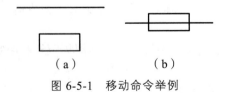

（a）　　　　　（b）

图 6-5-1 移动命令举例

6.5.2 旋转对象

ROTATE 命令可以将所选定的对象沿某一选定的基准点旋转一定的角度，旋转后得到图形上的各点距基点的距离与它们在原位置时距基点的距离相等。

命令执行方式如下：

菜单栏：选择"修改"|"旋转"。

命令行：输入 Rotate（RO）。

工具栏： 🔄 。

将对象绕基点旋转指定的角度。

注意：使用系统变量 ANGDIR 和 ANGBASE 可以设置旋转时的正方向和 0°方向。用户也可以选择"格式"|"单位"命令，在打开的"图形单位"对话框中设置它们的值。

具体操作过程如下：

命令：Rotate（RO）

UCS 当前的正角方向：ANGDIR＝逆时针 ANGBASE＝0

选择对象：（选择要旋转的对象）

选择对象：（继续选择要旋转的对象，或直接回车）

指定基点：（指定旋转的基点）

指定旋转角度，或【复制（C）/参照（R）】<0>（确定绝对旋转角度，角度为正按逆时针旋转对象，角度为负按顺时针旋转对象；或输入选项）

选项说明：

（1）复制（C）：即复制对象，源对象保留。

（2）参照（R）：通过输入所选对象的参照方向的角度值和旋转后的角度值来确定所选对象的旋转角度，即两角之差。选择该项后，会有提示：

指定参照角<0>：（直接输入参照方向的角度，数值可正可负；或通过两点确定）

指定新角度或[点（P）]<0>：（直接输入相对于参照方向的新角度，或输入 P，通过确定两点来确定新角度）

【例6-7】 绘制信号灯符号，如图 6-5-2 所示。

（1）绘制如图 6-5-2（a）所示的图形。

（2）旋转命令的操作如下：

命令：RO/Rotate

UCS 当前的正角方向：ANGDIR＝逆时针 ANGBASE＝0

选择对象：找到 1 个

选择对象：找到 1 个，总计 2 个（用交叉窗口方式选择圆的两条直径）

选择对象：↓选择结束

指定基点：（捕捉圆心作为旋转基点）

指定旋转角度，或[复制（C）/参照（R）]<0>：45

效果如图 6-5-2（b）所示。

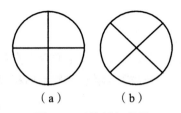

（a） （b）

图 6-5-2 信号灯符号

【例 6-8】 通过参照旋转将 6-5-3（a）所示的图形旋转到水平位置。

操作如下：

命令：RO/Rotate

UCS 当前的正角方向：ANGDIR = 逆时针 ANGBASE = 0

选择对象：指定对角点：找到 3 个（旋转三角形的三条边）

选择对象：↓选择结束

指定基点：（指定旋转基点，长边的一端点）

指定旋转角度，或[复制（C）/参照（R）]<45>：r

指定参照角<0>：指定第二点：（利用对象捕捉，长边的另一端点）

指定新角度或[点（P）]<0>：180

效果如图 6-5-3（b）所示。

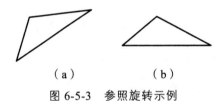

（a） （b）

图 6-5-3 参照旋转示例

6.5.3 缩放对象

1. 命令执行方式

菜单栏：选择"修改"|"缩放"。

命令行：输入 Scale。

工具栏： 缩放。

可以将对象按指定的比例因子相对于基点进行尺寸缩放。

2. 具体操作过程

命令：SC/Scale

选择对象：指定对角点：（选择要比例缩放的对象）

选择对象：（继续选择要比例缩放的对象，或直接回车）

指定基点：（指定比例缩放的基点）

指定比例因子或[复制（C）/参照（R）]<1.0000>：（输入比例系数，或输入选项）

选项说明：

（1）复制（C）：即复制比例缩放对象，源对象保留。

（2）参照（R）：确定比例缩放前后的参考长度和参考新长度。由系统自动计算出参考新长度和参考长度的比值，该值为相对比例系数。选择该项后，会有提示：

指定参照长度<1.0000>：（通过指定两点来确定参考长度，或输入长度值）

指定第二点：

指定新的长度或[点（P）] <1.0000>：（指定第一个点，该点到基点的距离即新的参考长度，或输入 P，通过定义两个点来定义新的参考长度）

【例 6-9】 使用参照方式将图 6-5-4（a）中的矩形按 *AB*：*BC* 的比例缩放。

命令：_scale

选择对象：指定对角点：找到 4 个（用窗口方式选择矩形的四条边）

选择对象：（回车）

指定基点：（捕捉 D 点）

指定比例因子或[复制（C）/参照（R）]：R（选择"参照"选项）

指定参照长度<1.0000>：（捕捉 A 点）

指定第二点：（捕捉 B 点）

指定新的长度或[点（P）]<1.0000>：（输入 P）

指定第一点：（捕捉 B 点）

指定第二点：（捕捉 C 点）

效果如图 6-5-4（b）所示。

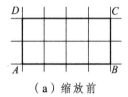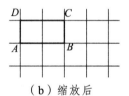

（a）缩放前　　　　　　　　（b）缩放后

图 6-5-4　比例缩放示例

技巧与说明：

（1）比例系数应是不为零的正数，该系数大于 1 则图形对象被放大，小于 1 则被缩小。

（2）基点虽可定在任一位置，但建议选择图形对象上的特殊点作为基点。

（3）比例缩放与显示控制中的视图缩放有本质的区别，前者是真正改变了对象的大小尺寸，后者仅是改变对象在屏幕显示的大小，对象本身尺寸无任何改变。

6.6　修改对象

6.6.1　拉伸对象（见图 6-6-1）

图 6-6-1　拉伸命令

1. 命令执行方式

菜单栏：选择"修改"|"拉伸"。

命令行：输入 Stretch。

工具栏：🔲 拉伸。

2. 具体操作过程

命令：_stretch

以交叉窗口或交叉多边形选择要拉伸的对象…

选择对象：（必须用交叉窗口或交叉多边形方式选择要拉伸的图形对象）

选择对象：（继续选择要拉伸的对象，只确认最后的选择窗口或直接回车）

指定基点或[位移（D）]<位移>：（指定拉伸的基点，或输入选项后，直接输入位移量）

指定第二个点或<使用第一个点作为位移>：（指定第二点确定位移量；或直接回车，将用基点的绝对坐标值作为位移量来拉伸图形对象）

可以移动或拉伸对象，操作方式根据图形对象在选择框中的位置决定。执行该命令时，可以使用交叉窗口方式或者交叉多边形方式选择对象，然后依次指定位移基点和位移矢量，AutoCAD 将会移动全部位于选择窗口之内的对象，而拉伸（或压缩）与选择窗口边界相交的对象。

对于直线、圆弧、区域填充和多段线等对象，若其所有部分均在选择窗口内，那么它们将被移动，如果它们只有一部分在选择窗口内，则遵循以下拉伸规则。

（1）直线：位于窗口外的端点不动，位于窗口内的端点移动。

（2）圆弧：与直线类似，但在圆弧改变的过程中，圆弧的弦高保持不变，同时由此来调整圆心的位置和圆弧起始角、终止角的值。

（3）区域填充：位于窗口外的端点不动，位于窗口内的端点移动。

（4）多段线：与直线或圆弧相似，但多段线两端的宽度、切线方向及曲线拟合信息均不改变。

（5）其他对象：如果其定义点位于选择窗口内，对象发生移动，否则不动。

其中圆对象的定义点为圆心，形和块对象的定义点为插入点，文字和属性定义的定义点为字符串基线的左端点。

【例 6-10】 将图 6-6-2（a）中的三角形右部和小圆沿 *AB* 线的方向和距离拉伸。

命令：_stretch

以交叉窗口或交叉多边形选择要拉伸的对象.

选择对象：（点取 1 点）

指定对角点：（点取 2 点，用交叉窗口方式选择三角形右部的小圆）

选择对象：（回车）

指定基点或[位移（D）]<位移>：（捕捉 A 点）

指定第二个点或<使用第一个点作为位移>：（捕捉 B 点）

效果如图 6-6-2（c）所示。

（a）原图　　　（b）选择拉伸对象　　　（c）拉伸效果

图 6-6-2　拉伸示例

技巧与说明：

（1）对于采用除交叉窗口或交叉多边形方式以外的其他方式选择的图形对象，只能整体移动，效果等同于"移动"。

（2）对于通过交叉窗口或交叉多边形方式选择图形对象，如果图形对象整体落入选择框内，将整体移动，如果图形对象只是部分在选择框内，对象将沿指定的拉伸方向拉伸。

6.6.2 延伸对象

1. 命令执行方式

命令行：输入 Extend。

功能区：选择"常用" | "修改" | "延伸"。

菜单栏：选择"修改" | "延伸"。

工具栏：---/延伸 。

可以延长指定的对象与另一对象相交或外观相交。延伸命令的使用方法和修剪命令的使用方法相似，不同的地方在于：使用延伸命令时，如果在按下【Shift】键的同时选择对象，则执行修剪命令；使用修剪命令时，如果在按下【Shift】键的同时选择对象，则执行延伸命令。

延伸命令用于延长直线、圆弧和多段线等，需要先指定边界，后选择要被延伸的对象。

2. 具体操作过程

命令：_extend

当前设置：投影 = UCS，边 = 无

选择边界的边...

选择对象或<全部选择>：（选择作为延伸边界的图形对象）

选择对象：（继续选择延伸边界，或直接回车）

选择要延伸的对象，或按住 Shift 键选择要修剪的对象，或[栏选（F）/窗交（C）/投影（P）/边（E）/放弃（U）]：（选择要被延伸的对象；或按住 Shift 键选择对象，切换为修剪效果；或输入选项）

输入隐含边延伸模式[延伸（E）/不延伸（N）]<不延伸>：（确定对象被延伸后是否一定要与边界实际相交。如果选择不延伸，则对象被延伸后一定要能与实际边界对象相交才能延伸；如果选择延伸，则对象被延伸后与边界对象的延长线相交即可延伸）

选项说明：

（1）栏选（F）：使用栏选方式选择要延伸的对象。

（2）窗交（C）：使用窗口选择或交叉窗口选择方式来选择要延伸的对象。

（3）投影（P）：确定延伸三维对象时的投影方法。

（4）边（E）：将对象延伸到另一个对象的隐含边。选择该选项后，会有提示：

【例 6-11】 将图 6-6-3（a）中的线段 *AB* 和 *BC* 延伸到 *EF* 线处。

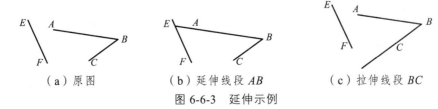

（a）原图 　　　（b）延伸线段 *AB* 　　　（c）拉伸线段 *BC*

图 6-6-3 延伸示例

137

延伸线段 *AB* 的操作过程如下：

命令：_extend

当前设置：投影＝UCS，边＝延伸

选择边界的边…

选择对象或<全部选择>：（选择线段 EF）

选择对象：（回车）

选择要延伸的对象，或按住 Shift 键选择要修剪的对象，或[栏选（F）/窗交（C）/投影（P）/边（E）/放弃（U）]：[选择线段 AB，结果如图 2.80（b）所示]

选择要延伸的对象，或按住 Shift 键选择要修剪的对象，或[栏选（F）/窗交（C）/投影（P）/边（E）/放弃（U）]：（回车）

延伸线段 *BC* 的操作过程如下：

命令：_extend

当前设置：投影＝UCS，边＝延伸

选择边界的边…

选择对象或<全部选择>：（选择线段 EF）

选择对象：（回车）

选择要延伸的对象，或按住 Shift 键选择要修剪的对象，或[栏选（F）/窗交（C）/投影（P）/边（E）/放弃（U）]：（输入选项 E）

输入隐含边延伸模式[延伸（E）/不延伸（N）]<延伸>：（输入选项 N）

选择要延伸的对象，或按住 Shift 键选择要修剪的对象，或[栏选（F）/窗交（C）/投影（P）/边（E）/放弃（U）]：（选择线段 BC）

对象未与边相交。

选择要延伸的对象，或按住 Shift 键选择要修剪的对象，或[栏选（F）/窗交（C）/投影（P）/边（E）/放弃（U）]：（输入选项 E）

输入隐含边延伸模式[延伸（E）/不延伸（N）]<不延伸>：（输入选项 E>

选择要延伸的对象，或按住 Shift 键选择要修剪的对象，或[栏选（F）/窗交（C）/投影（P）/边（E）/放弃（U）]：[选择线段 BC，结果如图 4-17（c）所示]

选择要延伸的对象，或按住 Shift 键选择要修剪的对象，或[栏选（F）/窗交（C）/投影（P）/边（E）/放弃（U）]：（回车）

【例 6-12】 将图 6-6-4（a）中的弧线延伸到指定边界矩形。

执行延伸命令的过程如下：

当前设置：投影-ucs边：延伸

选择边界的边…

选择对象：找到 1 个（选择矩形）

选择对象：【结束选择】

选择要延伸的对象或【投影（P）/边（E）/放弃（U）】：（在靠近 *A* 端处拾取弧线）

选择要延伸的对象或【投影（P）/边（E）/放弃（U）】：（继续在靠近 *B* 端处拾取弧线）

选择要延伸的对象或【投影（P）/边（E）/放弃（U）】：回车结束命令

效果如图 6-6-4（b）所示。

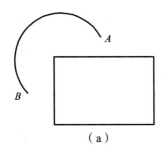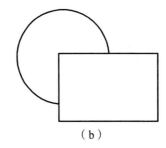

（a）　　　　　　　　　　　　　（b）

图 6-6-4　延伸命令举例

技巧与说明：

（1）若被延伸对象会有两处与边界相交，在选择被延伸对象时，拾取框应点取该对象需要延伸的一端。

（2）在执行延伸命令时，选择边界或是选择延伸对象，可以选择单个对象也可以同时选择多个对象，选择边界时甚至可以选择全部图形对象，从而实现快速延伸。

（3）若被延伸的对象看上去有两处与边界相交，则靠近哪一端拾取被延伸对象，那一端就延伸。

（4）延伸命令与修剪命令在提示选择要编辑的对象时，都有一个可选项"边（Edge）"这个选项要求用户确定对象被修改后是一定要和边界相交，还是能与边界的延长线相交即可。

6.6.3　拉长对象

拉长（Lengthen）命令用于改变直线、圆弧、多义线、椭圆弧等非封闭曲线的长度。

执行拉长命令可采用 3 种方式。

菜单栏：选择"修改"|"拉长"。

命令行：输入 Lengthen。

工具栏：▨。

启动 Lengthen 命令后，命令行提示如下：

命令：_lengthen

选择对象或[增量（DE）/百分数（P）/全部（T）/动态（DY）]：

其中各可选项要求用户确定拉长方式，可先选择对象，后确定执行拉长的方式；也可先确定拉长方式，后选择要拉长的对象。

选项说明：

（1）增量（DE）：设定长度增量，该值可正可负，若为正可使对象拉长，若为负则缩短对象。

（2）百分数（P）：以百分比的方式改变实体长度，即用户可指定将对象的新长度变为原来的百分之几。

（3）全部（T）：若要拉长的对象是直线或多段线，无论其原来长度是多少，均改为用户指定的新的总长度；若要拉长的是圆弧，用户需指定其改变长度后的总的包含角。

（4）动态（DY）：动态改变所选对象的长度。

【例 6-13】　用拉长命令将一段圆弧修改为半圆形。

（1）绘一段短圆弧，如图 6-6-5（a）所示。

（2）执行拉长命令的过程如下：

命令：_lengthen

选择对象或[增量（DE）/百分数（P）/全部（T）/动态（DY）]：T↓

指定总长度或[角度（A）]<1.0000）>: a↓

指定总角度 <57>：180↓

选择要修改的对象或[放弃（U）]（拾取圆弧）

选择要修改的对象或[放弃（U）]：↓结束命令

效果如图 6-6-5（b）所示。

（a）　　　　　　　　　（b）

图 6-6-5　拉长示例图

6.6.4　修剪对象

绘图中经常需要将图形对象多余的部分去掉，修剪命令能很方便地利用边界进行修剪。修剪命令与延伸命令的操作过程极为相似，其操作技巧也相同。

1. 命令执行方式

命令行：输入 Trim。

功能区：选择"常用" | "修改" | "修剪"。

菜单栏：选择"修改" | "修剪"。

工具栏：─/--- 修剪。

2. 具体操作过程

命令：_trim

当前设置：投影 = UCS，边 = 延伸

选择剪切边...

选择对象或<全部选择>:（选择作为修剪边界的图形对象）

选择对象：（继续选择修剪边界，或直接回车）

选择要修剪的对象，或按住 Shift 键选择要延伸的对象，或[栏选（F）/窗交（C）/投影（P）/边（E）/删除（R）/放弃（U）]:（选择要修剪的对象；或按住 Shift 键选择对象，切换为延伸效果；或输入选项，各选项含义与延伸命令相似）

注意：在 AutoCAD 2014 中，可以作为剪切边界的对象有直线、圆弧、圆、椭圆或椭圆弧、多段线、样条曲线、构造线、射线以及文字等。剪切边也可以同时作为被剪边。默认情况下，选择要修剪的对象（即选择被剪边），系统将以剪切边为界，将被剪切对象上位于拾取点一侧的部分剪切掉。如果按下【Shift】键，同时选择与修剪边不相交的对象，修剪边将变为延伸边界，将选择的对象延伸至与修剪边界相交。

【例 6-14】　绘制电容符号，如图 6-6-6 所示。

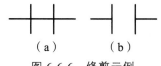

（a）　　　　（b）

图 6-6-6　修剪示例

执行命令的过程如下：

命令：_trim

当前设置：投影＝UCS，边＝延伸

选择剪切边…

选择对象或（全部选择>：（用交叉窗口选择方式选择全部对象）

选择对象：（回车）

选择要修剪的对象，或按住 Shift 键选择要延伸的对象，或[栏选（F）/窗交（C）/投影（P）/迫（E）/删除（R）/放弃（U）]：（点取两垂直线间的水平线段）

选择要修剪的对象，或按住 Shift 键选择要延伸的对象，或[栏选（F）/窗交（C）/投影（P）/递（E）/删除（R）/放弃（U）]：（回车）

【例 6-15】　绘制电感线圈符号，如图 6-6-7 所示。

（1）先绘如图 6-6-7 所示的图形，可采用矩形阵列式。

（2）通过各圆心画一直线。

（3）用所有图形作为修剪边及被修剪对象进行修剪。

图 6-6-7　绘制电感线圈符号

【例 6-16】　绘制接地符号，如图 6-6-8 所示。

提示：

（1）先画一条水平的直线。

（2）偏移复制出两条等距离直线，如图 6-6-8（a）所示。

（3）通过三条直线的中点绘垂直线。

（4）在合适位置绘制一条斜线。

（5）以垂直线为镜像线复制这条斜线，如图 6-6-8（b）所示。

（6）修剪图形结果如图 6-6-8（c）所示。

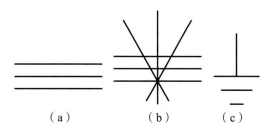

（a）　　　　　　（b）　　　　（c）

图 6-6-8　偏移复制、镜像、修剪命令的综合运用

6.6.5　打断与合并对象

1. 打断对象

在绘图过程中，可以使用打断命令将某个图形对象从某一点打断，或将该对象的某一部分删除（例如，表示某导线从另一导线下面穿过而它们并不相接）。

141

（1）命令执行方式如下：

菜单栏：选择"修改"|"打断"。

命令行：输入 Break（BR）。

工具栏：■（打断）/ ■（打断于点）。

可部分删除对象或把对象分解成两部分。

默认情况下，以选择对象时的拾取点作为第一个断点，这时需要指定第二个断点。如果直接选取对象上的另一点或者在对象的一端之外拾取一点，这时将删除对象上位于两个拾取点之间的部分。如果选择"第一点（F）"选项，可以重新确定第一个断点。在确定第二个打断点时，如果在命令行输入@，可以使第一个、第二个断点重合，从而将对象一分为二。如果对圆、矩形等封闭图形使用打断命令时，AutoCAD 将沿逆时针方向把第一断点到第二断点之间的那段圆弧删除。

（2）具体操作过程如下：

命令：_break

选择对象：（选择要打断的对象）

指定第二个打断点或[第一点（F）]：（直接点取第二点作为打断点，则之前选择对象时的拾取点即为第一点；或输入 F，重新确定第一点，然后再点取第二点）

（3）技巧与说明：

① 在指定"第二个打断点或[第一点（F）]"：提示下，若直接输入@，然后回车，表示第二个打断点与第一点相同，打断于一点。也可通过功能区"常用"功能选项卡的"修改"面板"打断于点"按钮，或在"修改"工具栏选用"打断于点"按钮。

② 打断圆时，删除的部分与拾取点的顺序有关，是按逆时针方向打断。

③ 一个完整的圆不能打断于点。

2. 合并对象

（1）命令执行方式如下：

菜单栏：选择"修改"|"合并"。

命令行：输入 Join。

工具栏：■。

将对象合并以形成一个完整的对象。

① 源对象为一条直线时，直线对象必须共线（位于同一无限长的直线上），但是它们之间可以有间隙。

② 源对象为一条开放的多段线时，对象可以是直线、多段线或圆弧，对象之间不能有间隙，并且必须位于与 UCS 的 XY 平面平行的同一平面上。

③ 源对象为一条圆弧时，圆弧对象必须位于同一假想的圆上，但是它们之间可以有间隙。

④ 源对象为一条椭圆弧时，椭圆弧必须位于同一椭圆上，但是它们之间可以有间隙。

注意：合并两条或多条椭圆弧时，将从源对象开始按逆时针方向合并椭圆弧。

⑤ 源对象为一条开放的样条曲线时，样条曲线对象必须位于同一平面内，并且必须首尾相邻（端点到端点放置）。

6.6.6 修改倒角、圆角

1. 倒角（见图 6-6-9）

（1）命令执行方式如下：

菜单栏：选择"修改"|"倒角"。

命令行：输入 Chamfer（CHA）。

工具栏： 倒角。

图 6-6-9　倒角、圆角命令

可以为对象绘制倒角。注意：修倒角时，倒角距离或倒角角度不能太大，否则无效。当两个倒角距离均为 0 时，Chamfer 命令将延伸两条直线使之相交，不产生倒角。此外，如果两条直线平行或发散时则不能修倒角。

（2）具体操作过程如下：

命令：_chamfer

（"修剪"模式）当前倒角距离 1~2.0000，距离 2~5.0000

选择第一条直线或[放弃（U）/多段线（P）/距离（D）/角度（A）/修剪（T）/方式（E）/多个（M）]：（选择倒角的第一条直线，或输入选项）

选择第二条直线，或按住 Shift 键选择直线以应用角点或[距离（D）/角度（A）/方法（M）]：（直接选择倒角的第二条直线；若按住 Shift 键选择第二条直线，将以倒角距离为 O 进行倒角；或输入选项）

选项说明：

① 多段线（P）：对多段线倒角。

② 距离（D）：设置倒角距离。倒角距离就是指两个对象的交点（包括实际交点和它们延长线的交点）分别到倒角线与两个对象交点的距离，如图 6-6-10（a）所示。选择该选项后会有提示：

指定第一个倒角距离<0.0000>：（确定第一个对象的倒角距离）

指定第二个倒角距离<2.0000>：（确定第二个对象的倒角距离）

③ 角度（A）：设置第一个对象的倒角距离和倒角角度，如图 6-6-10（b）所示。选择该选项后会有提示：

指定第一条直线的倒角长度<0.0000>：（确定第一个对象的倒角长度）

指定第一条直线的倒角角度<0>：（确定第一个对象的倒角角度）

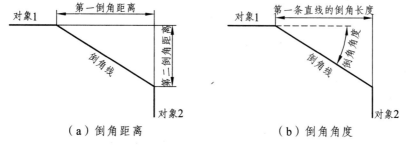

（a）倒角距离　　　　　　　（b）倒角角度

图 6-6-10　倒角示例一

143

④ 修剪（T）：确定修剪或不修剪模式，如图 6-6-11 所示。如果为修剪模式，将相交的对象修剪至倒角线的端点或将不相交的对象延伸至倒角线的端点；如果为不修剪模式，则创建倒角而不修剪原对象。

（a）原图　　　　　（b）不修剪模式　　　　　（c）修剪模式

图 6-6-11　倒角示例二

⑤ 方式（E）：选择确定倒角方式是距离或角度。

⑥ 多个（M）：确定是否连续进行倒角操作，若选择该选项将连续倒角，直到按回车键才会结束命令。

（3）技巧与说明：

① 如果设置倒角距离为 0 和修剪模式，可通过倒角命令将两条不平行直线修齐相交，无论这两条直线是否实际相交。

② 对非封闭多段线进行倒角，其最后一条线和第一条线之间不能形成倒角。

③ 如果需要倒角的两条线段过短以至于其长度小于倒角距离，则无法对这些线段倒角。

2. 圆角（见图 6-6-12）

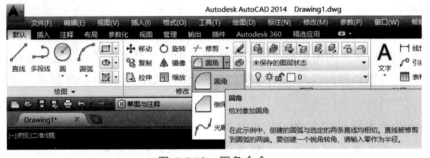

图 6-6-12　圆角命令

圆角命令和倒角命令较相似，通过圆角命令可以用一段平滑的圆弧连接两个对象。对象可以是圆弧、圆、椭圆、椭圆弧、直线、多段线、射线、样条曲线和构造线。

（1）命令执行方式如下：

命令行：输入 Fillet。

功能区：选择"常用" | "修改" | "圆角"。

菜单栏：选择"修改" | "圆角"。

工具栏： 圆角 。

（2）具体操作过程如下：

命令：_fillet

当前设置：模式 = 不修剪，半径 = 100

选择第一个对象或[放弃（U）/多段线（P）/半径（R）/修剪（T）/多个（M）]：（选择倒圆角的第一个对象，或输入选项）

选择第二个对象，或按住 Shift 键选择对象以应用角点或[半径（R）]:（直接选择第二个对象；或按住 Shift 键选择第二个对象，将以半径为 0 进行倒圆角，并将两对象多余的线条剪切或延伸不足的线条；或输入选项，重新设置圆角半径）

选项说明：

① 多段线（P）：在多段线中每两条直线段相交的顶点处进行倒圆角。

② 半径（R）：确定圆角半径。

③ 修剪（T）：设置修剪模式。

④ 多个（M）：确定是否连续进行倒角操作。若选择该选项，将以相同的圆角半径修改多个对象，直到按回车键才会结束命令。

（3）技巧与说明：

① 直线、圆和圆弧不仅相同图素间可以倒圆角，彼此间也可以。

② 在修剪模式下，拾取点的位置对结果有影响，一般会保留拾取点所在的部分而将另一部分剪切。但不修剪整圆，圆角圆弧与圆平滑地相连。

③ 如果多段线是闭合的，则每个顶点处都进行倒圆角；如果多段线的终点和起点仅仅相连而不闭合（即利用端点捕捉而非使用"闭合"选项），则多段线第一个顶点处不会被倒圆角。

④ 两条平行线可以倒圆角，此时不管圆角半径为何值，系统将自动在其端点画一半圆且半圆的半径为两平行线间垂直距离的一半。

注意：

（1）如果圆角的半径太大，则不能进行修圆角。

（2）对于两条平行线修圆角时，自动将圆角的半径定为两条平行线间距的一半。

（3）如果指定半径为 0，则不产生圆角，只是将两个对象延长相交。

（4）如果修圆角的两个对象具有相同的图层、线型和颜色，则圆角对象也与其相同；否则圆角对象采用当前图层、线型和颜色。

6.6.7 分解对象与对齐对象

1. 分解对象（见图 6-6-13）

图 6-6-13　分解命令

可以将多段线、标注、图案填充或块参照复合对象转变为单个的元素。

可以分解多段线、标注、图案填充或块参照等复合对象，将其转换为单个的元素。例如，分解多段线将其分为简单的线段和圆弧。分解块参照或关联标注使其替换为组成块或标注的对象副本。

矩形、多段线、图块、尺寸标注等都是一个整体。如果需要编辑其中的某一单个对象，普通的编辑命令无法完成，需要先使用分解命令将对象分解，然后再编辑。

（1）命令执行方式如下：

命令行：输入 Explcode。

功能区：选择"常用"｜"修改"｜"分解"。

菜单栏：选择"修改"｜"分解"。

工具栏：📦。

（2）选项说明。

注释性对象：将当前比例图示分解为构成该图示的组件（已不再是注释性）。已删除其他比例图示。

圆弧：如果位于非一致比例的块内，则分解为椭圆弧。

块：一次删除一个编组级。如果一个块包含一个多段线或嵌套块，那么对该块的分解就首先显露出该多段线或嵌套块，然后再分别分解该块中的各个对象。

具有相同 X、Y、Z 比例的块将分解成它们的部件对象。具有不同 X、Y、Z 比例的块（非一致比例块）可能分解成意外的对象。

当按非统一比例缩放的块中包含无法分解的对象时，这些块将被收集到一个匿名块（名称以"*E"为前缀）中，并按非统一比例缩放进行参照。如果这种块中的所有对象都不可分解，则选定的块参照不能分解。非一致缩放的块中的体、三维实体和面域图元不能分解。

分解一个包含属性的块将删除属性值并重显示属性定义。

无法分解使用 Minsert 命令和外部参照插入的块及其依赖块。

体：分解成一个单一表面的体（非平面表面）、面域或曲线。

圆：如果位于非一致比例的块内，则分解为椭圆。

引线：根据引线的不同，可分解成直线、样条曲线、实体（箭头）、块插入（箭头、注释块）、多行文字或公差对象。

网格对象：将每个面分解成独立的三维面对象。将保留指定的颜色和材质。

多行文字：分解成文字对象。

多行：分解成直线和圆弧。

多面网格：单顶点网格分解成点对象；双顶点网格分解成直线；三顶点网格分解成三维面。

面域：分解成直线、圆弧或样条曲线。

（3）技巧与说明：

① 可以分解的对象包括矩形、多边形、多段线、多线、尺寸标注、图块、多行文字、填充图案等，但独立的直线、圆、圆弧、单行文字、点等不能被分解。

② 带有属性的图块被分解后，其属性值将被还原为属性定义的标记。

③ 有一定宽度的多段线被分解后，其宽度变为 0。

2. 对齐对象

（1）命令执行方式如下：

菜单栏：选择"修改"｜"三维操作"｜"对齐"。

命令行：输入 Align。

Align 使用两对点。

指定第一个源点：指定点（1）

指定第一个目标点：指定点（2）

指定第二个源点：指定点（3）

指定第二个目标点：指定点（4）

指定第三个源点：按 Enter 键

根据对齐点缩放对象[是（Y）/否（N）] <否>：输入 Y 或按 Enter 键

当选择两对点时，可以在二维或三维空间移动、旋转和缩放选定对象，以便与其他对象对齐。第一对源点和目标点定义对齐的基点（1，2），第二对点定义旋转的角度（3，4）。

在输入了第二对点后，系统会给出缩放对象的提示。将以第一目标点和第二目标点（2，4）之间的距离作为缩放对象的参考长度。只有使用两对点对齐对象时才能使用缩放。

注意如果使用两个源点和目标点在非垂直的工作平面上执行三维对齐操作，将会产生不可预料的结果。

使当前对象与其他对象对齐。既适用于二维对象，也适用于三维对象。在对齐二维对象时，用户可以指定 1 对或 2 对对齐点（源点和目标点），在对齐三维对象时，则需要指定 3 对对齐点。

6.7　编辑对象特性

6.7.1　编辑对象特性

对象特性包含一般特性和几何特性。对象的一般特性包括对象的颜色、线型、图层及线宽等，几何特性包括对象的尺寸和位置。用户可以直接在"特性"窗口中设置和修改对象的这些特性。

命令执行方式如下：

菜单栏：选择"修改"|"特性"或"工具"|"特性"。

工具栏：回。

在 AutoCAD 2014 中，"特性"窗口默认情况下处于浮动状态。处于浮动状态的"特性"窗口随用户拖放位置的不同，其标题显示的方向也不同。

在"特性"窗口的标题栏上单击鼠标右键，将弹出一个快捷菜单，用户可通过该快捷菜单确定是否隐藏窗口、是否在窗口内显示特性的说明部分，以及是否将窗口锁定在主窗口中。例如，用户在对象"特性"窗口快捷菜单中选择了"说明"命令，然后再在"特性"窗口中选择对象的某一特性，则"特性"窗口下面将显示该特性的说明信息。在对象"特性"窗口快捷菜单中选择"自动隐藏"命令，那么在用户不使用对象"特性"窗口时，它会自动隐藏起来，只显示一个标题栏。

"特性"窗口中显示了当前选择集中对象的所有特性和特性值，当选中多个对象时，将显示它们的共有特性。用户可以通过它浏览、修改对象的特性，也可以通过浏览、修改满足应用程序接口标准的第三方应用程序对象。

6.7.2　特性匹配

功能区：选择"常用"|"特性"|"特性匹配"（当前工作空间的功能区上未提供）。

菜单栏：选择"修改"|"特性匹配"。

工具栏：![icon]。

命令行：输入 Matchprop。

选择源对象：（选择要复制其特性的对象）

当前活动设置：（当前选定的特性匹配设置）

选择目标对象或[设置（S）]：（输入 s 或选择一个或多个要复制其特性的对象）

目标对象：指定要将源对象的特性复制到其上的对象。可以继续选择目标对象或按【Enter】键应用特性并结束该命令。

设置：显示"特性设置"对话框，从中可以控制要将哪些对象特性复制到目标对象。默认情况下，将选择"特性设置"对话框中的所有对象特性进行复制。可应用的特性类型包括颜色、图层、线型、线型比例、线宽、打印样式和其他指定的特性。

使用"特性匹配"，可以将一个对象的某些特性或所有特性复制到其他对象。可以复制的特性类型包括但不仅限于颜色、图层、线型、线型比例、线宽、打印样式、视口特性替代和三维厚度。

默认情况下，所有可用特性均可自动从选定的第一个对象复制到其他对象。如果不希望复制特定特性，请使用"设置"选项禁止复制该特性。可以在执行命令过程中随时选择"设置"选项。

6.8 绘制实例

课堂训练：试绘制隔离开关装置图（见图 6-8-1）、电动机控制电路图（见图 6-8-2）。

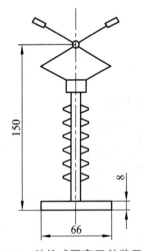

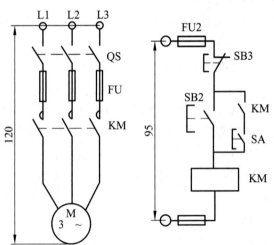

图 6-8-1　单柱式隔离开关装置图　　　图 6-8-2　三相异步电动机的自锁控制电路

第7章 块定义与编辑

【本章导读】

图块是由一个或多个对象组成的对象集合体，多用于复制或重复的图形。当掌握图层的使用方法后，可调用图块让图层变得更加完整，要调用图块必须先创建图块，还可以通过设计中心调用系统中的图块。

【技能目标】

（1）熟悉创建、插入、调用和编辑图块的方法。
（2）掌握设置图块属性的方法。
（3）灵活使用设计中心调用系统图块绘制图形。

7.1 认识块

块是一个或多个绘制在几个图层上的不同颜色、线型和线宽特性的对象的组合的对象。块帮助用户在同一图形或其他图形中重复使用对象，多用于绘制复杂或重复的图形。通过图块的使用可提高绘图效率并节省存储空间，同时便于修改和重定义图块。

块是一组对象的集合，形成单个对象（块定义），也称为块参照。它用一个名字进行标识，可作为整体插入图纸中。当将多个对象组合成一个图块后，再根据绘图需要将其插入绘图区中进行编辑操作。

尽管块总是在当前图层上，但块参照保存了有关包含在该块中的对象的原图层、颜色和线型特性的信息。可以控制块中的对象是保留其原特性还是继承当前的图层、颜色、线型或线宽设置。

组成块的各个对象可以有自己的图层、线型和颜色，但 AutoCAD 把块当作单一的对象处理，即通过拾取块内的任何一个对象，就可以选中整个块，并对其进行诸如移动（MOVE）、复制（COPY）、镜像（MIRROR）等操作，这些操作与块的内部结构无关。

块具有如下特点：

（1）提高了绘图速度。将图形创建成块，需要时可以直接用插入块的方法实现绘图，这样可以避免大量重复性工作。

（2）节省存储空间。如果使用复制命令将一组对象复制 10 次，图形文件的数据库中要保存 10 组同样的数据。如将该组对象定义成块，数据库中只保存一次块的定义数据。插入该块时不再重复保存块的数据，只保存块名和插入参数，因此，可以减小文件尺寸。

（3）便于修改图形。如果修改了块的定义，用该块复制出的图形都会自动更新。

（4）加入属性。所谓属性，即从属于图块的文字信息。经常把形状相同的块的技术参数定义为属性。在使用图块时，可以按提示给定相应的技术参数值（属性值），从而满足设计和生产的要求。给块加入属性，还有利于提取属性值，供数据库进行处理计算等。

很多块还要求有文字信息，以进一步解释说明。AutoCAD 允许为块创建这些文字属性，可以在插入的块中显示或不显示这些属性，也可以从图中提取这些信息并将它们传送到**数据库**中。

7.2　图块的创建

块可以是绘制在几个图层上的不同特性对象的组合。可以使用若干种方法创建块。

7.2.1　创建内部图块

内部图块只能在定义内部图块的图形文件中调用，内部图块是定义在图块所在图形文件中，并随着图形文件一起保存在图形文件内部，且该文件只能在存储的文件中使用，而不能在其他图形文件中使用，可以定义块属性。创建内部图块主要是在"块定义"对话框中进行，调用该对话框的方法主要有如下几种。

（1）命令行：输入 Block（B）。

（2）功能区：选择"默认"｜"块"组，单击"创建"按钮。

（3）菜单栏：在"AutoCAD 经典"工作空间中选择"绘图"｜"块"｜"创建"，如图 7-2-1 所示。

图 7-2-1

利用 Block 命令将已绘制出的图形对象定义成块。执行 Block 命令后，会弹出块定义对话框，如图 7-2-2 所示，可以利用此对话框完成块的定义。

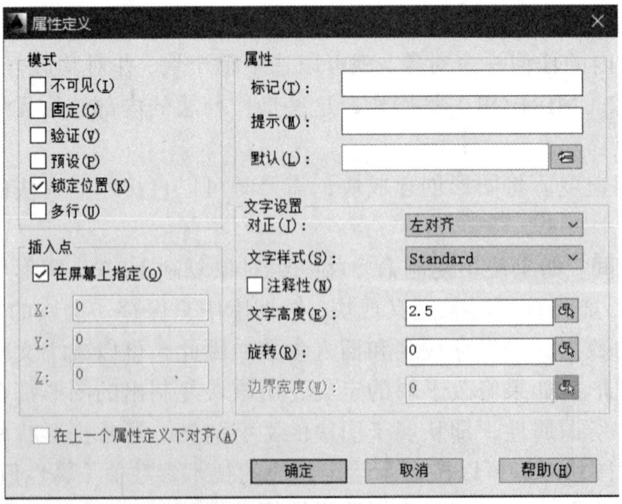

图 7-2-2　块定义对话框

150

【例 7-1】 定义二极管图块，步骤如下：

步骤 1：设置图块名称。

（1）单击创建块按钮，弹出块定义对话框。或在命令行中输入 Block 命令，按【Enter】键，打开"块定义"对话框。

（2）在该对话框的"名称"文本框中输入要定义的图块名称，这里输入"二极管"。

（3）单击"对象"栏中的"选择对象"按钮返回绘图区，如图 7-2-3 所示。

图 7-2-3　选择对象

步骤 2：选择对象。

在绘图区中选择需要定义为块的图形对象，这里使用框选方式框选所有图形对象，选择完后按【Enter】键返回"块定义"对话框。

需要注意的是，在指定基点后系统会自动返回"块定义"对话框，并在"基点"栏的"X：""Y："和"Z："文本框中显示基点的坐标，也可以直接在这些坐标文本框中输入值来确定基点，如图 7-2-4 所示。

步骤 3：指定基点。

（1）单击"基点"栏中的"拾取点"按钮圆，指定图块的基点，这里指定二极管的中心为基点。

（2）单击确定按钮。

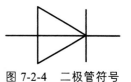

图 7-2-4　二极管符号

在"设置"栏的"块单位"下拉列表框中可以选择单位级别，通常保持默认的"毫米"选项，如图 7-2-5 所示。

图 7-2-5　选择块单位

151

完成图块创建后，在绘图区中单击图形的任意一点，即可选择整个图形对象。

"对象"栏各单选按钮含义如下：

（1）"保留（R）"单选按钮表示：将定义为图块的原对象仍然以原来的格式保留在绘图区中。

（2）"转换为块（C）"单选按钮表示：将被定义为图块的源对象转换为图块。

（3）"删除（D）"单选按钮表示：将被定义为图块的源对象从绘图区中删除。

技巧与说明：

（1）进行上述操作后，可发现定义成块的图形已被删除，但该块定义仍然存在并可随时被调用。

（2）要恢复图形显示，须通过命令行执行 OOPS 命令，而不能利用撤销（单击标准工具栏的 ）命令。因为执行撤销（Undo）命令，实际是撤销了创建块命令。

（3）用定义块命令创建的块仅能用于当前图形。

7.2.2　创建外部图块

外部图块又称外部图块文件，创建的外部图块将以文件的形式保存在计算机中。外部图块与定义其他图块文件没有任何联系，当定义好外部图块文件后，将不会包含在定义的图形文件中，而且外部图块可以随时将其调用到任何图形文件中，但不能定义块属性。调用外部图块命令主要有如下两种方法。

（1）命令行：输入 Wblock（W）。

（2）功能区：选择"插入"｜"块定义"组，单击"创建块"按钮右侧的下拉按钮，在弹出的下拉列表中选择"写块"选项。

从当前图形中创建选定的对象，以创建用作块的单独图形文件。可以创建图形文件，用于作为块插入到其他图形中。作为块定义源，单个图形文件容易创建和管理。符号集可作为单独的图形文件存储并编组到文件夹中。

下面将使用选择命令的方法将图形文件中的图形对象创建成名为"x"外部图块，其具体操作如下：

步骤 1：打开"写块"对话框。

（1）打开图形文件，选择"插入"｜"块定义"组，单击"创建块"按钮右侧的下拉按钮。

（2）在弹出的下拉列表中选择"写块"选项，打开"写块"对话框。

打开"写块"对话框后，在"对象"栏中的各个单选按钮含义与"块定义"对话框中的"对象"栏中各单选按钮的含义相同。

步骤 2：选择对象。

（1）在"写块"对话框的"基点"栏中单击"拾取点"按钮，返回绘图区中，捕捉图形的中点，指定图块的基点，并返回"写块"对话框。

（2）在"写块"对话框的"对象"栏中选中"保留（R）"单选按钮。

（3）单击"选择对象"按钮，定义为外部图块的图形对象，并按【Enter】键返回"写块"对话框，如图 7-2-6 所示。

步骤 3：保存图形。

（1）在"目标"栏的"文件名和路径"下拉列表框后单击 按钮，打开"浏览图形文件"对话框，在"保存于"选项后的下拉列表框中选择外部图块的存放位置。

图 7-2-6　选择对象

（2）在"文件名"文本框中输入图块名称。

（3）单击"保存"按钮。返回"写块"对话框并单击"确定"按钮，完成外部图块的创建操作。

写块对话框中，各个复选按钮介绍如下：

源：指定要写成块的源对象的类型。有 3 个单选按钮来供用户选择。

块：选择该按钮，表明用户将把已定义过的块存盘。可从下拉列表框中选择所需块。

整个图形：选择该按钮，表明用户将把当前整个图形文件进行图块存盘操作。

对象：选择该按钮，将把用户选择的对象直接保存为图块。

目标：在此区域中可设置图块存盘后的块名、路径及插入单位等。单击位置下拉列表框后门的 按钮，可指定块存盘路径，把同类图块都保存在此路径下，就构成了图块库。

技巧与说明：

（1）在步骤 2 中，用夹点编辑的方法旋转图块后，图块仍在选中状态，此时直接单击右键选择"缩放"进行比例缩放操作。

（2）经常选择"对象"作为写块操作的源对象。其他块也可作为"源"的一部分被新块嵌套。

（3）用写块命令创建的块也是一个图形文件，其扩展名为".dwg"。

7.2.3　创建带属性的图块

图块属性主要是指与图块相关联的文字信息，它的存在主要依赖于图块。用于表达图块的文字信息，如在机械制图中的形位公差、表面粗糙度以及建筑绘图中的轴号等都可将其定义为图块。但其中的数值又因为需要经常改变，此时便可为图块定义属性，这样在插入图块时可以方便地更改文字信息。调用创建带属性的图块的命令主要有如下两种方法。

（1）命令行：输入 Attdef（ATT）。

（2）功能区：选择"插入" | "块定义"组，单击"定义属性"按钮。

下面将使用命令的方法在"接触网平面图.dwg"图形文件中创建图块,完成后再设置图块属性。其具体操作如下:

步骤1:属性定义。

打开"接触网平面图.dwg"图形文件,选择"插入"丨"块定义"组,单击"定义属性"按钮,打开"属性定义"对话框。

如果在当前图形文件中已有属性设置时,"属性定义"对话框中的在上一个属性定义下对齐复选框将被激活,如图7-2-7所示。

步骤2:设置属性参数。

(1)在"属性"栏的文本框中输入需设置的属性参数。

(2)在"文字设置"栏的"文字高度"文本框中输入"220"。

(3)单击"确定"按钮返回绘图区,在绘图区中指定属性的位置。

步骤3:创建块。

(1)选择"插入"丨"块定义"组,单击"创建块"按钮,打开"块定义"对话框,在"名称"选项后的文本框中输入"支柱"。

(2)在"对象"栏中选中"转换为块"单选按钮。

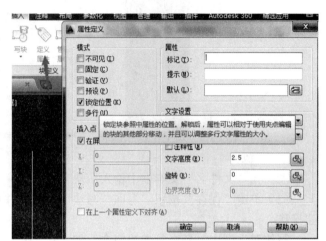

图 7-2-7 属性定义

(3)单击"选择对象"按钮在绘图区中选择属性文字和支柱图形,按【Enter】键返回"块定义"对话框。

(4)单击确定按钮。

步骤4:编辑属性。

(1)在"请输入支柱型号"的第一个文本框中输入"H48-250"。

(2)单击"确定"按钮。

图块属性只有在将属性文字定义为图块后,才能正常显示属性值,在未进行定义成为图块之前,显示的是"标记"选项中设置的文本内容。

在"属性定义"对话框中包括以下各选项,功能介绍如下:

(1)模式:主要用于控制块中属性的行为,如属性在图形中是否可见、是否可相对于块的其余部分移动等,其中主要有不可见、固定、验证、预置、锁定位置和多行等。

不可见:选中该框,则插入图块并给该属性赋值后,属性值不显示。例如,某电气施工图中的各种设备符号均事先定义了价格属性,属性模式设置为不可见,虽然设计图中看不见其属性值,但通过提取属性的操作,就可供数据库进行计算,从而很方便地计算设备投资,或进行方案比较。

固定:选中该框,则把属性值定义为一个常量,插入图块时,属性值保持不变。

验证:在插入图块时提示用户验证属性值的正确性。

预置:插入图块时自动把用户定义的默认值作为属性值。

(2)属性:用于设置图块的文字信息,其中包括标记、提示和默认三项。标记选项用于设置属性的显示标记；提示文本框用于设置属性的提示信息；默认文本框用于设置默认的属性值，单击"插入字段"按钮，可在打开的对话框中选择常用的字段。

属性有 3 个文本框，每个文本框的含义如下：

标记：每一个属性都有自己的标记，可以认为属性标记就是属性的名字。

提示：在插入带有属性的块时，命令行出现在该文本框中输入的文字，引导用户正确输入属性值。如果没有设置该项，则 AutoCAD 会用属性标记作为提示。

值：即属性的值。可把该图块属性的常用值填入，方便使用。

（3）文字设置：在该栏中主要对属性值的文字大小，对齐方式、文字样式和旋转角度等参数进行设置。

（4）插入点：主要用于指定插入属性图块的位置，默认情况下以拾取点的方式来指定，与插入图块的相同选项含义相同。

（5）在上一个属性定义下对齐：如果在定义图块属性之前，当前图形文件中已经定义了属性，则该复选框变为可用状态，即表示当前定义的属性将采用上一个属性的字体、字高及倾斜角度，且与上一属性对齐。

【例 7-2】 创建一个电阻属性快，并把其保存为 d：\mytemp\ATTR.dwg。

（1）绘制电阻符号，其中矩形宽 50，高 20。

（2）定义文字样式"仿宋"，其字体名选择"仿宋 GB-2312"，宽度比例取 0.7。

（3）选择"绘图" ｜ "块" ｜ "定义属性"。

（4）在"属性定义"对话框设置各个项目及参数如图 7-2-2 所示。

（5）单击拾取点按钮，对话框自动隐藏。追踪矩形上边的中点向上 4 个单位，拾取此点。

（6）单击"确定"按钮关闭对话框，把得到的图形保存为 d：\mytemp\7-6。

（7）在命令行输入 Wblock，弹出"写块"对话框。

（8）在文件名文本框中输入块名"ATTR"。

（9）单击位置下拉列表框后面的按钮 …，指定图块存盘路径为 d：\mytemp。

（10）选择"源"为对象。

（11）单击"拾取点"按钮，选择电阻符号的左端点为插入基点。

（12）单击"选择对象"按钮，同时选择属性"电阻值"和电阻图形符号。对象处理方式为"保留"。

（13）单击"确定"按钮。完成创建属性块的操作。接下来插入刚创建的属性块：

（14）启动 Insert 命令。

（15）在弹出的"插入"对话框中单击浏览按钮，找到要插入块的路径（d：\mytemp）；双击要插入块的名字"ATTR"，返回"插入"对话框，各项参数接受默认值。

（16）单击"确定"按钮。

命令行提示如下：

命令：Insert

指定插入点或【比例（S）/X/Y/Z/旋转（R）/预览比例（PS）/PX/PY/PZ/预览旋转（PR）】：100，100↓

输入属性值：

输入电阻值<10 Ω>：50 Ω，↓

结束命令。

结果如图 7-2-8 所示，将该图保存为 d：\mytemp\7-8。

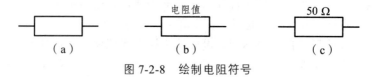

（a） （b） （c）

图 7-2-8　绘制电阻符号

7.3　插入图块

当创建块后，在绘图过程中，便可以根据需要将已绘制的图块文件插入到当前图形文件中。插入图块主要有插入单个图块、插入多个图块或使用设计中心插入图块等方式来实现。下面将对这 3 种方法分别进行介绍。

7.3.1　插入单个图块

当创建到图块后就可以在绘图过程中使用这些图块，使用图块就必须将图块插入到绘图区中。插入图块主要是在"插入"对话框中进行，调用并打开该对话框的方法有如下几种。

（1）命令行：输入 Insert（I）。

（2）功能区：选择"默认"｜"块"组，单击"插入"按钮。

（3）菜单栏：在"AutoCAD 经典工作空间"中选择"插入"｜"块"。

插入单个图块又分为插入单个内部图块和插入单个外部图块，下面分别进行介绍。

1. 插入单个内部图块

使用以上任意一种方法，打开"插入"对话框后，在该对话框中的"名称"下拉列表框中选择需要插入的内部图块名称，单击"确定"按钮，完成单个内部图块的插入操作，如图 7-3-1 所示。

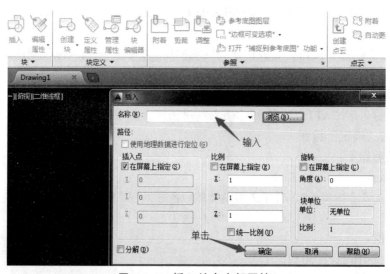

图 7-3-1　插入单个内部图块

2. 插入单个外部图块

使用以上任意一种方法，打开"插入"对话框后，单击该对话中的"浏览"按钮，在打开的"选择图形文件"对话框中找到需要插入的外部图块，单击"打开"按钮，返回"插入"对话框中单击按钮，完成单个外部图块的插入操作。

3."插入"对话框中各项的设置

如果选中了"插入点""比例"和"旋转"栏中的复选框，就可以使用鼠标在绘图区指定插入点、比例和旋转角度，也可以在"插入点""比例"和"旋转"栏中分别输入相应值来设置插入块的参数。若选中该对话框中的"分解"复选框，块对象将会作为单独的对象插入。

7.3.2 插入多个图块

插入图块不仅可插入单个图块，还可连续插入多个相同的图块，其插入方式主要可通过阵列插入。阵列插入图块的原理和阵列命令一样，需要设置行数、列数、行间距和列间距值，阵列插入图块不仅能节约绘图时间，还能减少占用磁盘资源。

阵列插入图块的方法只有通过在命令行中执行 Minsert 命令，然后在图区中单击鼠标确定插入点，并按 3 次【Enter】键，确认 X、Y 比例因子和旋转角。在命令行分别输入行数、列数、行间距值和列间距值，按【Enter】键完成阵列插入图块。

在命令行中执行 Minsert 命令后，会提示用户输入块名，系统默认块的路径为"D：\我的文档"。如果插入的图块位于默认路径中，则可以直接输入块名；如果插入的块不在默认路径中，直接输入块名，系统会提示为找到文件，这时可以直接在命令行中输入图块所在的位置路径，如"变压器"图块位于 H 盘中，则应该输入"H：\变压器"。

7.3.3 通过设计中心调用图块

AutoCAD 的设计中心中包含了多种图块，如建筑设施图块、机械零件图块和电子电路图块等，通过设计中心可方便地将这些图块调用到图形中。打开"设计中心"对话框的方法主要有如下几种。

（1）命令行：输入 Adcenter（ADC）。

（2）功能区：选择"视图"｜"选项板"组，单击"设计中心"按钮。

（3）菜单栏：在"AutoCAD 经典"工作空间中选择"工具"｜"选项板"｜"设计中心"。

（4）快捷键：按【Ctrl + 2】组合键。

下面将通过以上任意一种方法，打开"设计中心"对话框，在绘图区中插入"变压器.dwg"图块。其具体操作如下：

步骤 1：选择图块路径。

选择"视图"｜"选项板"组，单击"设计中心"按钮，打开"设计中心"对话框，在"文件夹列表"窗格中进择"G：\CAD 文件\cad 图库\CAD 平面模库.dwg\块"路径。

设计中心的路径主要是根据图库的保存位置生成的，只需在文件夹列表中依次进行选择即可。

步骤 2：选择图块。

（1）在右边的图块列表的"变压器"图块上单击鼠标右键。

（2）在弹出的快捷菜单中选择"插入块"命令，打开"插入"对话框。

"插入"对话框还可通过双击需要插入的图块来打开。

步骤3：插入图块。

（1）在"旋转"栏的"角度"文本框中输入旋转角度"90"。

（2）单击"确定"按钮返回绘图区。

步骤4：完成插入。

在绘图区中需要插入块的位置单击鼠标，指定图块插入点，完成图块的插入。

通过设计中心调用图块除了可以在需要插入的某个项目上单击鼠标右键，通过弹出的快捷菜单命令将图块插入到绘图区中以外，还可以直接将图块拖动到绘图区中，按照默认设置将其插入，此外，若双击填充图案将打开"边界图案填充"对话框，通过该对话框也可将图块插入到绘图区中。

7.4 编辑图块

在完成图块的创建之后，除了将图块插入到图形文件中，还可以对图块进行编辑处理，如编辑图块内容、重命名图块和删除图块等，下面将依次进行介绍。

7.4.1 编辑图块内容

编辑图块内容可以对图块的图形对象进行删除、绘制和修改等操作。编辑图块内容主要是"编辑块定义"对话框中选择需要进行编辑的图块，然后在打开的"编辑器"对话框中进行编辑，调用"编辑块定义"对话框的方法主要有如下几种。

（1）命令行：输入 Bedit（BE）。

（2）功能区：选择"默认" | "块"组，单击"编辑"按钮。

（3）菜单栏：在"AutoCAD 经典"工作空间中选择"工具" | "块编辑器"命令。

下面使用在命令行中输入命令的方法将"变压器"图块中的线条颜色特性更改为红色。其具体操作如下：

步骤1：选择图块。

（1）打开"变压器.dwg"图形文件，在命令行中输入 Bedit 命令，打开"编辑块定义"对话框。

（2）在"要创建或编辑的块"列表框中选择"变压器"选项。

（3）单击"确定"按钮，打开"块编辑器"对话框及块编辑区域。

步骤2：编辑块对象。

使用交叉框选方式选择所有图形对象。在"默认" | "特性"组中，设置颜色特性为"红色"选项。

直接在绘图区中双击需要编辑的图块，也可打开"编辑块定义"对话框。

步骤3：保存并关闭。

在"块编辑器"选项卡的"打开/保存"面板中单击"保存块"按钮保存图块。在该选项卡，的"关闭"面板中单击"关闭块编辑器"按钮，退出编辑，并查看完成后的效果。

如果不在"块编辑器"选项卡中的"打开/保存"面板中单击"保存块"按钮，而是直接单击"关闭块编辑器"按钮，系统会打开"块-未保存更改"提示对话框，单击该提示对话框中的"将更改保存到变压器（S）"选项一样可以保存并退出编辑。

如果要插入的图块，并不是完全符合需要，但插入的图块是一个整体，并不能对其中的某一部分进行编辑，这时就可以将图块分解后再对其进行编辑。分解图块主要是用分解编辑命令 Explode（X）进行。

7.4.2　编辑图块属性

在图形中插入属性块后，如果觉得属性值或属性值位置不符合自己的要求，可以对属性值进行修改。执行编辑属性命令主要有如下两种方法。

（1）命令行：输入 Eattedit。

（2）功能区：选择"插入"｜"块"组，单击"编辑属性"按钮。

执行编辑属性命令后，将提示指定要进行编辑的属性块，然后打开"增强属性编辑器"对话框，在该对话框中即可对图块的属性进行更改。

【例 7-3】　将通过以上方法，对已知图块的属性文字进行更改，将字母"TA"更改为"TV"。其具体操作如下：

步骤 1：编辑属性。

（1）打开"互感器图.dwg 图形文件，选择"插入"｜"块"组，单击"编辑属性"按钮。

（2）在命令行中提示"选择块"后选择要进行编辑的属性块。

除了可编辑图块属性外，还可插入带属性的图块，其方法与插入单个图块类似，都需要通过"插入"对话框将其插入到绘图区中，而且插入带属性的图块时可以指定相应的属性值，以符合插入图块的要求。

步骤 2：修改属性。

（1）打开"增强属性编辑器"对话框，在"值"文本框中输入"TV"。

（2）单击确定按钮，关闭"增强属性编辑器"对话框。

双击需要编辑的属性块也能快速打开"增强属性编辑器"对话框，如图 7-4-1 所示。

完成属性图块的编辑，返回窗口并查看完成后效果。

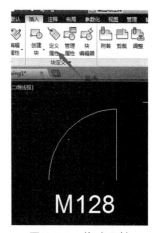

7.4.3　重命名图块

重命名外部图块，可以在保存该图块的位置处直接重命名，而重命名内部图块，可以在"重命名"对话框中进行。调用"重命名"对话框的方法主要有如下两种。

（1）命令行：输入 Rename（REN）。

（2）菜单栏：在"AutoCAD 经典"工作空间中选择"格式"｜"重命名"。

根据以上任意一种方法打开"重命名"对话框，在该对话框中

图 7-4-1　修改属性

的"命名对象"列表框中选择"块"选项，然后在其右侧的"项数"列表框中选择需要命名的图块，最后在"重命名为（R）"按钮后的文本框中输入重命名的名称，单击"确定"按钮，即可完成图块的重命名操作。

7.4.4 删除图块

与重命名图块一样，删除外部图块可在保存该图块的位置处直接删除，而内部图块的删除则需要在"清理"对话框中进行，打开该对话框的方法主要有如下两种。

（1）命令行：输入 Purge。

（2）菜单栏：在"AutoCAD 经典"工作空间中选择"文件"｜"绘图实用程序"｜"清理"。

使用以上任意一种方法，打开"清理"对话框后，在该对话框的"图形中未使用的项目"列表框中双击"块"选项，打开所包含的块选项，在其中选择需要删除的块，单击确定按钮，即可删除选择的图块。

在图块操作中，除了重命名图块和删除图块外，还可重新定义图块，其方法与创建图块的方法类似，实际上就是将分解后的图块进行编辑，再用创建图块命 Block（B）将编辑后的图形对象重新定义为分解图块前同一名称的图块，从而覆盖原来的图块文件。

第8章　文本与表格

【本章导读】

　　一张完整的设计图，不仅要绘制图形，还要在图中添加文字和表格，对图形中的某些内容加以说明，如技术要求、标题栏、明细表。当绘制图形完成后，可对图像进行文字说明，从而更好地表达出使用图形不易表现的内容。但是对图形进行文字说明之前，需输入和编辑文本。编辑文本主要包括设置文字样式、输入单行文字、输入多行文字、输入特殊字符、编辑文字内容和查找与替换文字等。通过表格进行信息说明时，在添加时需先设置表格样式。完成表格的绘制后，还可以在其中输入文字并编辑单元格等操作。

【技能目标】

　　（1）了解文字样式的设置方法。
　　（2）区分单行文字与多行文字的不同。
　　（3）掌握文字的编辑与插入特殊符号的方法。
　　（4）了解表格样式的设置方法。
　　（5）掌握表格的绘制方法。
　　（6）掌握编辑表格内容的方法。

8.1　输入文本

8.1.1　设置文字样式

　　使用 AutoCAD 2014 绘制的图形与文字说明是紧密相连的，文字说明可表现图形隐含或不能直接表现的含义或功能。在对图形进行文字说明前，可根据需要对文字样式进行设置，如文字高度、字体样式和倾斜角度等。

　　在 AutoCAD 2014 中，系统默认使用 Standard 文字样式作为标准文字样式，在对图形进行文字说明时，可以根据自己的需要创建并设置不同的文字样式，然而创建与设置文字样式可在"文字样式"对话框中进行。调用"文字样式"命令，主要有如下几种方法。

　　（1）命令行：输入 Styly。
　　（2）功能区：选择"默认" | "注释"组，单击"文字样式"按钮。
　　（3）菜单栏：在"AutoCAD 经典"工作空间中选择"格式" | "文字样式"。

　　下面将使用以上任意一种方法创建名为建筑制图和机械制图的文字。标注样式，并分别设置文字样式的字帖和高度等参数。具体操作如下：

　　步骤 1：新建文件样式。

　　（1）启动 AutoCAD 2014，在命令行中输入 Style 命令，按【Enter】键执行文字样式命令，打开"文字样式"对话框。

（2）单击按钮，打开"新建文字样式"对话框，如图 8-1-1 所示。

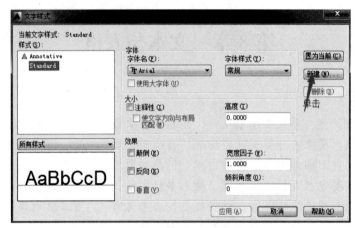

图 8-1-1　打开"新建文字样式"对话框

在设置文字样式的"效果"时，TrueType 字体和符号不支持垂直方向，只支持颠倒和反向的文字效果。

步骤 2：命名文字样式。

（1）在打开对话框的"样式名"文本框中输入"建筑制图"，如图 8-1-2 所示。

（2）单击"确定"按钮。

在"文字样式"对话框中可以将创建的文字样式设置为当前文字样式，只需单击 置为当前(C) 按钮，即可将其设置为当前样式。

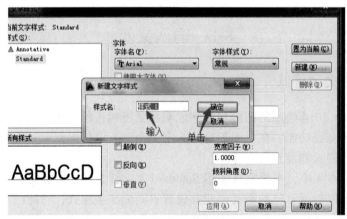

图 8-1-2　命名文字样式

步骤 3：设置字体样式。

（1）返回"文字样式"对话框，在"字体"栏的"SHX 字体"下拉列表框中选择 acaderef.shx 选项。

（2）在"大小"栏的"高度"文本框中输入"2.500 0"，指定文字的高度。

（3）在"效果"栏的"宽度因子"文本框中输入"2.000 0"，指定文字的宽度。

（4）在"倾斜角度"文本框中输入"5"。

（5）单击 应用(A) 按钮，如图 8-1-3 所示。

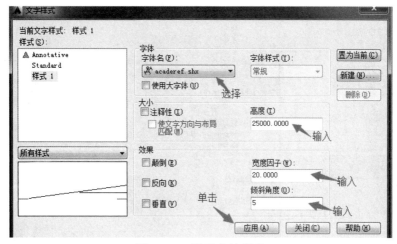

图 8-1-3 设置字体样式

步骤 4：再次新建文字样式。

（1）单击 新建 (N)... 按钮，打开"新建文字样式"对话框。

（2）在"样式名"文本框中输入"机械制图"。

（3）单击 确定 按钮，如图 8-1-4 所示。

若需删除样式，只需在"文字样式"对话框中选择需要删除的字体样式，单击删除按钮即可完成删除，但是当前文字样式与 Standard 文件样式是不能被删除的。

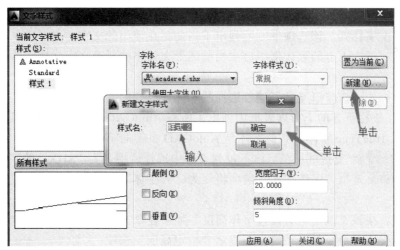

图 8-1-4 再次新建文字样式

步骤 5：设置其他字体样式。

（1）返回"文字样式"对话框，在"字体"栏的"SHX 字体"下拉列表框中选择 monotxt.shx 选项。

（2）选中 使用大字体 (U) 复选框。

（3）在"大小"栏的"高度"文本框中输入"3.000 0"，指定文字的高度。

（4）.在"效果"栏的"宽度因子"文本框中输入"1.500 0"。

（5）在"倾斜角度"文本框中输入"6"，如图 8-1-5 所示。

163

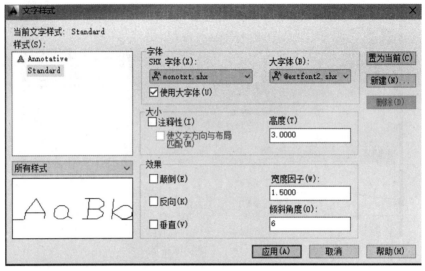

图 8-1-5　设置其他样式字体

步骤 6：完成设置。

（1）单击 关闭(C) 按钮，将打开 AutoCAD 对话框，提示是否对样式进行保存。

（2）单击"是（Y）"按钮，保存文字样式，返回绘图区。

查看已有字体样式可通过选择"注释"｜"文字"组，单击"文字样式"下拉按钮，在弹出的下拉列表中可罗列出已有样式。

在"文字样式"对话框中，各选项的含义介绍如下：

（1）当前文字样式：该选项下方罗列出了当前正在使用的文字样式。

（2）样式：该栏下方的列表框中显示当前图形文件中的所有文字样式，并默认选择当前正在操作的文字样式。

（3）所有样式：该窗口显示了随着选择的字体而改变的效果。

（4）字体：该栏下方的下拉列表框中列出了所有 AutoCAD 2014 的字体，其中带有双"T"标志的字体是 TrueType 字体，其他字体是 AutoCAD 自带的字体。

（5）使用大字体(U) 复选框：在字体下拉列表框中选择后缀名为"SHX"的字体时，该复选框可用，选中该复选框"字体样式"选项将变为"大字体"选项，可在该选项中选择大字体样式。

（6）高度：在该文本框中可设置字体高度。如果在该文本框中输入了指定文字高度，则使 Text（单行文字）命令时，系统将不提示"指定高度"选项。

（7）颠倒(E) 复选框：选中该复选框，可将文字进行上下颠倒显示，但是该选项只影响单行文字。

（8）反向(K) 复选框：选中该复选框，可将文字进行首尾反向显示，但是该选项只影响单行文字。

（9）垂直(V) 复选框：选中该复选框，可以将文字沿竖直方向显示，但是该选项只影响单行文字。

（10）宽度因子：主要用于设置字符间距。输入小于 1 的值将紧缩文字，输入大于 1 的值则加文字。

（11）倾斜角度：该选项用于指定文字的倾斜角度。其中角度值为正时，向右倾斜，角度值为负时向左倾斜。

（12）置为当前(C)按钮：当选择"样式"列表框中的文字选项后，单击该按钮，即可将选择的文等样式设置为当前文字样式。

（13）新建(N)...按钮：单击该按钮后，可打开"新建文字样式"对话框，在"新建文字样式"对话框中可输入新样式名，并创建新的文字样式。

（14）删除(D)按钮：当选择"样式"列表框中的文字选项后，单击该按钮，即可将选择的文字样式进行删除操作。

8.1.2　输入单行文字

当创建并设置好文字样式后，可使用文字命令对图形对象进行文字说明操作。输入单行文字是进行文字说明的常见方法，它主要用于创建文字内容较少的文字对象，而且文字都是以独立的对象存在，可对其进行重定位、调整格式或其他修改。调用单行文字命令，主要有如下几种方法。

（1）命令行：输入 Text 或 Dtext（DT）。

（2）功能区：选择"注释"｜"文字"组，单击"多行文字"按钮"A"下方的下拉按钮，在弹出的下拉列表中选择"单行文字"选项。

（3）菜单栏：在"AutoCAD 经典"工作空间中选择"绘图"｜"文字"｜"单行文字"。

下面将在"避雷器.dwg"图形文件中添加单行文字标注，标注的文字高度为"40"，旋转角度为"0"，标注文字为"避雷器"。其具体操作如下：

步骤 1：捕捉插入点。

（1）打开"避雷器.dwg"图形文件，在命令行中输入 Text 命令，按【Enter】键，执行该命令。

（2）在绘图区中捕捉避雷器图形下方的一点，单击鼠标左键。

当需要移动输入的文字时，可通过直接选择文字进行拖动，或使用 M 命令进行移动操作。

步骤 2：设置指定高度。

（1）在下方命令行中输入文字高度"40"，按【Enter】键，执行该命令。

（2）设置旋转角度为"0"。

单行文字是指用户创建的文字信息，每一段文字都是一个独立的对象，用户可分别对每一段文字进行编辑修改，而不影响其他文字对象。

步骤 3：输入文字。

在插入点位置处输入"避雷器"，并在绘图区的空白位置单击鼠标左键，完成文字的操作，并查看完成后的效果。

创建单行文字时，要指定文字样式并设置对齐方式，文字样式用于指定文字对象的默认特征；对齐方式决定字符与插入点的对齐格式。

8.1.3　输入多行文字

创建多行文字与单行文字不同，创建的多行文字信息是一个整体对象，用户可对多行文字的每一行进行编辑。不管创建文字说明的内容多少都可以使用该方法，调用创建多行文字说明命令的方法主要有如下几种。

（1）命令行：输入 Mtext（MT）。

（2）功能区：选择"注释"｜"文字"组，单击"多行文字"按钮。

（3）菜单栏：在"AutoCAD 经典"工作空间中选择"绘图"｜"文字"｜"多行文字"。

下面将根据以上任意一种方法，执行多行文字命令，在图形文件中对电路的设计进行相应的文字说明，其中主要包括建筑的设备安装及施工等信息。其具体操作如下：

步骤 1：指定文字起点。

（1）在命令行中输入 Mtext，按【Enter】键执行该命令。

（2）在绘图区适当位置指定文字边框的第一点和对角点。

在绘制文字边框时，绘制的边框大小与输入的文字多少无关。

步骤 2：编辑文字。

在打开的文字编辑框中输入多行文字的内容，并按【Enter】键进行段落间的分段。

使用多行文字输入文字之前，应指定文字边框的起点及对角点，文字边框用于定义多行文字对象中段落的宽度，多行文字对象的长度取决于文字量，而不是边框的长度。

步骤 3：修改标题样式。

（1）选择标题文字"电路设计说明"。

（2）在"样式"组的"文字高度"下拉列表框中输入"5"，按【Enter】键，指定文字的高度。

（3）在"段落"组中单击"居中"按钮 ☰ 。

步骤 4：编辑其他文字。

（1）选择其他文字，在"段落"组中单击"下划线"按钮 **U** 。

（2）单击"文字编辑器颜色库"右侧的下拉按钮。

（3）在弹出的下拉列表中选择"红"选项。

在多行文字对象中可以通过将格式（如下划线、粗体和不同的字体）应用到单个字符来替代当前文字样式。

步骤 5：完成编辑。

在绘图区任意位置单击鼠标左键，完成对多行文字的创建与编辑，并查看完成后的效果。

8.1.4　输入特殊字符

使用文字对图形进行说明时，除了使用汉字和字母外，有时还要输入一些特殊符号，如"*"不等于符号、"±"正负符号和"≈"约等于符号等，使用多行文字输入文字信息时，在"文字编辑器"选项卡的"插入"面板中单击"符号"按钮 **@** | 。在弹出的下拉列表中选择相应的选项，即可输入一些特殊的符号。下面对一些特殊符号的插入进行讲解。

首先需要通过将工作空间切换到"AutoCAD 经典"工作空间，然后单击"文字格式"工具栏中的"堆叠"按钮来完成。

"堆叠"按钮只对包含有"/""#"和"A"三种分隔符号的文本起作用。只有包含有这三种分隔符中的一种，"堆叠"按钮才呈激活状态，再单击该按钮即可进行相应的设置，下面将依次进行介绍。

"/"符号：选中包含该符号的文字说明，单击"堆叠"按钮 📊 可将符号左边的内容设置为分子，右边的内容设置为分母，并以上下排列方式进行显示。例如，在其中输入"H5/I3"文本，单击"堆叠"按钮与将创建配合公差。

"#"符号：选中包含该符号的文字说明，单击"堆叠"按钮 📊 即可将该符号左边的内容设为分子，右边的内容设为分母，并以斜排方式进行显示。例如，选择"3#8"文字说明并单击"堆叠"按钮，将创建分数效果。

"^"符号：选中包含该符号的文字说明，单击"堆叠"按钮 📊 可将该符号左边的内容设为上标，右边的内容设为下标。例如，输入文字 30＋0.035^－0.028，然后选择数字 30 后的文本"＋0.035^－0.028"，单击"堆叠"按钮 📊，将创建尺寸公差。

在单行文字中输入特殊符号时，除了使用"符号"按钮 @ 输入特殊符号外，同样可以采用在多行文本中输入特殊符号的方法来输入特殊符号。

在"特性"组中可以查看并修改多行文字对象的对象特性，其中包括仅适用于文字的特性。

8.2　编辑文本

通过单行文字或多行文字对图形进行文字说明时，难免会出现文字错误，当出现类似错误时，应及时对文字内容进行更改，而执行编辑文字命令，主要有如下几种方法。

（1）命令行：输入 Ddedit（ED）。

（2）菜单栏：在"AutoCAD 经典"工作空间中选择"修改"｜"对象"｜"文字"｜"编辑"。

（3）快捷菜单：在需要修改的文字上方单击鼠标右键，在弹出的快捷菜单中选择"修改多行文字"或"编辑文字"命令。

下面将打开"工程设计依据.dwg"图形文件，在其中的"建"字后定位插入点，并输入"设"字。其具体操作如下：

步骤 1：选中要修改的文字。

（1）打开"工程设计依据.dwg"图形文件，在命令行中输入 Ddedit，按【Enter】键执行编辑文字内容命令。

（2）在命令行中提示"选择注释对象或【放弃（U）】:"后，在绘图区中单击第四行文字内容。

步骤 2：更改文本。

选择的文本将呈可编辑状态，在"建"字后定位插入点，并输入"设"字，按【Enter】键确定文字内容的更改，再按【Enter】键，结束编辑文本命令。

在多行文字中插入"背景遮罩"，可以为文字添加不透明的背景，在文字下方的图形对象就会被遮住。

8.3　查找与替换文字

编辑文字内容只能对文本内容较少的文字进行编辑，当文字说明内容较多时，单个查找与修改将会很麻烦，此时，可使用查找和替换功能来快速查找与替换需要的文本，调用查找和替换命令的方法主要有如下几种。

（1）命令行：输入 Find。

（2）功能区：选择"注释"｜"文字"组，在"查找文字"文本框中输入内容，然后单击按钮 ![]。

菜单栏：在"AutoCAD 经典"工作空间中选择"编辑"｜"查找"。

在查找和替换文本时可以单击"查找"和"替换"按钮来逐个查找和替换文本，也可以单击"全部替换"按钮替换全部的文本，如图 8-3-1 所示。

图 8-3-1　查找和替换

下面将打开"设计依据.dwg 文件，将其中的"建设"文本全部替换为"建筑"。其具体操作如下：

步骤 1：打开"查找和替换"对话框。

打开"设计依据.dwg"文件，在"AutoCAD 经典"工作空间中选择"编辑"｜"查找"命令，打开"查找和替换"对话框。

在"查找和替换"对话框中选中 □列出结果(L) 复选框，可将查找的结果进行依次显示。

步骤 2：查找文字。

（1）在"查找内容"文本框中输入"建设"

（2）在"替换为"文本框中输入"建筑"。

（3）单击"替换（F）"按钮。

使用查找命令查找文字对象时，可以使用通配符，其中"#"匹配任意数字字符，"@"匹配任意字母字符。

步骤 3：全部替换。

（1）在绘图区中显示了查找到的内容。

（2）在"查找和替换"对话框中单击 全部替换(A) 按钮将文字全部替换。

若查找的对象不是需替换的文字，可单击按钮 查找下一处(F) ，进行下一个查找。

步骤 4：完成查找和替换文本。

（1）在打开的"查找和替换"提示对话框中单击 替换(R) 按钮。

（2）返回"查找和替换"对话框，单击按钮完成查找和替换文本。

8.4 在图形中添加表格

绘制图形时，为了将所绘制图形的多种介绍、说明等信息表达清楚，除了通过文字的解说外，还可通过表格进行信息的说明，在添加时需要先设置表格样式。完成表格的绘制后，还可在其中输入文字并编辑单元格等操作。

8.4.1 创建表格样式

在 AutoCAD 2014 的图形中添加表格时，可根据需要设置不同的表格样式。创建表格样式主要是在"表格样式"对话框中进行，调用表格样式命令，主要有如下几种方法。

（1）命令行：输入 Tablestyle（TS）。

（2）功能区：选择"默认" | "注释"组，单击"表格样式"按钮。

（3）菜单栏：在"AutoCAD 经典"工作空间中选择"格式" | "表格样式"。

根据以上任意一种方法，并执行该命令后，将打开"表格样式"对话框，用户可以对表格样式进行创建，或对已有的表格样式进行修改。下面将创建名为"建筑制图"的表格样式，并对表格的样式进行独立设置。其具体操作如下：

步骤 1：打开"表格样式"对话框。

选择"默认" | "注释"组，单击"表格样式"按钮，打开"表格样式"对话框，如图 8-4-1 所示。

步骤 2：设置新样式名。

（1）在打开的对话框中单击创建按钮，打开"创建新的表格样式"对话框。

（2）在"新样式名"文本框中输入名称，这里输入"建筑制图"

（3）单击 继续 按钮，如图 8-4-2 所示。

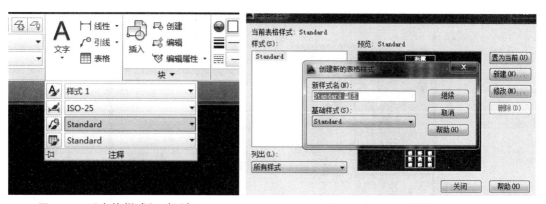

图 8-4-1 "表格样式"对话框　　　　图 8-4-2 设置新样式名

步骤 3：设置单元格样式。

（1）在"新建表格样式：建筑制图"对话框的"常规"栏的"表格方向"下拉列表框中选择"向下"选项。

（2）在"单元样式"栏中选择"常规"选项卡。

（3）在"页边距"栏中设置"水平"距离为"1.5"。

（4）设置"垂直"距离为"1.5"，如图8-4-3所示。

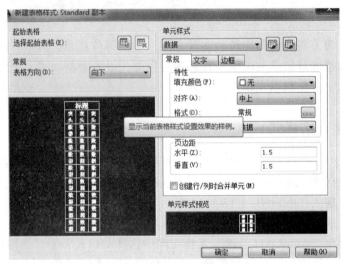

图 8-4-3 设置单元格样式

在"单元样式"下拉列表框中可以选择用于设置表格的具体部分。

步骤4：设置文字样式。

（1）在"单元格式"栏中选择"文字"选项卡。

（2）在"文字高度"栏中设置文字高度，这里设置高度为"6"。

（3）单击"文字颜色"右侧的下拉按钮，在弹出的下拉列表中选择"选择颜色"选项，如图8-4-4所示。

图 8-4-4 设置文字样式

在"新建表格样式：建筑制图"对话框中选中复选框，在创建行或列单元格时将合并创建的单元格。

步骤5：设置颜色。

（1）打开"选择颜色"对话框，在其中选择"索引颜色"选项卡。

（2）在下方显示的颜色索引中选择颜色"207"。

（3）单击"确定"按钮，如图 8-4-5 所示。

图 8-4-5　设置颜色

表格样式可以在每个类型的行中指定不同的单元样式，可以使文字和网格线显示不同的对正方式和外观。

步骤 6：设置边框。

（1）选择"边框"选项卡。

（2）在"特性"栏的"线宽"下拉列表框中选择"0.30 mm"选项。

（3）单击 确定 按钮，返回"表格样式"对话框，如图 8-4-6 所示。

图 8-4-6　设置边框

在"边框"选项卡中选中"双线"的复选框，可在下方的样式中选择"双线"样式。

步骤 7：完成设置。

（1）在"表格样式"对话框的"样式"列表框中选择"建筑制图"选项。

（2）单击 置为当前(U) 按钮，将表格样式设置为当前表格样式。

（3）单击 关闭 按钮，关闭"表格样式"对话框。

表格在建筑设计中常用于罗列灯具在绘制顶棚图时，可直接调样式或插座样式，用表格中的样式进行使用。

8.4.2 绘制表格

在完成表格样式的设置之后，即可根据表格样式来绘制表格，当插入表格后可以直接在表格里面输入文本。绘制表格主要是在"插入表格"对话框中进行，打开该对话框的方法主要有如下几种。

（1）命令行：输入 Table（TB）。

（2）功能区：选择"默认" | "注释"组，单击"表格"按钮。

（3）菜单栏：在"AutoCAD 经典"工作空间中选择"绘图" | "表格"。

根据以上任意一种方法，并执行该命令后，将打开"插入表格"对话框，在该表格中设置好创建表格的参数后，即可创建表格。

下面将插入一个列数为"8"，列宽为"60"，数据行数为"6"，行高为"2"，并设置第一行单元样式为"数据"的表格。其具体操作如下：

步骤 1：打开"插入表格"对话框。

启动 AutoCAD 2014，选择"默认" | "注释"组，单击"表格"按钮 ⊞ 表格 ，打开"插入表格"对话框。

绘制表格时，如果已经有一个或多个表格样式，可以在"表格样式"栏中选择表格样式来创建表格。

步骤 2：行列的设置。

（1）在打开对话框中的"插入方式"栏中选中 ⊙ 指定插入点(α) 单选按钮。

（2）在"列和行设置"栏中的"列数"文本框中输入"5"。

（3）在"列宽"文本框中设置列宽为"63.5"。

（4）将"数据行数"选项设置为"1"。

（5）将"行高"设置为"1"，如图 8-4-7 所示。

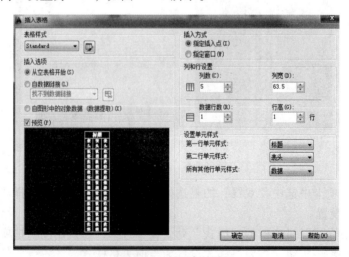

图 8-4-7　行列的设置

172

步骤 3：设置样式。

（1）在"设置单元样式"栏中将"第一行单元样式"设置为"数据"。

（2）将"第二行单元样式"也设置为"数据"。

（3）将"所有其他行单元样式"设置为"数据"。

（4）单击 确定 按钮，关闭"插入表格"对话框。

选中 预览(P) 复选框，可查看设置的效果取消选中 预览(P) 复选框，可将预览栏隐藏。

步骤 4：查看效果。

在命令行中提示"指定插入点:"后，在绘图区中拾取一点，指定表格的插入位置，并在插入的表格外单击鼠标左键，完成表格的绘制，当需要输入文字时，单击对应的表格，直接在其中进行文字的输入即可。

在"插入方式"栏中选中 指定窗口(W) 单选按钮后，列与行设置的两个参数中只能指定一个，而另一个将由窗口大小自动等分指定。

使用绘制表格命令创建表格时，"插入表格"对话框中各选项功能如下：

（1）表格样式：该下拉列表框用于选择表格样式，单击该下拉列表框右边的启动"表格样式"对话框按钮 ，将打开"表格样式"对话框，用户可以创建和修改表格样式。

（2） 从空表格开始(S) 单选按扭：选中该单选按扭，在创建表格时，将创建一个空白表格，然后用户可以手动输入表格数据。

（3） 从空表格开始(S) 单选按钮：选中该单选按钮，将选择以外部电子表格中的数据来创建表格。

（4） 自图形中的对象数据（数据提取）(X) 单选按钮：选中该单选按钮后，将根据当前图形文件中的文字数据来创建表格。

（5） 预览(P) 复选框：选中该复选框，预览窗口可以显示当前表格样式的样例。

（6） 指定插入点(I) 单选按钮：选中该单选按钮，在绘图区中只需要指定表格的插入点即可创建表格。

（7） 指定窗口(W) 单选按扭：选中该单选按钮，在插入表格时，将根据表格起点和端点的方法指定表格的大小和位置。

（8）列数：该数值框用于设置表格的列数。

（9）列宽：该数值框用于设置插入表格每一列的宽度值，当表格的插入方式为"指定窗口"方式时，"列"和"列宽"只有一个选项可用。

（10）数据行数：该数值框用于设置插入表格时总共的数据行。

（11）行高：该数值框用于设置插入表格每一行的高度值，当表格的插入方式为"指定窗口"方式时，"数据行数"和"行高"只有一个选项可用。

（12）第一行单元样式：该下拉列表框用于设置表格中第一行的单元样式。默认情况下，使用标题单元样式，也可以根据需要进行更改。

（13）第二行单元样式：该下拉列表框用于设置表格中第二行的单元样式，默认情况下，使用表头单元样式，也可以根据需要进行更改。

（14）所有其他行单元样式：该下拉列表框用于设置表格中所有其他行的单元样式，默认情况下，使用数据单元样式。

完成表格的插入后，在表格中选择某一个单元格，单击后将出现夹点，通过移动夹点可改变单元格大小。

8.5　编辑表格

在完成表格的绘制，并在表格中输入文字内容后，若发现表格文字输入错误或表格中的内容不符合要求时，可对表格进行编辑操作。编辑表格内容主要分为编辑表格文字和编辑表格单元格，下面将依次进行介绍。

8.5.1　编辑表格文字

编辑表格文字，即是对表格中的文字内容进行更改，编辑它需要在表格的文字呈编辑状态下进行，进入表格文字编辑状态的方法主要有如下两种。

（1）命令行：输入 Tabledit。

（2）双击：双击要进行编辑的表格文字。

下面将使用编辑表格文字内容命令，将"家居常用目录"表格中的"标题栏"修改为"蓝光别墅目录表"，"建筑常用图纸"修改为"装饰设计常用图纸"。其具体操作如下：

步骤 1：修改"标题栏"文本。

打开"接触网平面图.dwg"文件。双击"标题栏"单元格，进入文字编辑状态。删除"标题栏"文本并在其中输入"蓝光别墅目录表"文本，按【Enter】键完成编辑操作。

双击后表格周围将以灰色显示行号和列标，用户还可根据行号和列标确定表格的位置。

步骤 2：修改"图别"文本。

（1）利用方向键将鼠标光标移动到"建筑常用图纸"单元格上方。单击鼠标右键，在弹出的快捷菜单中选择"编辑文字"命令。

（2）此时单元格呈可编辑状态，在其中输入"装饰设计常用图纸"文本，按两次【Esc】键，退出编辑状态。

单击鼠标右键，在弹出的快捷菜单中选择"删除所有内容"命令，将删除单元格中的所有内容。

步骤 3：使用【F2】键编辑文本。

（1）利用方向键将鼠标光标移动到"4"单元格上方。按【F2】键，也可让该单元格呈编辑状态，在文本框中输入"3"。

（2）根据以上方法，将下方序号依次进行排序，并查看完成后的效果。

8.5.2　编辑表格单元格

编辑表格单元格，其操作主要是在"表格单元"选项卡中进行的，选择表格的任意单元格，将出现"表格单元"选项卡，单击相应的按钮，即可对表格进行相应的操作。

其各选项功能区的作用介绍如下：

表格行：在"行"组中，可以对单元格的行进行对应的操作，如单击"从上方插入"按钮，即可在选择的表格上方插入一行单元格；如单击"从下方插入"按钮，即可在所选择的单元格的下方插入一行单元格；单击"删除行"按钮，即可将所选择单元格所在的行全部删除。

表格列：在"列"组中，可对所选择的单元格的列进行对应操作。如单击"从左侧插入"

按钮，即可在所选择的单元格左侧插入一列单元格；单击"从右侧插入"按钮，可在选择的单元格右侧插入一列单元格。

合并单元格：在"合并"组中，可以将多个单元格合并为一个单元格，也可将已经合并的单元格进行拆分操作。合并单元格的方法为：选择多个连续单元格，并单击"合并单元"按钮，在弹出的下拉列表中选择一种合并方式即可；拆分单元格的方法为：在选择合并的单元格后，单击"取消合并单元"按钮，即可拆分合并的单元格。

单元样式：在该组中，主要可以设置表格文字的对齐方式、单元格的颜色以及表格的边框样式等。单击各个按钮或在下拉列表框选择相应参数即可。

单元格式：在该组中，可以确定是否将选择的单元格进行锁定或设置单元格的数据类型。

插入字段：在该组中，主要包括图块、字段、公式和管理单元内容等按钮，在其中利用公式可以进行求和、均值、计数、单元成方程式等操作。

表格数据：在该组中，可以设置表格数据，如将 Excel 中的数据与表格中的数据进行链接等操作。

下面将在"标题表格.dwg"图形文件中使用编辑表格和编辑文字的方法绘制并填写标题栏。其具体操作如下：

步骤 1：修改"标题栏"文本。

（1）打开"标题表格.dwg"文件，使用鼠标选择 A1：C2 单元格区域。单击鼠标右键，在弹出的快捷菜单中选择"合并"命令。

（2）在弹出的子菜单中选择"全部"命令。

在选择单元格时，需在要选择的单元格中间进行拖动选择，若只是单击某一个单元格，将只能选择单个单元格。

步骤 2：插入列。

将鼠标移动至 E 列上方，选择中间位置处，单击鼠标右键，在弹出的快捷菜单中选择"在右侧插入列"命令。

在插入列中，除了可在列上方进行插入外，还可选择单个单元格，并在"列"组上单击"从左侧插入"按钮 🔲，也可插入该列。

步骤 3：按列合并单元格。

（1）使用鼠标选择 E1：E2 单元格区域。

（2）选择"表格单元" ∣ "合并"，单击"合并单元"按钮，在弹出的下拉列表中选择"按列合并"选项。

在 AutoCAD 中，表格的基本操作与在 Excel 表格中的操作基本类似，在使用 AutoCAD 操作时，只需使用与 Excel 的相同方法进行操作即可。

步骤 4：合并全部单元格。

（1）使用鼠标选择 D4：F5 单元格区域。

（2）选择"表格单元" ∣ "合并"，单击"合并单元"按钮 🔲，在弹出的下拉列表中选择"合并全部"选项。

步骤 5：删除行。

（1）使用鼠标选择 A6：F8 单元格区域。

（2）选择"表格单元" ∣ "行"，单击"删除行"按钮 🔲。

在表格中若需要删除单一列时，还可在"列"组中单击"删除列"按钮 🔲，将选择的单元格所在列全部进行删除。

步骤 6：调整单元格大小。

选择 A4 单元格，当其呈夹点显示时，单击右侧中间夹点，当其呈红色显示时，使用鼠标向右进行拖动，当拖动到适当位置后，释放鼠标即可。

若需对单列或多列进行缩放，可选择需要缩放的列，单击中间夹点，直接拖动可进行整体大小的调整。

步骤 7：继续调整单元格大小。

选择 D1 单元格，当其呈夹点显示时，单击右侧中间夹点，当其呈红色显示时，使用鼠标向右进行拖动，当拖动到与 A4 单元格相应的位置后，释放鼠标即可完成大小的调整。

若需调整行宽，可选择需要调整的单元格，使其呈夹点显示，单击上方夹点向上下进行拖动，至适当的位置处释放鼠标即可。

步骤 8：设置字体。

（1）选择 A1 单元格，双击该单元格，使其呈可编辑状态，在其中输入"阀体"在"样式"组的"文字高度"文本框中输入"15"。

（2）按【Enter】键，指定文字的高度。

（3）在"格式"组的"字体"下拉列表框中选择"隶书"选项。

（4）在"段落"组中单击"对正"按钮 ，在弹出的下拉列表中选择"正中"选项。

步骤 9：输入其他文字。

根据以上设置方法，输入其他文字，并设置"文字高度"为"5"，"字体"为"楷体"。查看设置完成后的效果。

8.5.3　格式化多行文字

用多行文字编辑器设置并编辑多行文字的格式，并在对话框中输入文字。

（1）格式栏（见图 8-5-1）。

用于选择文字的样式和大小、控制字体及其效果、堆叠文字、改变文字颜色、添加特殊字符等。

（2）样式栏。用于改变文字框架中所有文字的特性，如定义文字样式、设置文字宽度以及对齐方式和文字的旋转角度等，如图 8-5-2 所示。

图 8-5-1　格式栏　　　　　　　　　　图 8-5-2　样式栏

（3）段落栏。在多行文字中设置所有行的间距，如图 8-5-3 所示。

图 8-5-3　段落栏

◆精确：所有的行间距必须相同。

◆单倍：从一行底部到下一行底部的垂直距离为单倍行距。单倍行距 = 1.66*字符高度。

◆至少：以一行中最大字符为基础设置行距（默认设置）。

◆其他间距：选择一个对象或在"x"后键入一个数字设置一个多重单行间距。精度为1.0 单位的间距输入 1，不要管文字的高度。

表格是在行和列中包含数据的复合对象。可以通过空的表格或表格样式创建空的表格对象。还可以将表格链接至 Microsoft Excel 电子表格中的数据。

随堂练习：绘制工作票，如表 8-5-1 所示。

表 8-5-1　工作票

接触网第一种工作票

×××＿＿＿接触网工区　　　　　　　　　　第××-××号

作业地点	××至××区间××#-××#（K11＋111-K22＋222）				发票人	××
作业内容	接触网关键设备维修				发票时间	2012 年 11 月 11 日
工作票有效期	自 1111 年 11 月 11 日 11 时 11 分至 2222 年 22 月 22 日 22 时 22 分止					
工作领导人	姓名：×××安全等级：（≥4）					
作业组成员姓名及安全等级（安全等级写在括号内）	×××（四）	×××（三）	×××（轨司）			
	×××（四）	×××（三）	×××（轨司）			
	×××（四）	×××（三）	×××（轨司）			
	×××（四）	×××（三）	×××（轨司）			
	×××（三）	×××（三）	×××（汽司）			
	×××（三）	×××（三）			共计 18 人	
需停电的设备	××牵引变电所×号馈线（××方向）×导馈线（××方向）接触网供电臂停电					
装设接地线的位置	×××至×××区间×××#、×××#（网、回）各 1 组，共计 4 组地线。验电时采用声响验电法验电					
作业区防护措施	1. ×××站运转室设驻站联络员兼行车防护 1 名（×××）。×××站运转室、××站运转室各设驻站防护员一名。 2. ×××站登记运统-46 封锁×××至××区间。 3. 作业区段两端 800 m 各设行车防护员 1 名					
其他安全措施	1. 全体成员按规定佩齐劳保用品，认真听读工作票、明确各自分工、作业地点、安全措施，备齐合格的工具、材料，有疑问及时提出，坚持安全作业。 2. 驻站联络员、邻站防护员与作业组、电调时刻保持联系，并按要求标画停电揭示牌，防止电力机车进入停电区域。 3. 监护人、接地线人员做好验电器的自检及有电设备上的试验，确认接地位置、按程序操作，地线不得触及人体，各部连接良好。 4. 高空作业人员作业时扎好安全带，严禁低挂高用，严防高空坠物。 5. 作业平台升降、转向时严禁人员上下，如需上下平台需征得平台操作人同意 6. 作业结束，地线全部拆除，确认人员、机具全部撤至安全地带，确保接触网设备良好。方可通知消除停电、封锁命令					
变更作业组成员记录						
工作票结束时间		年　　月　　日　　时　　分				
工作领导人			发票人			

第9章 尺寸标注

【本章导读】

在 AutoCAD 2014 中绘制的图形只能反映该图形的形状和结构，而文字标注主要是用于标注图形的表示文字，其真实大小必须通过尺寸标注来完成，这样才能准确、清楚地反映对象的大小和对象之间的关系，施工人员才能准确地进行施工。下面将介绍尺寸标注的组成，以及创建、修改和删除标注样式的方法。

【技能目标】

（1）了解尺寸标注的组成。
（2）熟悉尺寸标注样式的设置。
（3）掌握修改和删除标注样式的方法。
（4）熟悉不同的标注类型的使用方法。

9.1 尺寸标注样式

9.1.1 尺注标注的组成

一个完整的尺寸标注由尺寸界线、尺寸线、尺寸箭头和尺寸文本四部分组成。通常 AutoCAD 将构成一个尺寸的尺寸界线、尺寸线、标注文本、尺寸箭头以块的形式放在图形文件内，因此可以把一个尺寸看成一个对象，如图 9-1-1 所示。

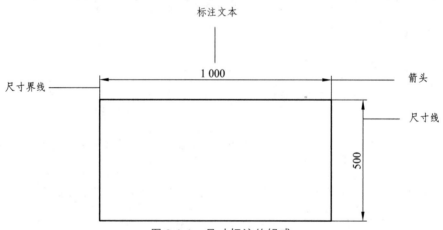

图 9-1-1 尺寸标注的组成

（1）尺寸文本：通常位于标注线上方或中断处，用于表示所选标注对象的实际测量值。可以使用由 AutoCAD 自动计算出的测量值，并可附加公差、前缀和后缀等。也可以自行指定文字或取消文字。

（2）尺寸界线：从被标注的对象延伸到尺寸线。为了标注清晰，通常用尺寸界线将尺寸引到实体之外，有时也可用实体的轮廓线或中心线代替尺寸界线。

（3）标注的范围。通常使用箭头来指出尺寸线的起点和端点。

（4）尺寸箭头：尺寸箭头用来标注尺寸线的两端，表明测量的开始和结束位置。AutoCAD提供了多种符号可供选择，也可以创建自定义符号。

（5）圆心标记和中心线：圆心标记是为圆和圆弧而设置的。

9.1.2 创建标注样式

尺寸标注是绘制图形时的一个重要组成部分，一个完整的尺寸标注主要由尺寸界线、尺寸线、标注文本、箭头和圆心标记以及一些相关的符号组成。

使用尺寸标注命令对图形进行尺寸标注时，首先应创建尺寸标注样式，并对标注样式进行设置，然后才能对图形进行标注，在打开的"标注尺寸样式管理器"对话框中可以创建及设置尺寸标注样式。调用标注样式命令，主要有如下几种方法。

（1）命令行：输入 Dimsytyle（D）。

（2）功能区：选择"默认" | "注释"组，单击"ISO-25"按钮。

（3）菜单栏：在"AutoCAD 经典"工作空间中选择"标注" | "标注样式"。

通过以上任意一种并执行标注样式命令后，将打开"标注样式管理器"对话框，在该对话框中即可对标注样式进行创建等操作。下面将创建名为"建筑标注"的标注样式，并在该标注样式的基础上创建名为"半径标注"的子样式。其具体操作如下：

步骤 1：标注样式管理器。

打开"直角三角形.Dwg"图形文件，选择"默认" | "注释"组，单击"ISO-25"按钮，打开"标注样式管理器"对话框，如图 9-1-2 所示。

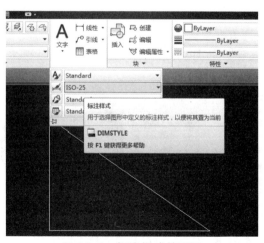

图 9-1-2 标注样式管理器

步骤 2：新建样式。

（1）单击按钮，打开"创建新标注样式"对话框。

（2）在"新样式名"文本框中输入"建筑标注"。

（3）单击 继续 按钮，如图 9-1-3 所示。

图 9-1-3　新建样式

在尺寸标注中，除了可设置基本标注外，还可在基本标注的下方设置子标注。设置子标注主要是为了在设置标注过程中，以设置好的标注为基础创建新的特性，当需要该标注时，只需单击按钮，即可对其进行运用。

对机械或建筑图形进行尺寸标注时，应根据机械制图或建筑制图的标注规范，分别穿件符号标注机械图形与建筑图形的标注样式。

步骤 3：更改参数。

打开"新建标注样式：建筑样式"对话框，在该对话框中对数据进行相关的设置，单击 确定 按钮，如图 9-1-4 所示。

步骤 4：创建子标注样式。

（1）返回"标注样式管理器"对话框，单击按钮，打开"创建新标注样式"对话框。

（2）在"用于"下拉列表框中选择"半径标注"选项。

（3）单击 继续 按钮，如图 9-1-5 所示。

图 9-1-4　更改参数

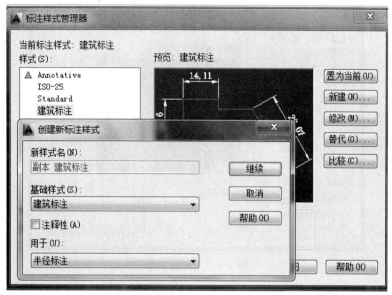

图 9-1-5　创建子标注样式

步骤 5：文字设置。

（1）打开"新建标注样式：建筑标注：半径"对话框，选择"文字"选项卡。

（2）在"文字对齐"栏中选中单选按钮。

（3）单击 确定 按钮，返回"标注样式管理器"对话框，如图 9-1-6 所示。

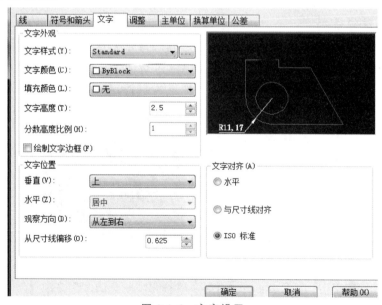

图 9-1-6　文字设置

步骤 6：完成设置。

（1）在"样式"列表框中选择"建筑标注"选项。

（2）单击 置为当前(U) 按钮，将其设置为当前标注样式。

（3）单击 关闭 按钮，关闭"标注样式管理器"对话框，如图 9-1-7 所示。

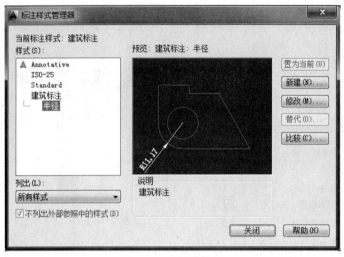

图 9-1-7　完成设置

9.1.3　修改标注样式

当认识了标注样式的创建方法后，可进一步了解修改标注样式的方法，标注样式可以在创建的时候进行设置，也可以在"标注样式管理器"对话框制的"样式"列表框中选择已有的标注样式后，单击 修改(M)... 按钮，对标注样式进行设置。主要设置内容包括线条、符号和箭头与文字等。

1. 设置标注线条

尺寸标注的线条主要指尺寸线和尺寸界线，其调整方法为：在"标注样式管理器"对话框中选择要进行修改的标注样式，然后单击 修改(M)... 按钮，在打开的"修改标注样式"对话框中选择"线"选项卡中（见图 9-1-8），各选项含义如下：

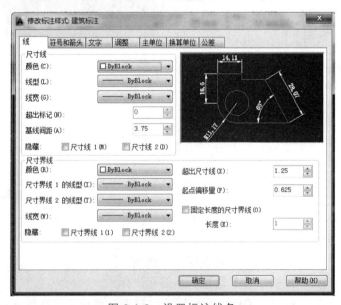

图 9-1-8　设置标注线条

182

颜色：在该下拉列表框中可选择尺寸线的颜色，一般为默认设置，还可设置"选择颜色"选项，在打开的"选择颜色"对话框中进行更多的设置。

线性：在该下拉列表框中可设置标注尺寸线的线型，还可以把"其他"选项，打开"选择线型"对话框，在其中可加载其他样式的线型。

线宽：在该下拉列表框中可选择尺寸线的线宽。

超出标记：主要用于设置尺寸线和超出尺寸界限的长度。当箭头样式为"建筑标注""倾斜"和"无"时，则该选项可用。

基线间距：该选项用于基线标注，主要用于设置尺寸线之间的距离。

隐藏：主要用于控制尺寸线的可见性。若选中某个复选框，将隐藏选中的尺寸线；若同时选中两个复选框，则可在标注时不显示尺寸线。

超出尺寸线：该选项主要用于设置尺寸界限超出尺寸线的距离。

起点偏移量：主要用于设置尺寸界线与标注对象之间的距离。

固定长度的尺寸界限：该选项可将标注尺寸的尺寸界线都设置成一样长，尺寸界线的长度还可以在"长度"文本框中指定。

2. 设置符号和箭头

设置符号和箭头的方法与设置标注线条的方法类似，在"修改标注样式"对话框的"符号和箭头"选项卡中，即可设置标注尺寸中箭头样式、箭头大小、圆心标记以及弧长符合等（见图 9-1-9）。"符号和箭头"选项卡中各选项含义介绍如下：

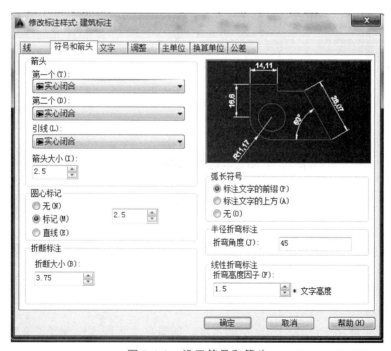

图 9-1-9　设置符号和箭头

第一个/第二个：主要用于设置尺寸标注中的第一个标注箭头与第二个标注箭头的外观样式，在建筑绘图时，通常将标注箭头设置为"建筑标记"或"倾斜"样式，而在机械绘图时，通常使用"实心闭合"样式。

引线：用于设定快速引线标注时的箭头类型。

箭头大小：该数值框用于设置尺寸标注中箭头的大小。

圆心标记：该栏主要用于设置是否显示圆心标记，一级设置圆心标记的类型及大小。当选中单位按钮后，在标注圆弧类图形时，可取消圆心标记功能；当选中单选按钮后，则标注处的圆心标记为"＋"；当选中直线单选按钮后，则标注出的圆心标记为中心线。

3. 设置标注文字

在"修改标注样式"对话框中选择"文字"选项卡可对尺寸标注中标注文本的参数进行设置，如设置尺寸标注的文字外观、文字位置和文字对齐等。

在"文字外观"栏中可对尺寸标注文本的外观进行设置，如文字样式、文字颜色、填充颜色和文字高度等（见图 9-1-10），其设置方法分别如下：

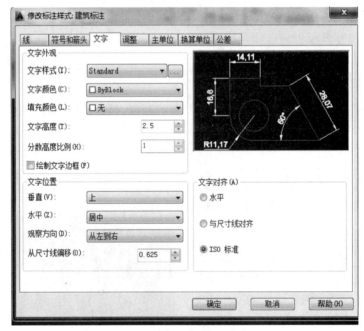

图 9-1-10　设置标注文字

文字样式：在该下拉列表框中显示了默认文字样式，标注文本将按照设定的文字样式参数进行显示。

文字颜色：在该下拉列表框中显示了常用文字颜色，当需要设置时，只需要选中该颜色选项即可。

填充颜色：在该下拉列表框中可选中文字的背景颜色，其设置方法与设置文字颜色的方法相同。

文字高度：主要用于设置标注文字的高度。如果在文字样式中设置了文字高度，则该数值框中的值将无效。

分数高度比例：主要用于设定分数形式字符与其他字符的比例。只有在"主单位"选项卡中选择"分数"作为"单位格式"时，此选项才可用。

绘制文字边框(F) 复选框：选中该复选框后，在进行尺寸标注时，标注的文字内容将添加上边框。

在"文字位置"栏中可对尺寸标注的标注文字所在位置进行设置，各栏的含义分别如下：

垂直：主要用于控制标注文字在尺寸线的垂直对齐位置。

水平：主要用于控制标注文字在尺寸线方向上相对于尺寸界线的水平位置。

观察方向：主要用于控制标注文字的观察方向。

从尺寸线偏移：该选项主要用于指定尺寸线到标注文字间的距离。

在"文字对齐"栏中可对尺寸标注中标注文字的对齐方式进行设置，其中各对齐方式的义分别如下：

◉ 水平单选按钮：主要用于将所有标注文字水平放置。

◉ 与尺寸线对齐单选按钮：主要用于将所有标注文字与尺寸线对齐，其中文字倾斜度与尺寸线倾斜度相同。

◉ ISO 标准 单选按钮：当标注文字在尺寸界线内部时，文字与尺寸线平行；当标注文字在尺寸线外部时，文字水平排列。

9.1.4 删除标注样式

在"标注样式管理器"对话框中不仅可创建不同的标注样式，也可以对多余的标注样式进行删除，从而利于管理标注样式。

下面将删除"平行四边形.dwg"图形文件中的"机械标注"标注样式。其具体操作如下：

步骤 1：设置当前标注样式。

（1）打开"平行四边形.dwg"图形文件，在命令行中输入 Dimstyle 命令，按【Enter】键，执行该命令。

（2）打开"标注样式管理器"对话框，在"样式"列表框中选择"建筑标注"标注样式。

（3）单击 置为当前(U) 按钮，将其设置为当前标注样式，如图 9-1-11 所示。

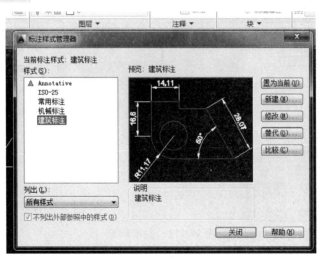

图 9-1-11　设置当前标注样式

步骤 2：删除标注。

（1）在"样式"列表框的"机械标注"标注样式上单击鼠标右键，在弹出的快捷菜单中选择"删除"命令。

185

（2）打开"标注样式"｜"删除标注样式"对话框，单击 是(Y) 按钮，确定对标注样式进行删除，如图 9-1-12 所示。

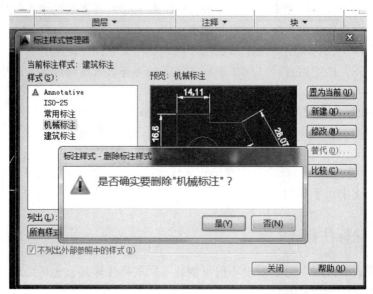

图 9-1-12　删除标注

步骤 3：完成删除。

返回"标注样式管理器"对话框，单击 关闭 按钮，完成删除标注样式的操作，如图 9-1-13 所示。

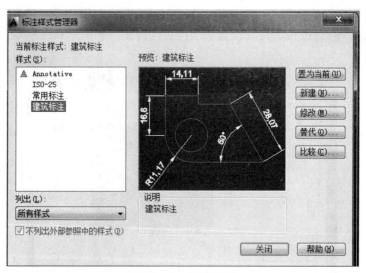

图 9-1-13　完成删除

9.1.5　修改平面图尺寸实例

下面将在"平面图尺寸.dwg"图形文件中对尺寸样式进行修改，并删除多余的标注样式。其最终效果如图 9-1-14 所示。

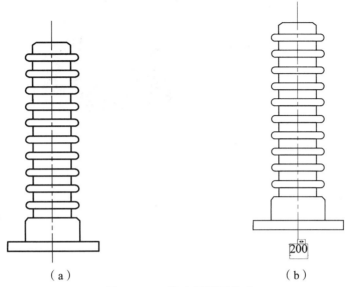

（a）   （b）

图 9-1-14　修改平面图尺寸

步骤 1：标注样式管理器。

（1）打开"平面图尺寸.dwg"图形文件，在命令行中输入 D 命令，按【Enter】键，执行该命令。

（2）打开"标注样式管理器"对话框，在"样式"列表框中选择"建筑标记"标注样式。

（3）单击 置为当前(U) 按钮，将其设置为当前标注样式，如图 9-1-15 所示。

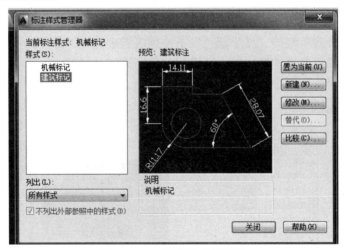

图 9-1-15　标注样式管理器

步骤 2：修改标注样式。

（1）单击 修改(M)... 按钮，打开"修改标注样式建筑标记"对话框，选择"线"选项卡。

（2）在"尺寸线"栏的"颜色"下拉列表框中选择"黑"选项。

（3）在"线宽"拉列表框中选择"0.20 mm"选项。

（4）在"尺寸界线"栏的"颜色"下拉列表框中选择"黑"选项。

（5）在"超出尺寸线"文本框中输入设置的超出尺寸线数值"200"，如图 9-1-16 所示。

187

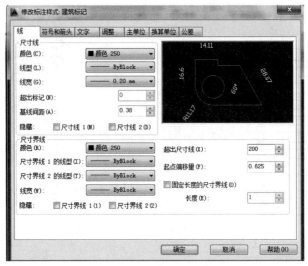

图 9-1-16　修改标注样式

步骤 3：修改符号和箭头。

（1）选择"符号和箭头"选项卡。

（2）将"箭头大小"设置为"120.000 0"。

（3）在"弧长符号"栏中选中 ◉ 标注文字的上方(A)按钮。

（4）在"半径折弯标注"栏的"折弯角度"文本框中输入弯度值"60"。

（5）在"线性折弯标注"栏的"折弯高度因子"文本框中输入折弯标注高度"3.000 0"。

步骤 4：文字设置。

（1）选择"文字"选项卡。

（2）在"文字外观"栏的"文字颜色"下拉列表框中选择"红"选项。

（3）在"文字高度"文本框中输入新设置的文字高度"300"。

（4）在"文字对齐"栏中选中"水平"单选按钮。

（5）单击 确定 按钮，如图 9-1-17 所示。

图 9-1-17　文字设置

步骤 5：修改文字样式。

（1）返回"标注样式管理器"对话框，单击置为当前按钮，将其设置为当前文字样式。

（2）在"样式"列表框中的"机械标记"标注样式上单击鼠标右键，在弹出的快捷菜单中选择"删除"命令。

（3）打开"标注样式" | "删除标注样式"对话框，单击 是(Y) 按钮，确定对标注样式进行删除处理，如图 9-1-18 所示。

图 9-1-18　修改文字样式

步骤 6：查看删除后的效果。

返回"标注样式管理器"对话框，单击 关闭 按钮，完成删除标注样式的操作，返回页面并查看设置后的效果。

9.2　标注图形尺寸

对尺寸标注样式进行设置后，便可以利用 AutoCAD 2014 的尺寸标注命令对图形进行标注，如对图形进行线性、对齐、角度、直径、半径、弧长和折弯半径标注等。下面将分别对其进行介绍。

9.2.1　线性标注

线性标注是最常用的标注方式之一，主要用于创建水平或垂直方向上的尺寸标注。调用"线性"命令的方法主要有如下几种。

（1）命令行：输入 Dimlinear（Dimlin）。

（2）功能区：选择"默认" | "注释"组，单击"线性"按钮。

（3）菜单栏：在"AutoCAD 经典"工作空间中选择"标注" | "线性"。

根据以上任意一种方法，并执行该命令后，将提示指定标注的第一条和第二条延伸线原点，然后再指定尺寸线的位置，即可标注线性尺寸标注。

下面将在"断路器平面图.dwg"图形文件中，对水平直线的长度与高度进行线性尺寸标注。

其具体操作如下：

步骤1：指定尺寸的第一个点。

打开"断路器平面图.dwg"图形文件。在状态栏的"对象捕捉"按钮立上单击鼠标右键，在弹出的快捷菜单中选择"端点"命令，启用"端点"对象捕捉功能，如图9-2-1所示。

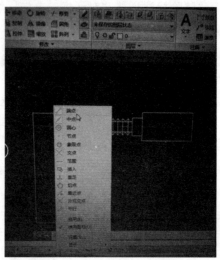

图9-2-1　指定尺寸的第一个点

步骤2：设置线性标注。

（1）在命令行中输入Dimlin命令，按【Enter】键，执行该命令。

（2）选择图形上方实线的端点为第一个点。

（3）选择图形上方实线的另一个端点为第二个点，如图9-2-2所示。

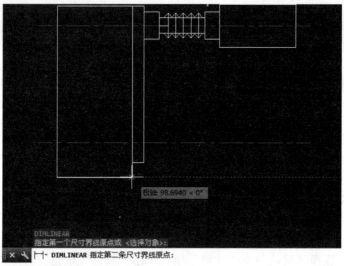

图9-2-2　设置线性标注

步骤3：确定尺寸位置。

在绘图区中需要确定尺寸的位置处单击鼠标，确定的位置，并查看标注后的效果，如图9-2-3所示。

190

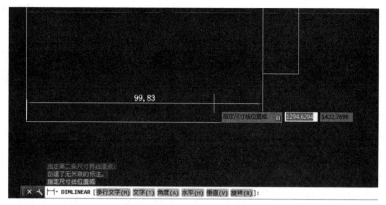

图 9-2-3 确定尺寸位置

步骤 4：标注其他尺寸。

再次按【Enter】键，捕捉对应断路器的两点，并对其进行尺寸标注，再查看标注后的效果，如图 9-2-4 所示。

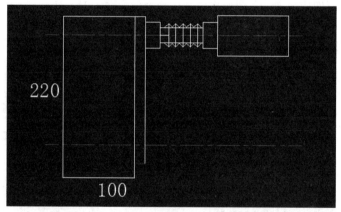

图 9-2-4 标注其他尺寸

步骤 5：查看完成后的效果。

选择标注，在命令行中输入移动命令"M"，按【Enter】键执行拖动命令。将标注向下拖动，当拖动到适当位置后，释放鼠标即可。拖动其他标注，并查看拖动后的效果，如图 9-2-5 所示。

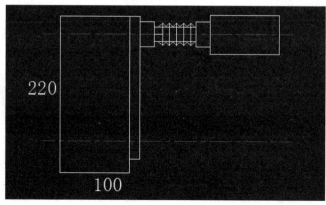

图 9-2-5 完成后效果

9.2.2　对齐标注

线性标注主要用于标注直线，若需标注一些具有角度的尺寸，如标注轴测图，可使用线性标注，再选择"旋转"选项来实现，但是这样会比较麻烦。这时就可使用对齐标注来快速地进行标注，调用"对齐"命令的方法主要有如下几种。

（1）命令行：输入 Dimaligned。

（2）功能区：选择"默认" | "注释"组，单击"线性"下拉按钮，在弹出的下拉列表中选择"对齐"选项。

（3）菜单栏：在"AutoCAD 经典"工作空间中选择"标注" | "对齐"。

使用"对齐"命令对图形进行标注时，其方法与线性标注相似，对齐标注的尺寸线平行于尺寸界线原点的连线。

下面将使用在命令行中输入命令的方法，调用"对齐"命令，为"轴测图"图形标注尺寸，其具体操作如下：

步骤 1：指定尺寸的第一个点。

（1）打开"平行四边形.dwg"图形文件。在命令行中输入 Dimaligned 命令，按【Enter】键，执行该命令。

（2）选择图形上方的端点为第一个点，如图 9-2-6 所示。

图 9-2-6　指定尺寸的第一个点

步骤 2：确定尺寸位置。

（1）选择图形上方的另一个端点为第二个点，单击鼠标左键。

（2）将鼠标向右进行移动，当移动到适当位置后，单击鼠标左键，确定尺寸位置，如图 9-2-7 所示。

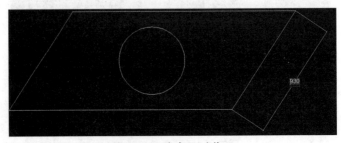

图 9-2-7　确定尺寸位置

步骤 3：标注其余尺寸。

使用相同的方法，利用对齐标注命令标注图形中其余的尺寸，完成标注，如图 9-2-8 所示。

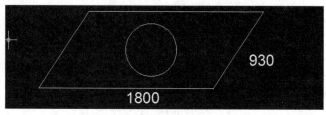

图 9-2-8　完成标注

9.2.3　角度标注

图形绘制完成后，对于带有角度的图形对象，可利用角度标注将角度值显示在图形中，调用"角度"命令的方法主要有如下几种。

（1）命令行：输入 Dimangular（Dimang）。

（2）功能区：选择"默认" | "注释"组，单击"线性"下拉按钮，在弹出的下拉列表中选择"角度"选项。

（3）菜单栏：在"AutoCAD 经典"工作空间中选择"标注" | "角度"。

下面将使用在命令行中输入命令的方法，调用"角度"命令，标注出"梯形.dwg"图形中的角度尺寸。其具体操作如下：

步骤 1：选择标注对象。

（1）打开"梯形.dwg"图形文件。在命令行中输入 Dimangular 命令，按【Enter】键，执行该命令。

（2）选择图形上方的圆弧为角度标注对象，如图 9-2-9 所示。

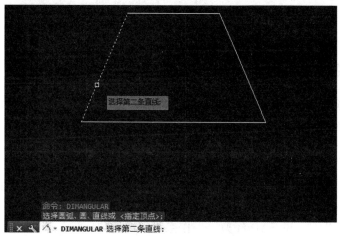

图 9-2-9　选择标注对象

步骤 2：确定标注位置。

在图形中选择第二条直线，单击鼠标左键，向上移动鼠标，在合适位置处单击鼠标确定角度尺寸位置，如图 9-2-10 所示。

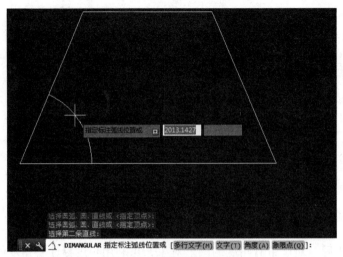

图 9-2-10　确定标注位置

步骤 3：标注其余尺寸。

使用相同的方法，利用角度标注命令标注图形中其余角度的尺寸，完成标注并查看完成后的效果，如图 9-2-11 所示。

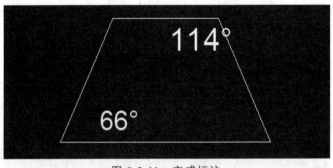

图 9-2-11　完成标注

9.2.4　直径标注

直径标注与前面讲的标注命令不同，它主要用于标注圆的直径尺寸。标注图形时，首先应选择要标注的图形对象，再指定直径标注的尺寸线位置。调用"直径"命令主要有如下几种方法。

（1）命令行：输入 Dimdiameter（Dimdia）。

（2）功能区：选择"默认" | "注释"组，单击"线性"下拉按钮，在弹出的下拉列表中选择"直径"选项。

（3）菜单栏：在"AutoCAD 经典"工作空间中选择"标注" | "直径"。

下面将在"火车.dwg"图形文件中利用"直径"命令，为火车中的圆进行直线标注。其具体操作如下：

步骤 1：选择标注对象。

（1）打开"火车.dwg"图形文件，在命令行中输入 Dimdia，按【Enter】键，执行该命令。

（2）在绘图区中，在需要标注的圆对象上单击鼠标左键，如图 9-2-12 所示。

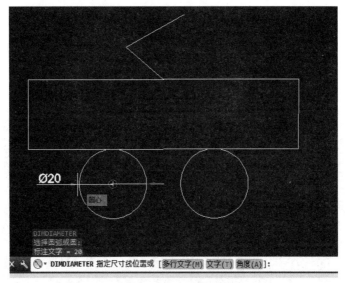

图 9-2-12　选择标注对象

步骤 2：选择标注位置。

通过移动鼠标确定标注的位置，单击鼠标左键确认直径标注的位置，并查看完成后的效果，如图 9-2-13 所示。

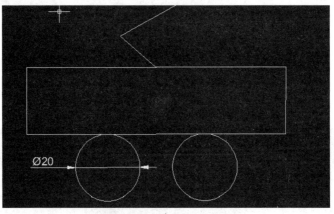

图 9-2-13　选择标注位置

9.2.5　半径标注

"半径"命令主要用于标注圆弧的半径尺寸，也可以将"半径"命令用于标注圆的半径。
调用"半径"命令主要有如下几种方法。

（1）命令行：输入 Dimradius（Dimrad）。

（2）功能区：选择"默认"｜"注释"组，单击"线性"下拉按钮，在弹出的下拉列表中选择"半径"选项。

（3）菜单栏：在"AutoCAD 经典"工作空间中选择"标注"｜"半径"。

下面在"火车.dwg"图形文件中,利用半径标注命令为火车中的圆进行半径标注。其具体操作如下:

步骤1:选择标注对象。

(1)打开"火车.dwg"图形文件,在命令行中输入 Dimradius,按【Enter】键,执行该命令。

(2)绘图区中选择需要标注的圆对象,单击鼠左键,如图9-2-14所示。

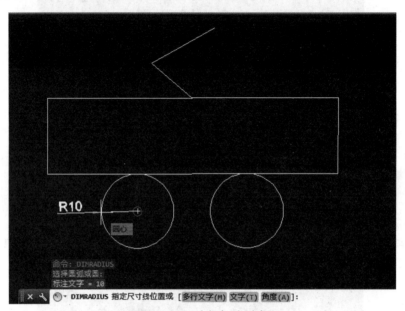

图9-2-14 选择标注对象

步骤2:选择标注位置。

通过移动鼠标确定标注的位置,单击鼠标左键,确认半径标注的位置,查看完成后的效果,如图9-2-15所示。

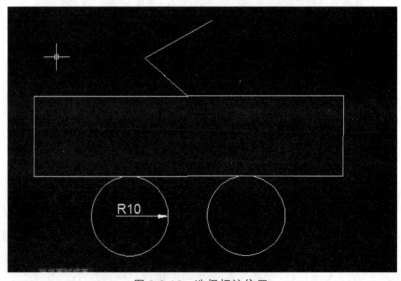

图9-2-15 选择标注位置

9.2.6 弧长标注

弧长标注与其他标注不同，它针对的图形对象只能是圆弧或多段线上的圆弧，其中标注的尺寸是指线段的曲线长度而不是直线长度。调用"弧长"命令主要有如下几种方法。

（1）命令行：输入 Dimarc。

（2）功能区：选择"默认"｜"注释"组，单击"线性"下拉按钮，在弹出的下拉列表中选择"弧长"选项。

（3）菜单栏：在"AutoCAD 经典"工作空间中选择"标注"｜"弧长"。

下面将使用在命令行中输入命令的方法，调用"弧长"命令，标注出"电感图"图形中的弧长尺寸。其具体操作如下：

步骤 1：选择标注对象。

（1）打开"电感.dwg"图形文件，在命令行中输入 Dimarc，按【Enter】键，执行该命令。

（2）选择图形中圆弧为弧长标注对象，如图 9-2-16 所示。

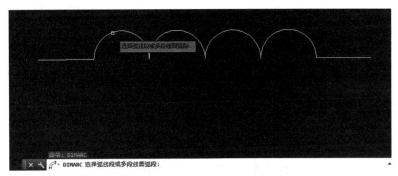

图 9-2-16　选择标注对象

步骤 2：确定标注位置。

将鼠标向上移动，在合适位置处单击鼠标确定角度标注尺寸位置，并查看标注效果，如图 9-2-17 所示。

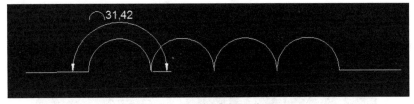

图 9-2-17　确定标注位置

9.2.7 折弯半径标注

折弯半径命令主要用于圆弧半径过大、圆心无法在当前布局中进行显示的圆弧。调用折弯半径命令主要有如下几种方法。

（1）命令行：输入 Dimjogged。

（2）功能区：选择"默认"｜"注释"组，单击"线性"下拉按钮，在弹出的下拉列表中选择"折弯"选项。

（3）菜单栏：在"AutoCAD 经典"工作空间中选择"标注"｜"折弯"命令。

根据以上任意一种方法，并执行该命令后，系统将提示选择要标注的图形对象，在绘图区合适位置单击，分别指定折弯标注的中心位置、尺寸线位置和折弯位置即可，如图 9-2-18 所示。

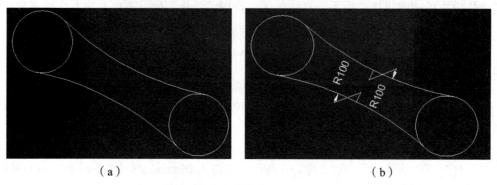

（a）　　　　　　　　　　　　　　　　（b）

图 9-2-18　折弯半径标注

9.2.8　连续标注

"连续"命令主要用于标注同方向上的连续性尺寸或角度尺寸，在使用"连续"命令对图形进行标注时，首先应对图形进行线性、对齐或角度等标注，然后才能创建与其相邻对象的尺寸标注。调用"连续"命令主要有如下几种方法。

（1）命令行：输入 Dimcont。

（2）功能区：选择"注释"｜"标注"组，单击"连续"按钮。

（3）菜单栏：在"AutoCAD 经典"工作空间中选择"标注"｜"连续"。

下面将使用在命令行中输入命令的方法，执行"连续"命令，在"供电臂.dwg"图形文件图形进行连续尺寸标注。其具体操作如下：

步骤 1：标注线性尺寸。

（1）打开"供电臂.dwg"图形文件，在命令行中输入 Dlmlin，按【Enter】键，执行标注命令。

（2）选择图形上方端点作为第一个点。

（3）选择图形上方的另一个端点作为第二个点，单击鼠标左键确定，如图 9-2-19 所示。

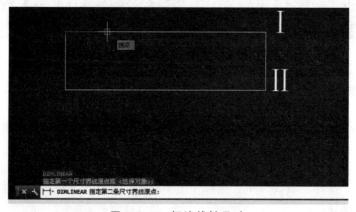

图 9-2-19　标注线性尺寸

步骤 2：确定尺寸位置。

将鼠标向上移动，当移动到适当位置后，单击鼠标确定尺寸位置，如图 9-2-20 所示。

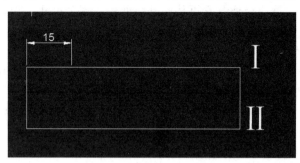

图 9-2-20　确定尺寸位置

步骤 3：连续标注。

（1）在命令行中输入 Dimcont，按【Enter】键，执行连续标注命令。

（2）单击右边供电臂的端点，按【Esc】键，退出命令，如图 9-2-21 所示。

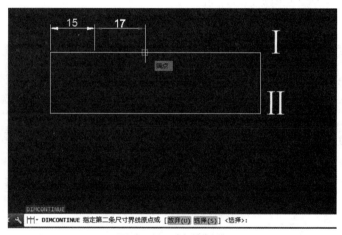

图 9-2-21　连续标注

步骤 4：完成设置。

根据以上方法，先使用标注命令标注其他线段，再使用连续标注命令标注其他尺寸，并查看完成后的效果，如图 9-2-22 所示。

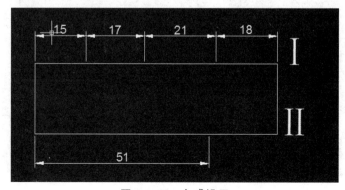

图 9-2-22　完成设置

9.2.9 基线标注

"基线"命令与连续标注类似，它可从同基线处标注多个尺寸，"基线"命令也需要以已有的尺寸标注为基准，调用基线标注命令的方法主要有如下几种。

（1）命令行：输入 Dimbaseline。

（2）功能区：选择"注释"｜"标注"组，单击"连续"按钮右侧的下拉按钮，在弹出的下拉列表中选择"基线"选项。

（3）菜单栏：在"AutoCAD 经典"工作空间中选择"标注"｜"基线"。

根据以上任意一种方法，并执行该命令后，依次单击对应的端点，即可进行基线标注。下面将使用在命令行中输入命令的方法，利用"线性"命令和"基线"命令标注出"轴承.dwg"图形中的尺寸。其具体操作如下：

步骤 1：标注线性尺寸。

（1）打开"零件.dwg"图形文件，在命令行中输入 DAL 命令，按【Enter】键，执行标注命令。

（2）选择图形上方端点作为第一个点。

（3）选择图形上方的另一个端点作为第二个点，单击鼠标左键确定，如图 9-2-23 所示。

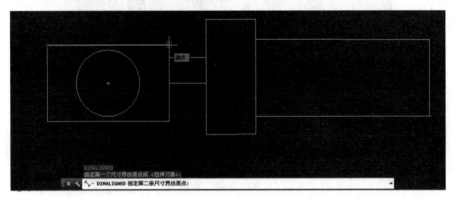

图 9-2-23　标注线性尺寸

步骤 2：完成尺寸标注。

将鼠标向上移动到适当位置，单击鼠标左键确定尺寸位置，如图 9-2-24 所示。

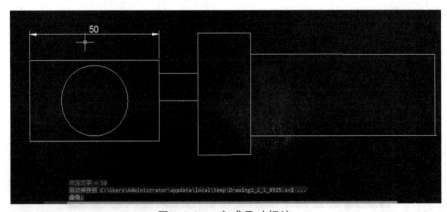

图 9-2-24　完成尺寸标注

步骤 3：基线标注。

在命令行中输入 Dimbaseline，按【Enter】键，执行基线标注命令。依次单击需要标注尺寸的端点，并查看完成后的效果，如图 9-2-25 所示。

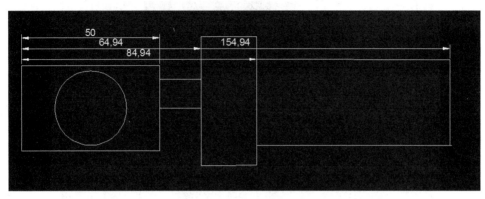

图 9-2-25　基线标注

9.2.10　多重引线标注

"多重引线"命令常用于对图形中某特定的对象进行说明，从而使图形表达更清楚。调用"多重引线"命令的方法主要有如下几种。

（1）命令行：输入 Mleader。

（2）功能区：选择"注释"｜"引线"组，单击"多重引线"按钮。

（3）菜单栏：在"AutoCAD 经典"工作空间中选择"标注"｜"多重引线"。

根据以上任意一种方法，并执行该命令后，将提示指定多重引线箭头位置和基线位置，在使用多重引线标注命令对图形进行标注说明的过程中，其文字信息并非系统产生的尺寸信息，由用户指定标注的文字信息。

下面将使用在命令行中输入命令的方法，修改默认"Standard"多重引线样式中的箭头符号改为"点"符号，将引线、文字颜色改为"红"色，然后利用多线引线标注命令为"轴承"装配图标注序号。其具体操作如下：

步骤 1：修改多重引线样式。

（1）打开"零件 1.dwg"文件，并在命令行中输入 Mleaderstyle，按【Enter】键，打开"多重引线样式管理器"对话框。

（2）单击 修改(M)... 按钮，打开"修改多重引线样式：Standard"对话框，如图 9-2-26 所示。

步骤 2：修改引线格式。

（1）在"修改多重引线样式：Standard"对话框的"常规"栏的"颜色"下拉列表框中选择"红"选项。

（2）在"箭头"栏的"符号"下拉列表框中选择"点"选项。

（3）在"大小"文本框中输入新设置的大小值"3"，如图 9-2-27 所示。

201

图 9-2-26　修改多重引线样式

图 9-2-27　修改引线格式

步骤 3：修改文字颜色。

（1）选择"内容"选项卡。

（2）在"文字选项"栏的"文字样式"下拉列表框中选择"工程字体（直）"选项。

（3）在"文字颜色"下拉列表框中选择"红"选项。

（4）在"文字高度"文本框中输入"5"。

（5）单击确定按钮，完成修改，如图 9-2-28 所示。

步骤 4：完成设置。

（1）返回"多重引线样式管理器"对话框，单击 置为当前 (U) 按钮，将其设置为当前样式。

（2）单击 关闭 按钮，关闭"多重引线样式管理器"对话框，如图 9-2-29 所示。

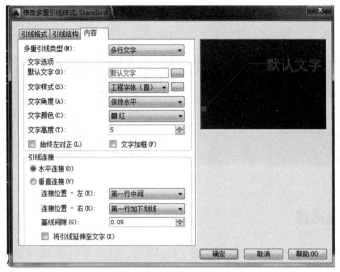

图 9-2-28 修改文字颜色

图 9-2-29 完成设置

步骤 5：指定引线箭头位置。

（1）在命令行中输入 Mleader，按【Enter】键执行该命令。

（2）在图形的轴承中单击鼠标，指定引线箭头位置。

（3）在绘图区合适的位置处单击鼠标，指定引线箭头位置。

（4）在弹出的文本框输入窗口中输入序号"1"，在绘图区的其余位置单击，完成标注，如图 9-2-30 所示。

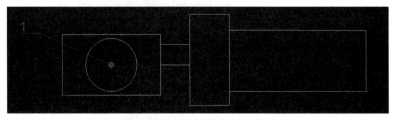

图 9-2-30 指定引线箭头位置

步骤 6：标注其余的序号。

使用相同的方法为"轴承"图形中其余的轴承进行序号标注，如图 9-2-31 所示。

图 9-2-31　标注其余序号

9.2.11　公差标注

公差标注与其他标注不同，从零件的使用功能看，要求零件的几何量在某一范围内变动，允许变动的范围就是公差。在机械制造中，公差的目的在于确定产品的几何参数，使其在范围内变动，以便达到互换或配合的要求。常用的公差标注包括尺寸公差和形位公差两种，下面将分别介绍。

1. 尺寸公差

尺寸公差是指允许零件尺寸的变动量，尺寸公差可以保证零件的通用性，也是生产加工和零件必须具备的要求，标注尺寸公差前需要设置参数。其方法为打开"标注样式管理器"框，在其中单击修改按钮，在打开对话框的"公差"选项卡中进行设置，设置完成后通过置为当前标注命令进行标注。

下面将在"机件.dwg"图形文件中修改默认"机械制图"标注样式中的"公差格式"参数，设置"方式"为"极限偏差"，"精度"为"0.00"，"上偏差"为"0.03"，"下偏差"为"0.1"，"度比例"为"1"，然后对"机件"图形进行尺寸公差标注。其具体操作如下：

步骤 1：打开修改标注样式对话框。

（1）打开"机件.dwg"文件，在命令行中输入 Dimstyle，按【Enter】键打开"标注样式管理器"对话框。

（2）单机 修改(M)... 按钮，打开"修改标注样式机制图"对话框，如图 9-2-32 所示。

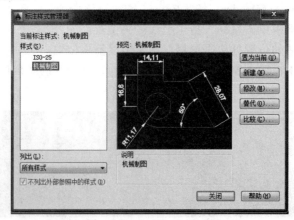

图 9-2-32　打开修改标注样式对话框

步骤 2：选择方式。

（1）在打开的对话框中选择"公差"选项卡。

（2）在"公差格式"栏的"方式"下拉列表框中选择"极限偏差"选项。

（3）在"精度"下拉列表框中选择"0.00"选项。

（4）在"上偏差"文本框中输入偏差值"0.03"。

（5）在"下偏差"文本框中输入偏差值"0.1"。

（6）在"高度比例"文本框中输入偏差值"1"。

（7）在"垂直位置"下拉列表框中选择"中"选项。

（8）单击 确定 按钮，如图 9-2-33 所示。

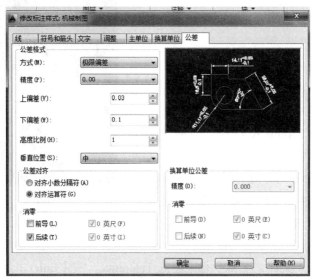

图 9-2-33　选择方式

步骤 3：完成设置。

（1）返回"标注样式管理器"对话框，单击 置为当前(U) 按钮，将其设置为当前样式。

（2）单击 关闭 按钮，关闭"标注样式管理器"对话框，如图 9-2-34 所示。

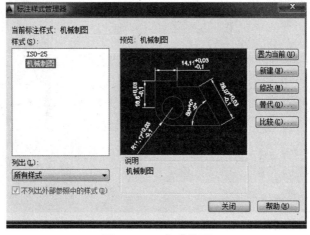

图 9-2-34　完成设置

205

步骤 4：标注尺寸。

（1）在命令行中输入 DAL 命令，按【Enter】键执行该命令。

（2）选择图形左方端点作为第一个点。

（3）选择图形右方的另一个端点作为第二个点，单击鼠标左键确定，将鼠标向上移动到适当位置后单击鼠标左键，确定尺寸位置，查看完成后的效果，如图 9-2-35 所示。

2. 形位公差

形位公差包括形状公差和位置公差，它是指导生产、检验产品和控制质量的技术依国家标准规定。在 AutoCAD 中标注形位公差主要在"形位公差"对话框中进行，调用公差标注命令主要有如下几种方法。

（1）命令行：输入 Tolerance。

（2）功能区：选择"注释"｜"标注"组，单击"公差"按钮。

（3）菜单栏：在"AutoCAD 经典"工作空间中选择"标注"｜"公差"。

下面将使用在命令行中输入命令的方法，为"螺栓"图形标注圆柱度形位公差，其的公差数值为"0.05"。其具体操作如下：

步骤 1：打开"形位公差"对话框。

打开"零件.dwg"文件，在命令行中输入 Tolerance，按【Enter】键，打开"形位公差"对话框，如图 9-2-36 所示。

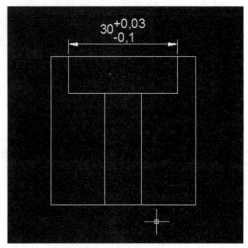

图 9-2-35　标注尺寸

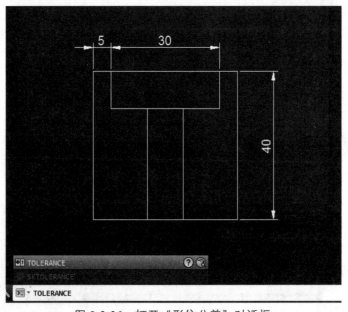

图 9-2-36　打开"形位公差"对话框

步骤 2：选择形位公差符号。

（1）单击该对话框中"符号"选项下的黑色框，打开"特征符号"对话框。在该对话框中单击" 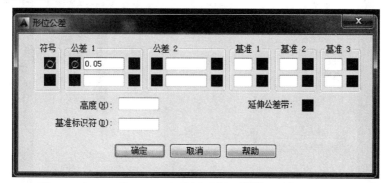 "符号，返回"形位公差"对话框。

（2）单击"公差 1"选项下的黑色框，出现直径符号。

（3）文本框中输入"0.05"。

（4）单机 确定 按钮，关闭"形位公差"对话框，如图 9-2-37 所示。

图 9-2-37　选择形位公差符号

步骤 3：指定形位公差位置。

在绘图区中捕捉螺柱上方指引线的端点，单击鼠标左键指定形位公差位置，查看完成后的效果，如图 9-2-38 所示。

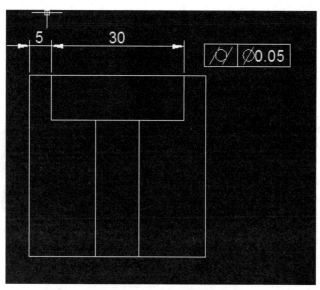

图 9-2-38　指定形位公差位置

下面将综合利用所学的尺寸标注、基线尺寸标注、半径尺寸标注、引线标注、角度尺寸标注和直径尺寸标注等功能标注齿轮轴套尺寸。

步骤 1：创建标注样式。

（1）打开"齿轮轴套.dwg"图形文件，在"AutoCAD 经典"工作空间的命令行中输入 D 命令，按【Enter】键执行该命令。

（2）打开"标注样式管理器"对话框，单击 新建(N)... 按钮。

（3）打开"创建新标注样式"对话框，在"新样式名"文本框中输入名称"机械标注"。

（4）单击 继续 按钮，如图 9-2-39 所示。

图 9-2-39　创建标注样式

步骤 2：设置线样式。

（1）打开"新建标注样式：机械标注"对话框，在其中选择"线"选项卡。

（2）在"尺寸线"栏的"基线间距"文本框中输入间距值"6"。

（3）在"超出尺寸线"文本框中输入"2"。

（4）在"起点偏移量"文本框中设置起点偏移量的值为"0"，如图 9-2-40 所示。

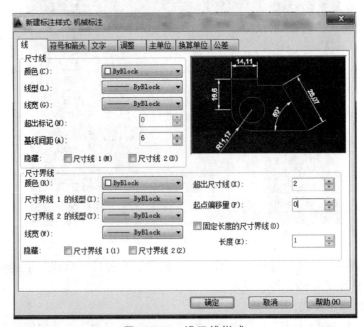

图 9-2-40　设置线样式

步骤 3：设置符号和箭头。

（1）选择"符号和箭头"选项卡。

（2）在"箭头"栏的"箭头大小"文本框中设置箭头大小为"3"。

（3）在"圆心标记"栏中选中标记按钮并在其后的文本框中输入标记值"3"，如图 9-2-41 所示。

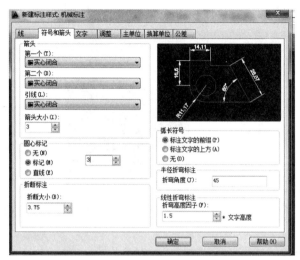

图 9-2-41　设置符号和箭头

步骤 4：设置文字。

（1）选择"文字"选项卡。

（2）在"文字外观"栏的"文字样式"下拉列表框中选择"SZ"选项。

（3）在"文字高度"文本框中输入文字高度值"4"。

（4）"文字位置"栏的"从尺寸线偏移"文本框中输入偏移值"2"。

（5）在"文字对齐"栏中选中 ⊙与尺寸线对齐 单选按钮。

（6）单击 确定 按钮，如图 9-2-42 所示。

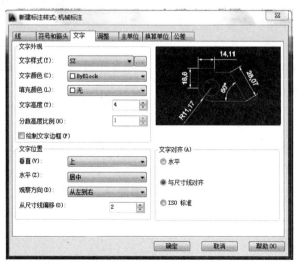

图 9-2-42　设置文字

209

步骤 5：添加子标注样式。

（1）返回"标注样式管理器"对话框，使用创建子标注样式的方法创建"直径"和"半径"的子标注样式。

（2）完成后在"样式"列表框中选择"机械标注"选项。

（3）单击 [置为当前(U)] 按钮。

（4）最后单击 [关闭] 按钮返回绘图区，如图 9-2-43 所示。

图 9-2-43　添加子标注样式

步骤 6：标注线段。

（1）在命令行中输入 DAL 命令，按【Enter】键，执行标注命令。

（2）选择图形上方端点作为第一个点。

（3）选择图形下方的另一个端点作为第二个点，单击鼠标左键确定，将鼠标向右进行移动，当移动到适当位置后，单击鼠标左键确定尺寸位置。

步骤 7：插入直径符号。

（1）双击标注文字，打开"文字格式"对话框，在其中单击"符号"按钮@。

（2）在弹出的下拉列表中选择"直径"选项，在文字左侧将添加直径符号。

（3）单击 [确定] 按钮，完成编辑。

步骤 8：标注其他直径。

使用相同的方法编辑其他直径，并在其中添加直径符号。查看完成后的效果。

步骤 9：基线标注。

（1）使用 DAL 命令基本标注其他线段，完成后命令行中输入 Dimbaseline，按【Enter】键，执行基线标注命令。

（2）依次单击需要标注尺寸的端点，完成后，按【Esc】键，退出基线标注。

步骤 10：半径标注。

（1）在命令行中输入 Dimrad，按【Enter】键执行半径标注命令。

（2）选择需要标注半径的圆弧，单击鼠标左键。

（3）向左拖动鼠标，确定尺寸线位置，并查看完成后的效果。

步骤 11：引线标注。

（1）在命令行中输入 Leader，按【Enter】键，执行"引线"命令。

（2）捕捉离齿轮轴套主视图上圆角最近的点，拖动鼠标在适当位置处单击，确定第一点。

（3）打开正交功能，向右拖动鼠标，在适当位置处单击鼠标左键，并按【Enter】键。

（4）在下方命令行中输入"R1"，按两次【Enter】键，确定引线标注。

步骤12：连接引线。

（1）按【Enter】键捕捉高齿轮轴套主视图上部右端圆角最近的一点。

（2）通过对象捕捉功能，捕捉上个引线端点，拖动鼠标至适当位置后单击鼠标左键。

（3）捕捉上一个引线端点，将其连接，完成后按【Esc】键。

步骤13：设置角度约束。

（1）在命令行中输入 Qleader，按【Enter】键，执行"引用"命令。

（2）在下方命令行中选择"设置"选项，或输入"S"，打开"引线设置"对话框。

（3）在其中选择"引线和箭头"选项卡。

（4）在"角度约束"栏的"第二段"下拉列表框中选择"45°"选项，如图 9-2-44 所示。

步骤14：设置附着。

（1）选择"附着"选项卡。

（2）在下方选中最后一行下划线复选框。

（3）单击 确定 按钮，如图 9-2-45 所示。

图 9-2-44　设置角度约束

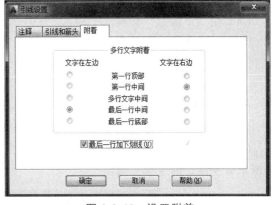

图 9-2-45　设置附着

步骤15：捕捉端点。

（1）捕捉齿轮轴套主视图中上端倒角的端点并单击鼠标左键。

（2）拖动鼠标，在适当的位置单击鼠标左键，捕捉其角点。

（3）再次拖动鼠标，在适当位置处单击鼠标左键，并按【Enter】键。

（4）在其下方命令行中输入多行文字"1×45%%d"，按两次【Enter】键确定输入。

步骤16：绘制直径。

（1）在命令行中输入 Dimdia，按【Enter】键，执行该命令。

（2）在绘图区中选择需要标注的圆对象，单击鼠标左键。通过移动鼠标选择标注的位置，并单击鼠标左键，确认直径标注的位置。查看完成后的效果。

步骤17：修改标注样式。

（1）在命令行中输入 D 命令，按【Enter】键，打开"标注样式管理器"对话框。

（2）单击 修改(M)... 按钮，打开"修改标注样式机械标注"对话框，如图 9-2-46 所示。

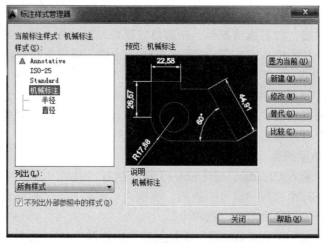

图 9-2-46　修改标注样式

步骤 18：设置公差。

（1）选择"公差"选项卡。

（2）在"公差格式"栏的"方式"下拉列表框中选择"极限偏差"选项。

（3）在"上偏差"文本框中输入"0.05"。

（4）在"下偏差"文本框中输入"0.01"。

（5）在"高度比例"文本框中输入"1"。

（6）单击 **确定** 按钮，返回并关闭"标注样式管理器"对话框，如图 9-2-47 所示。

步骤 19：绘制公差。

（1）在命令行中输入 DAL 命令，按【Enter】键，执行该命令。

（2）选择图形左方端点作为第一个点。

（3）选择图形右方的另一个端点作为第二个点，将鼠标向上移动，当移动到适当位置后，单击鼠标左键，确定尺寸位置。

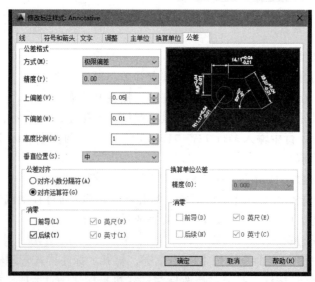

图 9-2-47　设置公差

9.3 编辑尺寸标注

当标注图形尺寸后，如未能达到预期的效果，还可对尺寸标注进行编辑操作，如编辑尺寸属性、修改尺寸标注文字的内容、编辑标注文字的位置、调整标注间距、更新标注和关联标注等，下面将分别对其进行介绍。

9.3.1 编辑尺寸标注属性

编辑尺寸标注的属性主要是在"特性"选项面板中进行，打开该面板可通过在尺寸标注中，单击鼠标右键，在弹出的快捷菜单中选择"特性"命令或直接双击尺寸标注即可。在其中除了可设置颜色外，还可使用其他文字替换标注文本。

下面将通过双击尺寸打开"特性"选项面板，然后更改"活动钳身.dwg"图形文件中的标注特性，最后在相应的文字左侧添加直径标注"ϕ"。其具体操作如下：

步骤 1：打开"特性"选项面板。

（1）打开"活动钳身.dwg"图形文件，在绘图区中选择所有的尺寸标注。

（2）单击鼠标右键，在弹出的快捷菜单中选择"特性"命令，打开"特性"选项面板。

步骤 2：修改常规属性。

（1）在"常规"栏的"颜色"下拉列表框中选择"红"选项。

（2）在"直线和箭头"栏的"箭头 1"下拉列表框中选择"建筑标记"选项。

（3）在"箭头 2"下拉列表框中选择"建筑标记"选项。

（4）在"箭头大小"文本框中输入新设置的箭头大小值"4"。

步骤 3：修改文字属性。

（1）在"字体"栏的"文字颜色"下拉列表框中选择"蓝"选项。

（2）在"文字高度"文本框中输入新的高度值"3"。

（3）在"文字偏移"文本框中输入新的偏移值"1"。

步骤 4：旋转文字。

（1）取消选择的尺寸标注，再选择带有"65"的尺寸标注。

（2）在"文字"栏的"文字偏移"文本框中输入新的偏移值"3"。

（3）在"文字旋转"文本框中输入新的旋转值"30"。

步骤 5：修改主单位属性。

（1）取消选择的尺寸标注，再选择带有"29"和"24"的尺寸标注。

（2）根据以上设置方法，在"主单位"栏的"标注前缀"文本框中输入直径符号"ϕ"。

（3）单击"关闭"按钮口，关闭选项面板。

步骤 6：查看完成后的效果。

返回绘图区，按【Esc】键，可看到设置的区域改变。

9.3.2 编辑标注文字

编辑尺寸标注文字主要包括对标注文字进行倾斜、文字角度、左对正、居中对正和右对正等操作。编辑尺寸标注文字的位置可以通过执行文字角度命令，选择相应的选项或选择"注释"｜"标记"组，单击相应按钮来进行设置，下面将依次进行介绍。

倾斜：将标注文字进行倾斜操作，可以通过在命令行中输入 Dimedit，再在命令行中输入"0"，选择"倾斜"选项，或选择"注释"｜"标注"组，单击"倾斜"按钮，或选择"标注"｜"倾斜"命令后选择需要编辑的尺寸标注对象，并输入倾斜的度数，按【Enter】键执行该命令。

文字角度：将标注文字进行角度操作，可以通过在命令行中输入 Dimtedit，再在命令行中输入"A"，选择"角度"选项，或选择"注释"｜"标注"组，单击"文字角度"按钮，或选择"标注"｜"对齐文字"｜"文字角度"命令后选择需要编辑的尺寸标注对象，并输入角度的度数，按【Enter】键执行该命令。

左对正：将标注文字进行左对正操作可以通过在命令行中输入 Dimtedit。选择尺寸标注对象后，在命令行中输入"L"，选择"左对齐"选项，或先选择"注释"｜"标注"组，单击"左对正"按钮，或选择"标注"｜"对齐文字"｜"左"命令后选择需要编辑的尺寸标注对象。

右对正：将标注文字进行右对正操作，可以通过在命令行中输入 Dimtedit。选择尺寸标注对象后，在命令行中输入"R"，选择"右对齐"选项，或先选择"注释"｜"标注"组，单击"右对正"按钮，或选择"标注"｜"对齐文字"｜"右"命令后选择需要编辑的尺寸标注对象。

居中：将标注文字进行居中对正操作，可以通过在命令行中输入 Dimtedit。选择尺寸标注对象后，在命令行中输入"C"，选择"居中"选项，或先选择"注释"｜"标注"组，单击"居中对正"按钮，或选择"标注"｜"对齐文字"｜"居中"命令后选择需编辑的尺寸标注对象。

9.3.3　编辑尺寸标注间距

在标注完尺寸后，如果标注的尺寸线之间的距离不相等，可使用调整间距命令将平行尺寸线之间的距离设置为相等，以便更好地观看图形，调用标注间距命令的方法主要有如下几种。

（1）命令行：输入 Dimspace。

（2）功能区：选择"注释"｜"标注"组，单击"调整间距"按钮。

（3）菜单栏：在"AutoCAD 经典"工作空间中选择"标注"｜"标注间距"。

下面将在"齿轮轴 1.dwg"图形文件中编辑尺寸标注间距。其具体操作如下：

步骤 1：选择基准标注。

（1）打开"齿轮轴 1.dwg"图形文件，在命令行中输入 Dimspace，按【Enter】键，执行该命令。

（2）选择值为"17"的尺寸标注为基准标注。

步骤 2：输入间距值。

（1）选择其余的 4 个尺寸标注为要产生间距的标注，并按【Enter】键确认。

（2）在命令行中输入尺寸线之间的间距值"8"。

步骤 3：完成编辑。

输入完成后按【Enter】键确认，系统将会根据指定的基准尺寸和距离值调整尺寸标注的间距。

9.3.4 替代标注样式和更新标注

在标注图形的尺寸过程中，如果某个尺寸标注不符合图形的要求，可先采用替代标注样式的方式修改尺寸标注的相关变量，再通过更新标注命令使要修改的尺寸标注按所设置的尺寸样式进行更新。

替代标注样式与新建标注样式的方法相同，只需要在"标注样式管理器"对话框中单击替代按钮，在打开的"替代当前样式"对话框中进行相应参数的设置即可，调用更新命令的方法主要有如下两种。

（1）功能区：选择"注释" ｜ "标注"组，单击"更新"按钮。

（2）菜单栏：在"AutoCAD 经典"工作空间中选择"标注" ｜ "更新"。

下面将使用替换标注样式的方法将"阀盖.dwg"图形文件中的直径尺寸标注增加尺寸公差值，其上偏差为"0.05"，下偏差为"－0.05"，最后使用更新命令将其显示在图形中。其具体操作如下：

步骤 1：执行命令。

（1）打开"阀盖.dwg"图形文件，在命令行中输入 Dimstyle，按【Enter】键，执行该命令。

（2）在打开的"标注样式管理器"对话框中单击 替代(O)... 按钮，即可打开"替代当前样式"对话框，如图 9-3-1 所示。

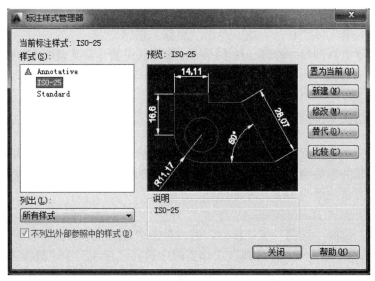

图 9-3-1 打开"标注样式管理器"

步骤 2：设置参数。

（1）在打开的对话框中选择"公差"选项卡。

（2）在"公差格式"栏的"方式"下拉列表框中选择"极限偏差"选项。

（3）在"上偏差"文本框中输入"0.05"。

（4）在"下偏差"文本框中输入"－0.05"。

215

（5）单击 ▭确定▭ 按钮，然后关闭"标注样式管理器"对话框，如图 9-3-2 所示。

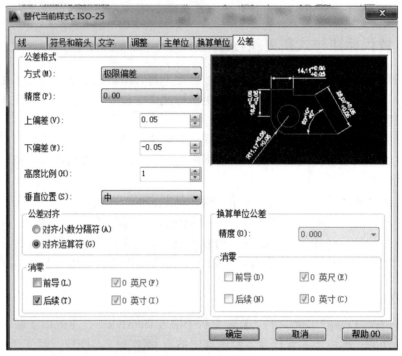

图 9-3-2　设置参数

步骤 3：更新标注。

（1）选择"注释"｜"标注"组，单击"更新"按钮。

（2）选择需要更新的尺寸标注，按【Enter】键确认更新，系统自动更新选择的尺寸标注，最后查看编辑后的效果。

9.3.5　重新关联标注

重新关联标注与替换标注样式不同，它主要用于将尺寸标注与图形对象进行链接，在对图形对象进行编辑并影响到图形的形状大小后，标注的尺寸也会跟随图形变动，而调用重新关联标注命令的方法主要有如下几种。

（1）命令行：输入 Dimreassociate。

（2）功能区：选择"注释"｜"标注"组，单击"重新关联标注"按钮。

（3）菜单栏：在"AutoCAD 经典"工作空间中选择"标注"｜"重新关联标注"。

下面将使用在命令行中输入命令的方法，将"V 形块.dwg"图形文件中的全部尺寸标注图形中的相应对象重新关联。其具体操作如下：

步骤 1：选择关联对象。

（1）打开"V 形块.dwg"图形文件，在命令行中输入 Dimreassociate，按【Enter】键，执行该命令。

（2）选择尺寸值为"10"的尺寸标注为要重新关联的标注对象，并按【Enter】键确认，如图 9-3-3 所示。

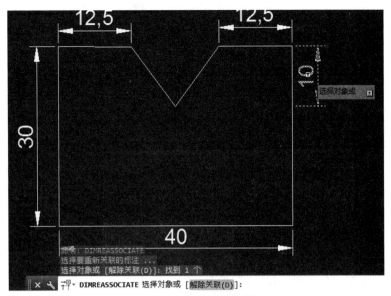

图 9-3-3 选择关联对象

步骤 2：指定尺寸延伸线原点。

（1）根据绘图区中的提示，用鼠标单击第一个延伸线原点。

（2）指定第二个延伸线原点，如图 9-3-4 所示。

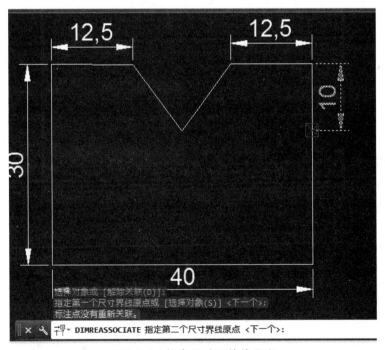

图 9-3-4 指定尺寸延伸线原点

步骤 3：完成关联。

使用相同的方法，利用重新关联尺寸命令将图形中其余尺寸标注进行关联，如图 9-3-5 所示。

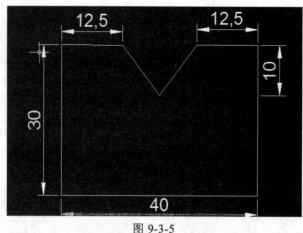

图 9-3-5

下面将在"泵轴.dwg"图形文件中使用选项面板编辑尺寸标注，再使用调整间距命令调整尺寸的距离，并更改文字和添加"ϕ"符号。

步骤1：打开"特性"选项面板。

（1）打开"泵轴.dwg"图形文件，在绘图区中选择所有的尺寸标注。

（2）单击鼠标右键，在弹出的快捷菜单中选择"特性"命令，打开"特性"选项面板。在"常规"栏的"颜色"下拉列表框中选择"红"选项。

（3）在"图层"下拉列表框中选择"实体层"选项。

（4）在"线型比例"文本框中输入"3"。

（5）在"线宽"下拉列表框中选择"0.25 mm"选项。

（6）单击"关闭"按钮。

步骤2：设置间距值。

（1）在命令行中输入 Dimspace，按【Enter】执行该命令。

（2）选择值为"7"的尺寸标注，再选择其余的5个寸标注为要设置间距的标注，并按【Enter】确认。

（3）在命令行中输入尺寸线之间的间距值为"6"，按【Enter】键。

步骤3：调整文字角度。

（1）在命令行中输入 Dimtedit，按【Enter】键，执行该命令。

（2）选择值为"75"的尺寸标注。

（3）在命令行中输入"H"，或选择"默认"选项，按【Enter】键，执行该命令。查看完成角度调整后的效果。

步骤4：编辑标注文字。

（1）在命令行中输入 Dimtedit，按【Enter】键，执行该命令。

（2）选择值为"110"的尺寸标注。

（3）在命令行中输入"C"，或选择"居中"选项，按【Enter】键，执行该命令。将所选尺寸标注居中对齐。

（4）根据以上方法，将值为"33"的尺寸标注居中对齐，并查看对齐后的效果。

步骤5：查看完成后的效果。

调整完成后，返回绘图区，可查看最后的效果。

9.4 尺寸标注

尺寸标注的类型有很多，AutoCAD 提供了以下 11 种标注用以测量设计对象：线性标注、对齐标注、坐标标注、半径标注、直径标注、角度标注、基线标注、连续标注、引线标注、公差标注、圆心标记。

1. 线性标注

线性尺寸标注是指标注线性方面的尺寸，常用来标注水平尺寸、垂直尺寸和旋转尺寸。可以通过 AutoCAD 提供的 Dimlinear 命令标注。命令执行方式如下：

菜单栏：选择"标注" | "线性"。

命令行：输入 Dimlinear。

工具栏：。

2. 对齐标注

经常遇到斜线或斜面的尺寸标注。AutoCAD 提供 Dimaligned 命令可以进行该类型的尺寸标注。命令执行方式如下：

菜单栏：选择"标注" | "对齐"。

命令行：输入 Dimaligned。

工具栏：。

3. 角度标注

标注角度尺寸常用的命令是 Dlmangular。命令执行方式如下：

菜单栏：选择"标注" | "角度"。

命令行：输入 Dlmangular。

工具栏：。

4. 基线标注

命令执行方式如下：

菜单栏：选择"标注" | "基线"。

命令行：输入 Dimbaseline。

工具栏：。

5. 连续标注

连续标注是指首尾相连的尺寸标注。命令执行方式如下：

菜单栏：选择"标注" | "连续"。

命令行：输入 Dimcontinue。

工具栏：。

6. 半径标注

命令执行方式如下：

菜单栏：选择"标注" | "半径"。

命令行：输入 Dimradius。

工具栏：。

7. 快速标注

AutoCAD 中具有快速标注命令 QDIM，使用该命令可以同时选择多个对象进行基线标注和连续标注，选样一次对象即可完成多个标注。命令执行方式如下：

菜单栏：选择"标注"｜"快速标注"。

命令行：输入 Qdim。

工具栏：。

8. 引线标注

引线标注就是指画出一条引线来标注对象。在引线末端可以添加多行旁注、说明。在引线标注中引线可以是折线，也可以是曲线。引线端部也可以设置是否有箭头。命令执行方式如下：

菜单栏：选择"标注"｜"引线"。

命令行：输入 Qleader。

工具栏：。

9. 创建样式

标注样式用于控制标注的格式和外观。命令执行方式如下：

菜单栏：选择"格式"｜"标注样式"或"标注"｜"标注样式"。

命令行：输入 Dimstyle/DDIM。

工具栏：。

课堂训练：按照给定的图例进行尺寸标注练习。

第 10 章　电气识图与制图

【本章导读】

作为电气工作人员，需要具备基本的电气识图与读图能力，识图和读图既是制图的基础，又能更好地辅助制图。本章主要讲解电气识图基本知识、电气制图的一般规定及电气工程读图的一般规定。通过前面知识的学习，用户硬件对 AutoCAD 2014 的基本使用方法、绘制和编辑图形有了一定的掌握，但要将其运用到实际工作中，还需要多加练习以加强实际的操作能力。本章将通过常用电气符号的绘制实例进一步巩固前面所学知识。

【技能目标】

（1）熟悉电气制图基本知识。

（2）练习绘制常用电气符号。

（3）具备电力线路工程识图与制图能力。

（4）具备变电所工程图识图与制图能力。

（5）具备接触网工程识图与制图能力。

10.1　电气识图

10.1.1　电气工程的分类

电气图，又称为电气图样，是电气工程图的简称。电气工程图是按照统一的规范规定绘制的，采用标准图形和文字符号表示的实际电气工程的安装、接线、功能、原理及供配电关系等的简图。电气工程图应用广泛，从这个角度来说，电气工程项目主要有以下几类：

（1）内线工程：主要包括室内动力、照明电气线路等；

（2）外线工程：主要包括电压在 35 kV 以下的架空电力线路、电缆电力线路等室外电源供电线路）；

（3）动力照明和电热工程：主要包括各种电动机、各种灯具、电热设备以及相关的插座，配电箱等；

（4）变配电工程：主要包括 35 kV 以下的变压器、高低压设备、继电保护和相关的二次设备、接线机构等；

（5）发电设备：一般指 400 V 柴油发电机组等自备发电设备及附属设备；

（6）弱电工程：主要指电话、广播、闭路电视、安全报警系统等弱电信号线路和设备；

（7）防雷工程：建筑物和电气装置的防雷设施等；

（8）电气接地工程：各种电气装置的保护接地、工作接地、防静电接地等的接地装置。

10.1.2 电气图的分类

电气图根据其所表达的信息类型和表达方式，主要有以下几类：系统图或框图、电路图、接线圈或接线表、位置图、逻辑图和功能表图等。

1. 系统图或框图

系统图或框图是一种用符号或带注释的图框概略地表示系统、分系统、成套装置或设备等的基本组成、相互关系及其主要特征的简图。

2. 电路图

电路图也叫电气原理图，是用图形符号按照工作原理顺序排列，详细表示电路、设备或成套装置的组成和连接关系，而不考虑实际位置的一种简图。

3. 接线图或接线表

接线图或接线表是表示成套装置、设备或装置连接关系的一种简图或表格。接线图或接线表可以分为：单元接线图或单元接线表；互连接线圈或互连接线表；端子接线图或端子接线表；电缆图或电缆表。

4. 位置图

位置图是表示成套装置、设备或装置中各个项目的具体位置的一种简图。

5. 逻辑图

逻辑图是用连线把二进制逻辑单元图形符号按逻辑关系连接起来而绘制成的一种简图。

6. 功能表图

功能表图是表示控制系统的作用和状态的一种简图。

10.1.3 电气工程的电气图构成

一般而言，一项电气工程的电气图通常由以下几部分构成。

1. 目录和前言

目录包括序号、图名、图纸编号、张数、备注等。前言包括设计说明、图例、设备材料明细表、工程经费概算等。

2. 电气系统图和框图

电气系统图和框图主要表示整个工程或者其中某一项目的供电方式和电能输送的关系，也可表示某一装置各主要组成部分的关系。如电气一次主接线图、建筑供配电系统图、控制原理框图等。

3. 电路图

电路图主要表示某一系统或者装置的工作原理。如电动机控制回路图、继电保护原理图等。

4. 接线图

接线图主要表示电气装置的内部各元件之间以及与其他装置之间的连接关系，用于设备的安装、调试及维护。

5. 电气平面图

电气平面图主要表示某一电气工程中的电气设备、装置和线路的平面布置。它一般是在建筑平面的基础上绘制出来的。常见的电气平面图主要有线路平面图、变电所平面图、弱电系统平面图、照明平面图、防雷与接地平面图等。

6. 设备布置图

设备布置图主要表示各种设备的布置方式、安装方式及相互间的尺寸关系，主要包括平面布置图、立面布置图、断面图、纵横剖面图等。

7. 设备元件和材料表

设备元件和材料表是把某一电气工程所需设备、元件、材料和有关的数据列成表格，表示其名称、型号、规格和数量等。

8. 大样图

大样图主要表示电气工程某一部件的结构，用于指导加工与安装，其中一部分大样图为国家标准图。

9. 产品使用说明书用电气图

电气工程中选用的设备和装置，其生产厂家往往随产品使用说明书附上相关的电气图。

10. 其他电气图

在电气工程图中，电气系统图、电路图、接线图和平面图是最主要的图。在一些较复杂的电气工程中，为了补充和详细说明某一方面，还需要一些特殊的电气图，如逻辑图、功能图、曲线图、表格等。

10.1.4 电气图形符号

在绘制电气图形时，一般用于图样或其他文件来表示一个设备或概念的图形、标记或字符的符号称为电气图形符号。电气图形符号只要示意图形绘制，不需要精确比例。

1. 电气图用图形符号

（1）图形符号的构成。

电气图用图形符号通常由一般符号、符号要素、限定符号、方框符号和组合符号等组成。

① 一般符号：它是用来表示一类产品和此类产品特征的一种通常很简单的符号。

② 符号要素：它是一种具有确定意义的简单图形，不能单独使用。符号要素必须同其他图形组合后才能构成一个设备或概念的完整符号。

③ 限定符号：它是用以提供附加信息的一种加在其他符号上的符号。通常它不能单独使用。有时一般符号也可用作限定符号，如电容器的一般符号加到扬声器符号上即构成电容式扬声器符号。

④ 框形符号：它是用来表示元件、设备等的组合及其功能的一种简单图形符号。既不给出元件、设备的细节，也不考虑所有连接。通常使用在单线表示法中，也可用在全部输入和输出接线的图中。

⑤ 组合符号：它是指通过以上已规定的符号进行适当组合所派生出来的、表示某些特定装置或概念的符号。

（2）图形符号的分类。

新的《电气图用图形符号总则》国家标准代号为 GB/T 4728.1—2005，采用国际电工委员会（IES）标准，在国际上具有通用性，有利于对外技术交流。电气图用图形符号共分 13 部分。

① 总则。有本标准内容提要、名词术语、符号的绘制、编号使用及其他规定。

② 符号要素、限定符号和其他常用符号。内容包括轮廓和外壳、电流和电压的种类、可变性、力或运动的方向、流动方向、材料的类型、效应或相关性、辐射、信号波形、机械控制、操作件和操作方法、非电量控制、接地、接机壳和等电位、理想电路元件等。

③ 导体和连接件。内容包括电线、屏蔽或绞合导线、同轴电缆、端子导线连接、插头和插座、电缆终端头等。

④ 基本无源元件。内容包括电阻器、电容器、电感器、铁氧体磁芯、压电晶体、驻极体等。

⑤ 半导体管和电子管。如二极管、三极管、电子管等。

⑥ 电能的发生与转换。内容包括绕组、发电机、变压器等。

⑦ 开关、控制和保护器件。内容包括触点、开关、开关装置、控制装置、启动器、继电器、接触器和保护器件等。

⑧ 测量仪表、灯和信号器件。内容包括指示仪表、记录仪表、热电偶、遥设装置、传感器、灯、电铃、蜂鸣器、喇叭等。

⑨ 电信：交换和外围设备。内容包括交换系统、选择器、电话机、电报和数据处理设备、传真机等。

⑩ 电信：传输。内容包括通信电路、天线、波导管器件、信号发生器、激光器、调制器、解调器、光纤传输。

⑪ 建筑安装平面布置图。内容包括发电站、变电所、网络、音响和电视的分配系统、建筑用设备、露天设备。

⑫ 二进制逻辑元件。内容包括计数器、存储器等。

⑬ 模拟元件。内容包括放大器、函数器、电子开关等。

常用电气图图形符号见表 10-1-1。

表 10-1-1　电气图形常用图形符号及画法使用命令

序号	图形符号	说　　明	画法使用命令
1	＝ ＝	直流电： 电压可标注在符号右边，系统类型可标注在左边	直线
2	∿	交流电： 频率或频率范围可标注在符号的左边	样条曲线
3	≋	交直流	直线、样条曲线
4	＋	正极性	直线
5	－	负极性	直线
6	→	运动方向或力	引线

224

序号	图形符号	说　　明	画法使用命令
7		能量、信号传输方向	直线
8		接地符号	直线
9		接机壳	直线
10		等电位	正三角形、直线
11		故障	引线、直线
12		导线的连接	直线、圆、图案填充
13		导线跨越而不连接	直线
14		电阻器的一般符号	矩形、直线
15		电容器的一般符号	直线、圆弧
16		电感器、线圈、绕组、扼流圈	直线、圆弧
17		原电池或蓄电池	直线
18		动合（常开）触点	直线
19		动断（常闭）触点	直线
20		延时闭合的动合（常开）触点 带时限的继电器和接触器触点	
21		延时断开的动合（常开）触点	直线、圆弧
22		延时闭合的动断（常闭）触点	
23		延时断开的动断（常闭）触点	

序号	图形符号	说　　明	画法使用命令
24		手动开关的一般符号	
25		按钮开关	
26		位置开关，动合触点 限制开关，动合触点	直线
27		位置开关，动断触点 限制开关，动断触点	
28		多极开关的一般符号，单线表示	
29		多极开关的一般符号，多线表示	
30		隔离开关的动合（常开）触点	直线
31		负荷开关的动合（常开）触点	直线、圆弧
32		断路器（自动开关）的动合（常开）触点	直线
33		接触器动合（常开）触点	
34		接触器动断（常闭）触点	直线、圆弧

序号	图形符号	说　　　　明	画法使用命令
35		继电器、接触器等的线圈一般符号	矩形 [□]、直线 [／]
36		缓吸线圈（带时限的电磁电器线圈）	
37		缓放线圈（带时限的电磁电器线圈）	直线 [／]、矩形 [□] 图案填充 [▨]
38		热继电器的驱动器件	直线 [／]、矩形 [□]
39		热继电器的触点	直线 [／]
40		熔断器的一般符号	直线 [／]、矩形 [□]
41		熔断器式开关	直线 [／]、矩形 [□] 旋转 [○]
42		熔断器式隔离开关	
43		跌开式熔断器	直线 [／]、矩形 [□] 旋转 [○]、圆 [○]
44		避雷器	矩形 [□] 图案填充 [▨]
45	●	避雷针	圆 [○]、图案填充 [▨]

227

序 号	图形符号	说　　明	画法使用命令
46	Ⓧ	电机的一般符号： C——同步变流机 G——发电机 GS——同步发电机 M——电动机 MG——能作为发电机或电动机使用的电机 MS——同步电动机 SM——伺服电机 TG——测速发电机 TM——力矩电动机 IS——感应同步器	直线 ▱
47	Ⓜ ~	交流电动机	圆 ⬤、多行文字 A
48		双绕组变压器，电压互感器	
49		三绕组变压器	直线 ▱、圆 ⬤、复制 ⬤、 修剪 ⌁
50		电流互感器	
51		电抗器，扼流圈	直线 ▱、圆 ⬤、 修剪 ⌁
52		自耦变压器	直线 ▱、圆 ⬤、 圆弧 ◜
53	Ⓥ	电压表	
54	Ⓐ	电流表	圆 ⬤、多行文字 A
55	Ⓒⓞⓢφ	功率因数表	

序号	图形符号	说　　　明	画法使用命令
56	W_h	电度表	矩形、多行文字
57		钟	圆、直线、修剪
58		电铃	
59		电喇叭	矩形、直线
60		蜂鸣器	圆、直线、修剪
61		调光器	圆、直线
62	t	限时装置	矩形 多行文字
63		导线、导线组、电线、电缆、电路、传输通路等线路母线一般符号	直线
64		中性线	圆、直线、图案填充
65		保护线	直线
66		灯的一般符号	直线、圆
67	A-B C	电杆的一般符号	圆、多行文字
68	11 12 13 14 15	端子板	矩形、多行文字
69		屏、台、箱、柜的一般符号	矩形
70		动力或动力—照明配电箱	矩形、图案填充
71		单项插座	圆、直线、修剪
72		密闭（防水）	
73		防爆	圆、直线、修剪、 图案填充

序号	图形符号	说　　明	画法使用命令
74		电信插座的一般符号： 可用文字和符号加以区别： TP——电话 TX——电传 TV——电视 *——扬声器 M——传声器 FM——调频	直线、修剪
75		开关的一般符号	圆、直线
76		钥匙开关	矩形、圆、直线
77		定时开关	
78		阀的一般符号	直线
79		电磁制动器	矩形、直线
80		按钮的一般符号	圆
81		按钮盒	矩形、圆
82		电话机的一般符号	矩形、圆、修剪
83		传声器的一般符号	圆、直线
84		扬声器的一般符号	矩形、直线
85		天线的一般符号	直线
86		放大器的一符号 中断器的一般符号，三角形指传输方向	正三角形、直线
87		分线盒一般符号	
88		室内分线盒	圆、修剪、直线
89		室外分线盒	

序号	图形符号	说　　　明	画法使用命令
90	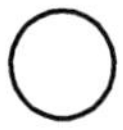 ○	变电所	圆
91	 ○	杆式变电所	
92	 ▲	室外箱式变电所	直线、矩形、图案填充
93	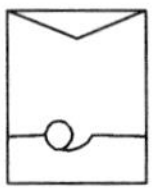	自耦变压器式启动器	矩形、圆、直线
94	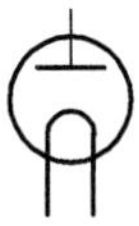	真空二极管	
95		真空三极管	圆、直线
96	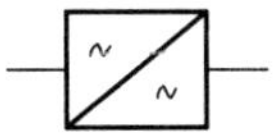 ~	整流器框形符号	矩形、直线

2. 电气设备用图形符号

（1）电气设备用图形符号的用途。

电气设备用图形符号是完全区别于电气图用图形符号的另一类符号。设备用图形符号主要用于各种类型的电气设备或电气设备部件，使操作人员了解其用途和操作方法。这些符号也可用于安装或移动电气设备的场合，以指出诸如禁止、警告、规定或限制等应注意的事项。

在电气图中，尤其是在某些电气平面图、电气系统说明书用图等图中，也可以适当使地使用这些符号，以补充这些图形所包含的内容。

设备用图符号与电气简图用图符号的形式大部分是不同的。但有一些也是相同的，不过含义大不相同。例如，设备用熔断器图形符号虽然与电气简图符号的形式是一样的，但电气简图用熔断器符号表示的是一类熔断器。而设备用图形符号如果标在设备外壳上，则表示熔断器盒及其位置；如果标在某些电气图上，也仅仅表示这是熔断器的安装位置。

（2）常用设备用图形符号。

电气设备用图形符号分为6个部分：通用符号，广播、电视及音响设备符号，通信、测量、定位符号，医用设备符号，电话教育设备符号，家用电器及其他符号，如表10-1-2所示。

表 10-1-2 常用设备用图形符号

序号	名称	符号	应用范围
1	直流电		适用于直流电的设备的铭牌上,以及用来表示直流电的端子
2	交流电		适用于交流电的设备的铭牌上,以及用来表示交流电的端子
3	正极		表示使用或产生直流电设备的正端
4	负极		表示使用或产生直流电设备的负端
5	电池检测		表示电池测试按钮和表明电池情况的灯或仪表
6	电池定位		表示电池盒本身及电池的极性和位置
7	整流器		表示整流设备及其有关接线端和控制装置
8	变压器		表示电气设备可通过变压器与电力线连接的开关、控制器、连接器或端子,也可用于变压器包封或外壳上
9	熔断器		表示熔断器盒及其位置
10	测试电压		表示该设备能承受 500 V 的测试电压
11	危险电压		表示危险电压引起的危险
12	接地		表示接地端子
13	保护接地		表示在发生故障时防止电击的与外保护导线相连接的端子,或与保护接地相连接的端子
14	接机壳、接机架		表示连接机壳、机架的端子
15	输入		表示输入端
16	输出		表示输出端
17	过载保护装置		表示一个设备装有过载保护装置
18	通		表示已接通电源,必须标在开关的位置
19	断		表示已与电源断开,必须标在开关的位置
20	可变性(可调性)		表示量的被控方式,被控量随图形的宽度而增加

序号	名称	符号	应用范围
21	调到最小		表示量值调到最小值的控制
22	调到最大		表示量值调到最大值的控制
23	灯、照明设备		表示控制照明光源的开关
24	亮度、辉度		表示亮度调节器、电视接收机等设备的亮度、辉度控制
25	对比度		表示电视接受机等的对比度控制
26	色饱和度		表示彩色电视机等设备上的色彩饱和度控制

10.1.5　电气技术中的文字符号和项目代号

　　一个电气系统或一种电气设备通常都是由各种基本件、部件、组件等组成，为了在电气图上或其他技术文件中表示这些基本件、部件、组件，除了采用各种图形符号外，还须标注一些文字符号和项目代号，以区别这些设备及线路的不同的功能、状态和特征等。

1. 文字符号

　　文字符号通常由基本文字符号、辅助文字符号和数字组成。用于提供电气设备、装置和元器件的种类字母代码和功能字母代码。

　　（1）基本文字符号。

　　基本文字符号可分为单字母符号和双字母符号两种。

　　① 单字母符号。单字母符号是英文字母将各种电气设备、装置和元器件划分为 23 大类，每一大类用一个专用字母符号表示，如"R"表示电阻类，"Q"表示电力电路的开关器件等，如表 10-1-3 所示。其中，"I""O"易同阿拉伯数字"1"和"0"混淆，不允许使用，字母"J"也未采用。

表 10-1-3　电气设备常用的单字母符号

符号	项目种类	举　　例
A	组件、部件	分离元件放大器、磁放大器、激光器、微波激光器、印制电路板等组件、部件
B	变换器（从非电量到电量或相反）	热电传感器、热电偶
C	电容器	

符号	项目种类	举　例
D	二进制单元 延迟器件 存储器件	数字集成电路和器件、延迟线、双稳态元件、单稳态元件、磁芯储存器、寄存器、磁带记录机、盘式记录机
E	杂项	光器件、热器件、本表其他地方未提及元件
F	保护电器	熔断器、过电压放电器件、避雷器
G	发电机 电源	旋转发电机、旋转变频机、电池、振荡器、石英晶体振荡器
H	信号器件	光指示器、声指示器
J	—	—
K	继电器、接触器	
L	电感器、电抗器	感应线圈、线路陷波器、电抗器
M	电动机	
N	模拟集成电路	运算放大器、模拟/数字混合器件
P	测量设备、试验设备	指示、记录、计算、测量设备、信号发生器、时钟
Q	电力电路开关	断路器、隔离开关
R	电阻器	可变电阻器、电位器、变阻器、分流器、热敏电阻
S	控制电路的开关选择器	控制开关、按钮、限制开关、选择开关、选择器、拨号接触器、连接级
T	变压器	电压互感器、电流互感器
U	调制器、变换器	鉴频器、解调器、变频器、编码器、逆变器、电报译码器
V	电真空器件 半导体器件	电子管、气体放电管、晶体管、晶闸管、二极管
W	传输导线 波导、天线	导线、电缆、母线、波导、波导定向耦合器、偶极天线、抛物面天线
X	端子、插头、插座	插头和插座、测试塞空、端子板、焊接端子、连接片、电缆封端和接头
Y	电气操作的机械装置	制动器、离合器、气阀
Z	终端设备、混合变压器、滤波器、均衡器、限幅器	电缆平衡网络、压缩扩展器、晶体滤波器、网络

②双字母符号。双字母符号是由表 10-1-3 中的一个表示种类的单字母符号与另一个字母组成，其组合形式为：单字母符号在前、另一个字母在后。双字母符号可以较详细和更具体地表达电气设备、装置和元器件的名称。双字母符号中的另一个字母通常选用该类设备、

装置和元器件的英文名词的首位字母，或常用缩略语，或约定俗成的习惯用字母。例如，"G"为同步发电机的英文名，则同步发电机的双字母符号为"GS"。

电气图中常用的双字母符号如表 10-1-4 所示。

表 10-1-4　电气图中常用的双字母符号

序号	设备、装置和元器件种类	名　称	单字母符号	双子母符号
1	组件和部件	天线放大器	A	AA
		控制屏		AC
		晶体管放大器		AD
		应急配电箱		AE
		电子管放大器		AV
		磁放大器		AM
		印制电路板		AP
		仪表柜		AS
		稳压器		AS
2	电量到电量变换器或电量到非电量变换器	变换器	B	
		扬声器		
		压力变换器		BP
		位置变换器		BQ
		速度变换器		BV
		旋转变换器（测速发电机）		BR
		温度变换器		BT
3	电容器	电容器	C	
		电力电容器		CP
4	其他元器件	本表其他地方未规定器件	E	
		发热器件		EH
		发光器件		EL
		空气调节器		EV
5	保护器件	避雷器	F	FL
		放电器		FD
		具有瞬时动作的限流保护器件		FA
		具有延时动作的限流保护器件		FR
		具有瞬时和延时动作的限流保护器件		FS
		熔断器		FU
		限压保护器件		FV

序号	设备、装置和元器件种类	名　　称	单字母符号	双字母符号
6	信号发生器 发电机电源	发电机	G	
		同步发电机		GS
		异步发电机		GA
		蓄电池		GB
		直流发电机		GD
		交流发电机		GA
		永磁发电机		GM
		水轮发电机		GH
		汽轮发电机		GT
		风力发电机		GW
		信号发生器		GS
7	信号器件	声响指示器	H	HA
		光指示器		HL
		指示灯		HL
		蜂鸣器		HZ
		电铃		HE
8	继电器和接触器	继电器	K	
		电压继电器		KV
		电流继电器		KA
		时间继电器		KT
		频率继电器		KF
		压力继电器		KP
		控制继电器		KC
		信号继电器		KS
		接地继电器		KE
		接触器		KM
9	电感器和电抗器	扼流线圈	L	LC
		励磁线圈		LE
		消弧线圈		LP
		陷波器		LT

序号	设备、装置和元器件种类	名　称	单字母符号	双字母符号
10	电动机	电动机	M	
		直流电动机		MD
		力矩电动机		MT
		交流电动机		MA
		同步电动机		MS
		绕线转子异步电动机		MM
		伺服电动机		MV
11	测量设备和试验设备	电流表	P	PA
		电压表		PV
		（脉冲）计数器		PC
		频率表		PF
		电能表		PJ
		温度计		PH
		电钟		PT
		功率表		PW
12	电力电路的开关器件	断路器	Q	QF
		隔离开关		QS
		负荷开关		QL
		自动开关		QA
		转换开关		QC
		刀开关		QK
		转换（组合）开关		QT
13	电阻器	电阻器、变阻器	R	
		附加电阻器		RA
		制动电阻器		RB
		频敏变阻器		RF
		压敏电阻器		RV
		热敏电阻器		RT
		起动电阻器（分流器）		RS
		光敏电阻器		RL
		电位器		RP

序号	设备、装置和元器件种类	名　称	单字母符号	双字母符号
14	控制电路的开关选择器	控制开关	S	SA
		选择开关		SA
		按钮开关		SB
		终点开关		SE
		限位开关		SLSS
		微动开关		
		接近开关		SP
		行程开关		ST
		压力传感器		SP
		温度传感器		ST
		位置传感器		SQ
		电压表转换开关		SV
15	变压器	变压器	T	
		自耦变压器		TA
		电流互感器		TA
		控制电路电源用变压器		TC
		电炉变压器		TF
		电压互感器		TV
		电力变压器		TM
		整流变压器		TR
16	调制变换器	整流器	U	
		解调器		UD
		频率变换器		UF
		逆变器		UV
		调制器		UM
		混频器		UM
17	电子管、晶体管	控制电路用电源的整流器	V	VC
		二极管		VD
		电子管		VE
		发光二极管		VL
		光敏二极管		VP
		晶体管		VR
		晶体三极管		VT
		稳压二极管		VV

序号	设备、装置和元器件种类	名　　称	单字母符号	双字母符号
18	传输通道、波导和天线	导线、电缆	W	
		电枢绕组		WA
		定子绕组		WC
		转子绕组		WE
		励磁绕组		WR
		控制绕组		WS
19	端子、插头、插座	输出口	X	XA
		连接片		XB
		分支器		XC
		插头		XP
		插座		XS
		端子板		XT
20	电器操作的机械器件	电磁铁	Y	YA
		电磁制动器		YB
		电磁离合器		YC
		防火阀		YF
		电磁吸盘		YH
		电动阀		YM
		电磁阀		YV
		牵引电磁铁		YT
21	终端设备、滤波器、均衡器、限幅器	衰减器	Z	ZA
		定向耦合器		ZD
		滤波器		ZF
		终端负载		ZL
		均衡器		ZQ
		分配器		ZS

（2）辅助文字符号。

辅助文字符号是用来表示电气设备、装置和元器件以及线路的功能、状态和特征的。如"ACC"表示加速，"BRK"表示制动等。辅助文字符号也可以放在表示种类的单字母符号后边组成双字母符号，如"SP"表示压力传感器。若辅助文字符号由两个以上字母组成时，为简化文字符号，只允许采用第一位字母进行组合，如"MS"表示同步电动机。辅助文字符号还可以单独使用，如"OFF"表示断开，"DC"表示直流等。辅助文字符号一般不能超过三位字母。

电气图中常用的辅助文字符号见表 10-1-5。

表 10-1-5 电气图中常用的辅助文字符号

序号	名　称	符　号	序号	名　称	符　号
1	电流	A	29	低，左，限制	L
2	交流	AC	30	闭锁	LA
3	自动	AUT	31	主，中，手动	M
4	加速	ACC	32	手动	MAN
5	附加	ADD	33	中性线	N
6	可调	ADJ	34	断开	OFF
7	辅助	AUX	35	闭合	ON
8	异步	ASY	36	输出	OUT
9	制动	BRK	37	保护	P
10	黑	BK	38	保护接地	PE
11	蓝	BL	39	保护接地与中性线共用	PEN
12	向后	BW	40	不保护接地	PU
13	控制	C	41	反，由，记录	R
14	顺时针	CW	42	红	RD
15	逆时针	CCW	43	复位	RST
16	降	D	44	备用	RES
17	直流	DC	45	运转	RUN
18	减	DEC	46	信号	S
19	接地	E	47	起动	ST
20	紧急	EM	48	置位，定位	SET
21	快速	F	49	饱和	SAT
22	反馈	FB	50	步进	STE
23	向前，正	FW	51	停止	STP
24	绿	GN	52	同步	SYN
25	高	H	53	温度，时间	T
26	输入	IN	54	真空，速度，电压	V
27	增	ING	55	白	WH
28	感应	IND	56	黄	YE

（3）文字符号的组合。

文字符号的组合形式一般为：基本符号 + 辅助符号 + 数字序号。

例如，第一台电动机，其文字符号为 M1；第一个接触器，其文字符号为 KM1。

（4）特殊用途文字符号。

在电气图中，一些特殊用途的接线端子、导线等通常采用一些专用的文字符号。例如，三相交流系统电源分别用"L1、L2、L3"表示，三相交流系统的设备分别用"U、V、W"表示。

2. 项目代号

（1）项目代号的组成。

项目代号是有以识别图、图表、表格和设备上的项目种类，并提供项目的层次关系、实际位置等信息的一种特定的代码。每个表示元件或其组成部分的符号都必须标注其项目代号。在不同的图、图表、表格、说明书中的项目和设备中的该项目均可通过项目代号相互联系。

完整的项目代号包括4个相关信息的代号段。每个代号段都用特定的前缀符号加以区别。完整项目代号的组成见表 10-1-6。

表 10-1-6　完整项目代号的组成

代号段	名　称	定　义	前缀符号	示　例
第 1 段	高层代号	系统或设备中任何较高层次（对给予代号的项目而言）项目的代号	=	= S2
第 2 段	位置代号	项目在组件、设备、系统或建筑物中的实际位置的代号	+	+ C15
第 3 段	种类代号	主要用以识别项目种类的代号	−	− G6
第 4 段	端子代号	用以外电路进行电气连接的电器导电件的代号	:	: 11

（2）高层代号的构成。

一个完整的系统或成套设备中任何较高层次项目的代号，称为高层代号。例如，S1 系统中的开关 Q2，可表示为 = S1-Q2，其中"S1"为高层代号。

X 系统中的第 2 个子系统中第 3 个电动机，可表示为 = 2-M3，简化为 = X1-M2。

（3）种类代号的构成。

用以识别项目种类的代码，称为种类代号。通常，在绘制电路图或逻辑图等电气图时就要确定项目的种类代号。确定项目的种类代号的方法有 3 种。

第 1 种方法，也是最常用的方法，是由字母代码和图中每个项目规定的数字组成。按这种方法选用的种类代码还可补充一个后缀，即代表特征动作或作用的字母代码，称为功能代号。可在图上或其他文件中说明该字母代码及其表示的含义。例如，-K2M 表示具有功能为 M 的序号为 2 的继电器。一般情况下，不必增加功能代号。如需增加，为了避免混淆，位于复合项目种类代号中间的前缀符号不可省略。

第 2 种方法，是仅用数字序号表示。给每个项目规定一个数字序号，将这些数字序号和它代表的项目排列成表放在图中或附在另外的说明中。例如，-2、-6 等。

第 3 种方法，是仅用数字组。按不同种类的项目分组编号。将这些编号和它代表的项目排列成表置于图中或附在图后。例如，在具有多种继电器的图中，时间继电器用 11、12、13、……表示。

（4）位置代号的构成。

项目在组件、设备、系统或建筑物中的实际位置的代号，称为位置代号。通常位置代号由自行规定的拉丁字母或数字组成。在使用位置代号时，应给出表示该项目位置的示意图。

（5）端子代号的构成。

端子代号是完整的项目代号的一部分。当项目具有接线端子标记时，端子代号必须与项目上端子的标记相一致。端子代号通常采用数字或大写字母，特殊情况下也可用小写字母表示。例如-Q3:B，表示隔离开关 Q3 的 B 端子。

（6）项目代号的组合。

项目代号由代号段组成。一个项目可以由一个代号段组成，也可以由几个代号段组成。通常项目代号可由高层代号和种类代号进行了组合，设备中的任一项目均可用高层代号和种类代号组成一个项目代号，如 = 2-G3；也可由位置代号和种类代号进行了组合，如 + 5-G2；还可先将高层代号和种类代号组合，用以识别项目，再加上位置代号，提供项目的实际安装位置，如 = P1-Q2 + C5S6M10，表示 P1 系统中的开关 Q2，位置在 C5 室 S6 列控制柜 M10 中。

10.2　电气制图的一般规定

10.2.1　图纸的幅面和格式（GB/T 14689—2008）

1. 图纸的幅面

图纸幅面是指由图纸宽度 B 与长度 L 所组成的图面。绘图时，图纸可以横放，也可以竖放。

GB/T 14689—2008《技术制图图纸幅面和格式》规定，绘制技术图样时，应优先采用表 10-2-1 所规定的 5 种基本幅画。必要时，必须选用由基本幅画的短边成整数倍增加后得到加长幅画。绘制图样时，图纸幅面尺寸应优先采用表 10-2-1 中规定的基本幅面。

表 10-2-1　图纸的基本幅面及图框尺寸　　　　　　　　　　　　mm

幅面代号	A0	A1	A2	A3	A4
$B \times L$	841×1 189	594×841	420×594	297×420	210×297
a	25				
c	10			5	
e	20		10		

其中：a, c, e 为留边宽度。

图纸幅面代号由"A"和相应的幅面号组成，即 A0 ~ A4。基本幅面共有 5 种，其尺寸关系如图 10-2-1 所示。

幅面代号的几何含义，实际上就是对 0 号幅面的对开次数。如 A1 中的"1"，表示将全张纸（A0 幅面）长边对折裁切 1 次所得的幅面；A4 中的"4"，表示将全张纸长边对折裁切 4 次所得的幅面，如图 10-2-1 所示。

必要时，允许沿基本幅面的短边成整数倍加长幅面，但加长量必须符合国家标准 GB/T 14689—2008 中的规定。

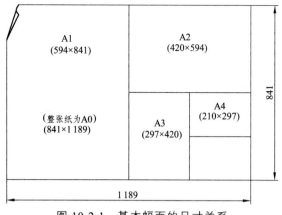

图 10-2-1　基本幅面的尺寸关系

图框线必须用粗实线绘制。图框格式分为留有装订边和不留装订边两种，如图 10-2-2 和图 10-2-3 所示。两种格式图框的周边尺寸 a，c，e 见表 10-2-1。但应注意，同一产品的图样只能采用一种格式。

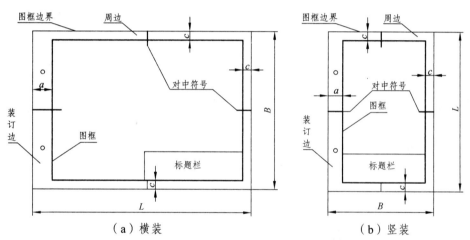

（a）横装　　　　　　　　　　　　　（b）竖装

图 10-2-2　留有装订边图样的图框格式

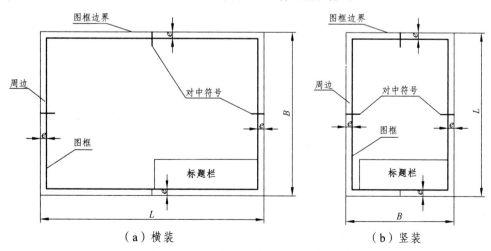

（a）横装　　　　　　　　　　　　　（b）竖装

图 10-2-3　不留装订边图样的图框格式

国家标准规定，工程图样中的尺寸以毫米为单位时，不需标注单位符号（或名称）。如采用其他单位，则必须注明相应的单位符号。本书的文字叙述和图例中的尺寸单位为毫米，均未标出。

2. 图幅的分区

为了确定图中内容的位置及其他用途，往往需要将一些幅面较大的内容复杂的电气图进行分区，如图 10-2-4 所示。

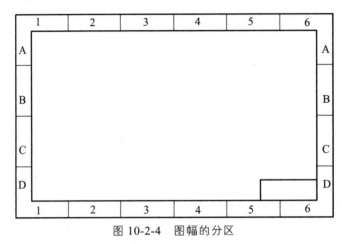

图 10-2-4　图幅的分区

图幅的分区方法是：将图纸相互垂直的两边各自加以等分，竖边方向用大写拉丁字母编号，横边方向用阿拉伯数字编号，编号的顺序应从标题栏相对的左上角开始，分区数应为偶数；每一分区的长度一般应不小于 25 mm，不大于 75 mm，对分区中符号应以粗实线给出，其线宽不宜小于 0.5 mm。

图纸分区后，相当于在图样上建立了一个坐标。电气图上的元件和连接线的位置可由此"坐标"而唯一地确定下来。

3. 标题栏

标题栏是用来确定图样的名称、图号、张次、更改和有关人员签署等内容的栏目，位于图样的下方或右下方。图中的说明、符号均应以标题栏的文字方向为准。

目前，我国尚没有统一规定标题栏的格式，各设计部门标题栏格式不一定相同。通常采用的标题栏格式应有以下内容：设计单位名称、工程名称、项目名称、图名、图别、图号等。电气工程图中常用图 10-2-5 所示标题栏格式，可供读者借鉴。

设计单位名称		工程名称	设计号	
			图 号	
总工程师		主要设计人		项目名称
设计总工程师		技 核		
专业工程师	制图			
组长		描 图		图 号
日期	比例			

图 10-2-5　标题栏格式

学生在作业时，采用图 10-2-6 所示的标题栏格式。

XX院XX系部XX班级			比例	材料	
制图	〈姓名〉	〈学号〉	**工程图样名称**	质量	
设计				〈作业编号〉	
描图					
审核				共 张 第 张	

图 10-2-6 作业用标题栏

10.2.2 比 例

比例是指图中图形与其实物相应要素的线性尺寸之比。通常使用缩小比例系列，前面的数字为1，后面的数字为实物尺寸与图形尺寸的比例倍数。电气工程图的常用比例有 1：10、1：20、1：50、1：100、1：200、1：500 等。无论采用何种比例，在图样中所标注的尺寸数值必须是实物的实际尺寸，而不是图形尺寸。

绘制图样时，应优先选择表 10-2-2 中的优先使用比例。必要时也允许从表 10-8 中允许使用比例中选取。

表 10-2-2 绘图的比例

种类		比例					
原值比例		1：1					
放大比例	优先使用	5：1	2：1	5×10^n：1	2×10^n：1	1×10^n：1	
	允许使用	4：1	2.5：1	4×10^n：1	2.5×10^n：1		
缩小比例	优先使用	1：2	1：5	1：10	1：2×10^n	1：5×10^n	1：1×10^n
	允许使用	1：1.5	1：2.5	1：3	1：4	1：6	
		1：1.5×10^n	1：2.5×10^n	1：3×10^n	1：4×10^n	1：6×10^n	

注：n 为正整数。

绝大多数电气图都是示意性的简图，所以不涉及电气设备与元、器件的尺寸，也就不存在按比例绘图的问题。某些接线图（单元接线图）为清楚地表示各端子的连接情况，需要画出元器件的简单外形。在这种情况下，所画外形也只起示意作用，相当于一个图形符号，因此也不必按实际尺寸及比例画出。设备布置图、平面图、结构图按比例绘制，而系统图、电路图、接线图等通常不需按比例绘制。

在电气的分类上，通常需要标注尺寸的只有两种：一种是位置图，另一种是印制板零件图与装配图。通常都按缩小的比例来绘制，可选的比例主要有：1：10，1：20，1：50，1：100，1：200 和 1：500。标题栏内应将绘图时采用的比例填写在规定的位置。

245

10.2.3　字　体

在图样上除了要用图形来表达机件的结构形状外，还必须用数字及文字来说明其大小和技术要求等其他内容。

在图样和技术文件中书写的汉字、数字和字母，都必须做到：字体工整、笔画清楚、间隔均匀、排列整齐。字体的号数代表字体高度（用 h 表示）。字体高度的公称尺寸系列为：1.8，2.5，3.5，5，7，10，14，20 mm。如需更大的字，其字高应按 $\sqrt{2}$ 的比率递增。汉字应写成长仿宋体字，并应采用国家正式公布的简化字。汉字的高度 h 应不小于 3.5，其字宽一般为 $h/\sqrt{2}$。字母和数字分 A 型和 B 型。A 型字体的笔画宽度 $d = h/14$，B 型字体的笔画宽度 $d = h/10$。在同一张图样上，只允许选用一种型式的字体。汉字、字母和数字可写成斜体和直体。斜体字字头向右倾斜，与水平基准线成 75°。

电气图中的字体，应采用长仿宋体，并采用国家正式公布的简化字。常用的文字高度可在下列尺寸中选择：2.5 mm，3.5 mm，5 mm，7 mm，10 mm，14 mm，20 mm。

图样中各文本尺寸见表 10-2-3，文字高度视图纸幅面而定，其最小字符高度见表 10-2-4。各行文字间的行距不应小于 1.5 倍的字高。

表 10-2-3　图样中各文本尺寸

文本类型	中文		字母及数字	
	字高	字宽	字高	字宽
标题栏图名	7~10	5~7	5~7	3.5~5
图形图名	7	5	5	3.5
说明抬头	7	5	5	3.5
说明条文	5	3.5	3.5	3.5
图形文字标注	5	3.5	3.5	2.5
图号和日期	5	3.5	3.5	2.5

表 10-2-4　最小字符高度

字符高度/mm	图　幅				
	A0	A1	A2	A3	A4
汉字	5	5	3.5	3.5	3.5
数字和字母	3.5	3.5	2.5	2.5	2.5

10.2.4　图线及箭头

1. 图　线

图线是指起点和终点间以任意方式连接的一种几何图形，它是组成图形的基本要素，形状可以是直线或曲线、连续线或不连续线。国家标准中规定了在工程图样中使用的 6 种图线，其型式、名称、宽度以及应用示例。

（1）线宽。

根据用途，图线宽度应根据图样的类型和尺寸大小，从下列线宽中选用：0.18 mm，0.25 mm，0.35 mm，0.5 mm，0.7 mm，1.0 mm，1.4 mm，2.0 mm。

图形对象的线宽应尽量不多于两种，且线宽间的比值应不小于 2。

（2）图线间距。

平行线（包括阴影线）之间的最小间距不小于粗线宽度的两倍，建议不小于 0.7 mm。

（3）图线线型。

根据绘制电气图的需要，一般使用如表 10-2-5 所示的图线。若在特殊领域使用其他形式的图线时，按惯例必须在有关图上用注释加以说明。

表 10-2-5　常用图线的型式、宽度和主要用途

图线名称	图线型式	图线宽度	主要用途
粗实线	———————	b	电气线路、一次线路
细实线	———————	约 $b/3$	二次线路、一般线路
虚线	— — — — —	约 $b/3$	屏蔽线、机械连线
细点划线	— · — · — · —	约 $b/3$	控制线、信号线、围框线
粗点划线	— · — · — · —	b	有特殊要求线
双点划线	— ·· — ·· —	约 $b/3$	原轮廓线

图线分为粗、细两种。以粗线宽度作为基础，粗线的宽度 b 应按图的大小和复杂程度，在 0.5～2 mm 之间选择，细线的宽度应为粗线宽度的 1/3。图线宽度的推荐系列为：0.18 mm，0.25 mm，0.35 mm，0.5 mm，0.7 mm，1 mm，1.4 mm，2 mm，若各种图线重合，应按粗实线、点划线、虚线的先后顺序选用线型。

2. 箭　头

电气图中使用的箭头有 4 种——空心箭头、实心箭头、开口箭头和普通箭头，如图 10-2-7 所示。空心和实心箭头用于说明非电过程中材料或介质的流向，如空心箭头可表示气流，实心箭头可表示液流。开口箭头用于信号线、信息线、连接线，主要表示信号、信息、能量的传输方向。普通箭头用于说明可变性、可调节性、运动或力的方向，也是指引线和尺寸线的一种末端表示型式。

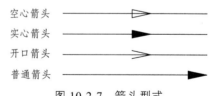

图 10-2-7　箭头型式

指引线用于将文字或符号引注至被注释的部位，用细的实线画成。必要时可以弯折一次。指引线的末端有 4 种标记型式，应该根据被注释对象在图中的不同表示方法选定，如图 10-2-8 所示。当指引线末端恰好指在被注释对象的轮廓线上时，指引线末端应画成普通箭头，指向轮廓线，如图 10-2-8（a）所示；当指引线末端须伸入被注释对象的轮廓线内时，指引线的末端应画一个小的黑圆点，如图 10-2-8（b）所示；当指引线末端指在不用轮廓图形表示的对象上时，如导线、各种连接线、线组等，指引线末端应该用一短斜线引出，如图 10-2-8

（c）所示；当指引线末端指在尺寸线上时，指引线末端既不用圆点也不用箭头，如图 10-2-8（d）所示。

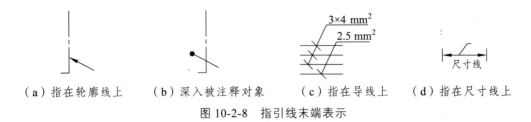

（a）指在轮廓线上　　（b）深入被注释对象　　（c）指在导线上　　（d）指在尺寸线上

图 10-2-8　指引线末端表示

10.3　电气工程读图

电气工程图的最基本应用主要有 3 个方面：

（1）日常电气维护管理人员根据电气图的识读，分析运行中电气设备的工作状态和性能，对电气设备进行维护、检修和故障排除；

（2）电气工程技术人员根据电气图的识读，对电气设备进行安装、调试，并使电气设备投入正常运行；

（3）电气工程高级技术人员对电气系统设计人员设计的图样进行审核、编制施工预算和预案，指导电气安装人员进行实际电气安装与调试。

10.3.1　电气读图的基本要求

读电气图的基本要求，归纳起来主要有如下几点：① 应具有电工基础知识；② 应熟悉电气工程的相关标准；③ 应熟悉各种电气图的特点；④ 应掌握常用的电气图形符号和文字符号；⑤ 应清楚电气元件的结构和原理；⑥ 应掌握读电气图的一般规律。

任何电路，如变电所、电力拖动和照明供电以及各种电气控制电路等，无不建立在电工学的理论基础上。因此，要想看懂电气图，搞清电路的电气原理，离开电工基础知识是不行的。因此，具有电工基础知识是读电气图的先决条件。可以说，不懂得电工基础知识的人根本不可能读懂电气图。

读电气图需要有关电气工程的各种标准和规范。读电气图的主要目的是用来指导施工、安装，指导运行、维修和管理。而一些技术要求不可能都在图面上反映出来，也不可能在图面上一一标注清楚，因为这些技术要求在有关的国家标准和技术规程、规范中已作了明确的规定。因而在读电气图时，还必须了解这些相关标准、规程、规范，这样才算真正识图。

读电气图要求熟悉各种电气图的特点。因为各种电气图都有一些独特的绘制和表示方法，只有了解各种电气图的特点，才可能明白电气图样所表达的含义。也只有了解各种电气图的特点，在读图时才能懂得什么时候应该读什么类型的电气图，遇到实际问题时才能找到实际所需的电气图样，才能有针对性地读图，也才能做到事半功倍的效果。

读电气图必须掌握常用的电气图形符号和文字符号。电气图用图形符号和文字符号以及项目代号、电器接线端子标志等是电气图的基本元素。这些符号和元素掌握得越多，记得越牢，读图越方便，越省时间。要掌握、熟记和应用所有的电气图用图形符号和文字符号以及项目代号、电器接线端子标志不是一件容易的事。实际中应该从个人涉及的具体项目出发，熟读并背画其中与所涉及项目专用的和比较常用的符号，然后逐步扩大掌握更多的符号，从而能够识读更多的电气图。

读电气图应该清楚电气元件的结构和原理。每一个电路都是由各种电气元件构成的，如在供电电路中常用到高压隔离开关、断路器、熔断器、互感器、避雷器等；在低压电路中常用到各种继电器、接触器和控制开关等。因此，在看电路图时，首先要搞清这些电器元件的性能、相互控制关系以及在整个电路中的地位和作用，才能看懂电流在整个回路中的流动过程和工作原理，否则电路图是无法看懂的。例如，识读继电-接触器控制系统原理图时，应该懂得继电器、接触器的线圈通电后它们的触点就会改变状态，从而去控制其他回路的原理。不懂得这些原理，就无法读懂电气图。

读电气图还必须掌握读电气图的一般规律。不同的电气工程系统，需要识读的电气图样不一样，不同种类的电气图样也有不同的特点。识读这些电气图样通常有一定的规律。了解掌握这些读图规律，可以快速了解电气工程系统的组成、性能和原理。因此，读电气图还必须掌握读电气图的一般规律，这些规律一般就是电气读图的步骤。

10.3.2　电气读图的基本步骤

各种电气图样的识读都有其具体的步骤，将在下面各个章节中分别介绍。这里主要介绍的是一般电气图识读的共同步骤，也就是基本步骤。作为指导电气技术人员对电气设备进行维护管理和维修保养的电气读图，其基本步骤总体上有如下4个方面：

1. 详细阅读电气图的各种说明

电气图的说明主要包括图纸目录、技术说明、元件明细表、施工说明书等。从这些说明中虽然得不到电气设备或系统的工作原理，但这些说明反映了电气设备或系统的总体技术水平和性能，详细阅读这些说明有助于从整体上理解图纸的概况和其所要表述的重点。

2. 看电气系统或设备的概略图（即系统图或框图）

概略图是从整体的角度出发，概略表示系统或分系统的基本组成、相互关系及其主要特征。因此，从概略图中可以看出系统各个部分之间存在的相互关系，在详细看电路图之前，能够弄清楚系统中各部分之间的联系是非常必要的。这对后面的读图以及理解系统各个部分的工作原理有着很重要的作用。所以，详细阅读电气图的各种说明后，应该看电气系统或设备的概略图。

3. 阅读电路图是识图的重点和难点

反映电气设备工作原理的电气图样主要是电路图。电路图是电气图的核心，也是内容最丰富、最难读的电气图纸。不论是从事电气安装调试，还是从事电气设备维修管理的人员，都必须了解电气设备的工作原理。这里主要说明电路图的一般阅读步骤。

看电路图时，首先应该分清主电路和辅助电路、交流回路和直流回路，其次按照先看主电路再看辅助电路的顺序进行识图，看主电路时，通常要从下往上看，即从用电设备开始，顺着控制元件，一个一个往电源端看；看辅助电路时，则自上而下、从左向右看，即先看电源再看各个回路，分析各条回路中元件的工作情况及其对主电路的控制关系。通过看主电路，要搞清楚电气负载是怎样取得电源的，电源线都经过哪些元件到达负载和为什么要通过这些元件。通过看辅助电路，则应搞清楚辅助电路的回路构成、各元件之间的相互联系和控制关系及其动作情况等。同时还要了解辅助电路和主电路之间的相互关系，进而了解和掌握整个电路的工作原理和来龙去脉。

4. 电路图与接线图和安装图对照看

接线图和安装（布置）图与电路图互相对照识读，可以帮助弄清楚项目的具体位置和对接线图的阅读。接线图和安装图是电气工程安装的主要依据性文件，与电路图对照阅读，不仅有助于接线图的阅读，还能帮助理解接线图和安装图中所表达的含义。看接线图时，一般是根据端子标志、回路标号从电源端逐一查下去，有了电路图的对照，就能丝毫不漏地将各回路查找出来，就能弄清线缆的走向和电路的连接方法，搞清每个回路在哪里，是怎样通过各个元件构成闭合回路的。

对于复杂的电气系统，一般需要经过反复的几遍识读过程才能完全做到真正读懂所有的电气图样，因此，复杂电气系统的读图还可分为 3 个阶段：粗读、细读和精读。

所谓粗读，就是将施工图从头到尾大概浏览一遍，主要了解工程的概况，做到心中有数。粗读应掌握工程所包含的项目内容、主要技术参数和总体组成。

所谓细读，就是按一定的读图步骤和读图要点仔细阅读每一张施工图，达到全面了解系统的组成原理等。

所谓精读，就是将施工图中的关键部位及设备的图样重新仔细阅读，系统地掌握中心内容和要求，做到胸有成竹、滴水不漏。

综上所述，阅读电气图的基本原则是由大到小、由浅变深。对于比较简单的系统，读图步骤有 4 个：首先是读说明，然后读概略图，接着读电路图，最后读安装图和接线图。对于复杂的电气系统，读图应该分 3 个阶段：首先是粗读，然后是细读，最后是精读。其中，细读的具体步骤基本上可参考读图的 4 个步骤，粗读可比细读"粗"点。这里的"粗"不是"粗糙的粗"，而是相对不侧重在细节上。而精读则是选择重点的或重要的关键内容进行的进一步阅读，是为了保证万无一失而进行的精读。

当然，每个人都有自己读图的习惯和方法，在掌握一定读图规律后都可根据自己的知识水平和知识面的宽窄，总结适合自己的读图习惯和方法。但是读图的目的都是一样的，都是要理解电气设计人员的设计思想，掌握电气设备的工作原理和性能，为电气系统和设备的安装调试及维护管理打下坚实的基础。

10.4 常用电气图形符号的绘制实例

10.4.1 动合（常开）触点的绘制

首先新建并保存一个新的 dwg 文件，在使用直线、旋转等命令来绘制该图例。

步骤 1：正常启动 AutoCAD 2014 软件，系统自动创建空白文件，单击"保存"按钮，将其保存为"案例\动合（常开）触点.dwg"文件。

步骤 2：执行"直线"命令（L），按【F8】键打开正交模式，绘制 3 条连续的垂直线段，如图 10-4-1 所示。

步骤 3：执行"旋转"命令（RO），选择中间线段，以下端点为基点，输入指定旋转角度为 25°，旋转结果如图 10-4-2 所示。

步骤 4：执行"基点"命令，指定垂直线段的上端点为基点；再按【Ctrl + S】组合键对文件进行保存。

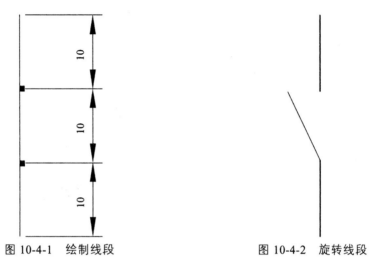

图 10-4-1　绘制线段　　　　　　　　　　图 10-4-2　旋转线段

10.4.2　断路器的绘制

"断路器"图例是在前面"动合触点"基础上，再使用直线、旋转、移动等命令来绘制的。

步骤 1：接上例，单击"另存为"按钮，将文件另存为"案例\断路器.dwg"文件。

步骤 2：执行"直线"命令（L），分别绘制长、高都为 2 且互相垂直的线段，如图 10-4-3 所示。

步骤 3：在执行"旋转"命令（RO），将十字线段旋转 45°，如图 10-4-4 所示。

步骤 4：在执行"移动"命令（M），选择十字线，以十字交点为基点移动捕捉到前面垂直线段的下端点，如图 10-4-5 所示。

步骤 5：执行"基点"命令（BASE），单击上端为基点；再按【Ctrl + S】组合键对文件进行保存。

图 10-4-3　绘制线段　　　　图 10-4-4　旋转线段　　　　图 10-4-5　断路器

10.4.3　动断（常闭）触点的绘制

首先新建并保存一个新的 dwg 文件，在使用直线、旋转、移动等命令来绘制图例。

步骤 1：正常启动 AutoCAD 2014 软件，系统自动创建空白文件，单击"保存"按钮 🖫 ，将其保存为"案例\动断（常闭）触点.dwg"文件。

步骤 2：执行"直线"命令（L），在正交模式下绘制 3 条连续的垂直线段，如图 10-4-6 所示。

步骤 3：执行"旋转"命令（RO），选择中间线段以下端点为基点，输入指定旋转角度为 – 25°，如图 10-4-7 所示。

步骤 4：执行"直线"命令（L），在第一条垂直线段的下端向右绘制一条长为 6 的水平线段，如图 10-4-8 所示。

步骤 5：执行"移动"命令（M），将上、下两组线段组合在一起，效果如图 10-4-9 所示。

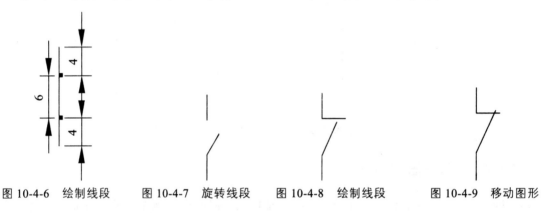

图 10-4-6　绘制线段　　　图 10-4-7　旋转线段　　　图 10-4-8　绘制线段　　　图 10-4-9　移动图形

步骤 6：执行"基点"命令（BASE），单击上端为基点；再按【Ctrl + S】组合键对文件进行保存。

10.4.4　隔离开关的控制

首先新建并保存一个新的 dwg 文件，再使用直线、旋转等命令来绘制图例。

步骤 1：正常启动 AutoCAD 2014 软件，系统自动创建空白文件，单击"保存"按钮 🖫 ，将其保存为"案例\隔离开关.dwg"文件。

步骤 2：执行"直线"命令（L），在正交模式下绘制 3 条连续的垂直线段，如图 10-4-10 所示。

步骤 3：执行"旋转"命令（RO），选择中间线段以下端点为基点，输入指定旋转角度为 25°，如图 10-4-11 所示。

步骤 4：执行"直线"命令（L），在第一条垂直线段的下端绘制一条长为 2 的水平线段，如图 10-4-12 所示。

步骤 5：执行"基点"命令（BASE），单击上端为基点，再按【Ctrl + S】组合键对文件进行保存。

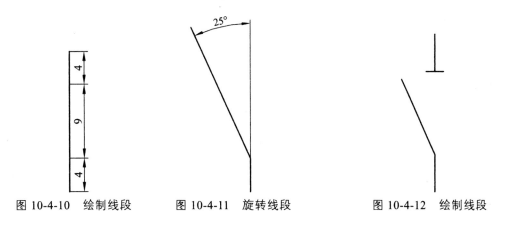

| 图 10-4-10 绘制线段 | 图 10-4-11 旋转线段 | 图 10-4-12 绘制线段 |

10.4.5　接地的绘制

首先新建并保存一个新的 dwg 文件，再使用直线、缩放等命令来绘制图例。

步骤 1：正常启动 AutoCAD 2014 软件，系统自动创建空白文件，单击"保存"按钮 🖫，将其保存为"案例\接地.dwg"文件。

步骤 2：执行"直线"命令（L），绘制长为 8 的水平线段：在执行"偏移"命令（O）将线段向下依次偏移 2、2，如图 10-4-13 所示。

步骤 3：执行"缩放"命令（SC），选择中间线段，指定该重点为基点，输入比例因子 6/8，按空格键以将中间条线段缩短成为 6，如图 10-4-14 所示。

步骤 4：根据同样的方法，选择最下测线段，指定该中点为基点，输入比例因子 2/8，按空格键以将第二条线段缩短成为 2，如图 10-4-15 所示。

步骤 5：执行"直线"命令（L），在水平线上端中点向卜绘制长 6 的垂直线段，如图 10-4-16 所示。

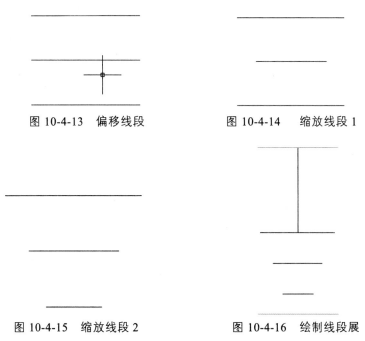

| 图 10-4-13 偏移线段 | 图 10-4-14 缩放线段 1 |

| 图 10-4-15 缩放线段 2 | 图 10-4-16 绘制线段展 |

步骤 6：执行"基点"命令（BASE），单击上端为基点；再按【Ctrl＋S】组合键对文件进行保存。

10.4.6　引线的绘制

首先新建并保存一个新的 dwg 文件，再使用圆、多线段、移动、复制、旋转和镜像等命令来绘制各种引线图例，效果如图 10-4-17～10-4-20。

图 10-4-17　向下引线　　图 10-4-18　向上引线　　图 10-4-19　上线引线　　图 10-4-20　同侧引线

步骤 1：正常启动 AutoCAD 2014 软件，系统自动创建空白文件，单击"保存"按钮,将其保存为"案例\引线.dwg"文件。

步骤 2：执行"圆"命令（C），绘制一个半径为 70 的圆，如图 10-4-21 所示。

步骤 3：执行"图案填充"命令（H），对圆填充纯色"SOLTD"的图案，如图 10-4-22所示。

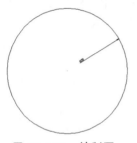 

图 10-4-21　绘制圆　　　　　　　　　　　　　图 10-4-22　填充圆

步骤 4：执行"多线段"命令（PL），以左象限点为起点，设置起点宽度为 0，终点宽度为 100，向左绘制长 315 的箭头；再设置全局宽度为 0，继续向左绘制长 424 的水平线，如图10-4-23 所示。

步骤 5：执行"旋转"命令（RO），选择多线段，指定圆心为旋转的基点，输入角度 45°，旋转图形效果如图 10-4-24 所示。从而完成"下引线"的绘制。

图 10-4-23　绘制多段线　　　　　　　　图 10-4-24　旋转多段线

步骤 6：绘制"上引线"图例；执行"复制"命令（CO），将绘制的"下引线"复制出一份；在执行"移动"命令（M），将多段线箭头符号以 45°极轴移动到圆右上角，效果如图10-4-25 所示。

步骤 7：绘制"上下引线"图例；执行"复制"命令（CO），将绘制的"上引线"复制出一份；执行"镜像"命令（MI），将多段线箭头以圆心和 45°极轴进行镜像，如图 10-4-26 所示。

步骤 8：绘制"同侧引线"图例；执行"复制"命令（CO），将绘制的"下引线"复制出一份；再执行"复制"命令（CO），将多段线箭头以 45°极轴复制到圆右上角，效果如图 10-4-27 所示。

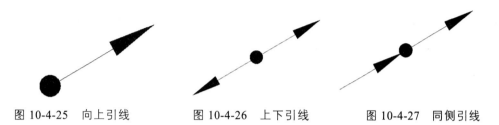

图 10-4-25　向上引线　　　　图 10-4-26　上下引线　　　　图 10-4-27　同侧引线

步骤 9：执行"基点"命令（BASE），单击任意符号圆心为基点，再按【Ctrl + S】组合键对文件进行保存。

10.4.7　电阻的绘制

技巧概述：首先新建并保存一个新的 dwg 文件，再使用矩形、直线等命令来绘制电阻图例。

步骤 1：正常启动 AutoCAD 2014 软件，系统自动创建空白文件，单击"保存"按钮 ，将其保存为"案例\09\电阻.dwg"文件。

步骤 2：执行"矩形"命令（REC），绘制一个 650×300 的矩形，如图 10-4-28 所示。

步骤 3：再执行"直线"命令（L），在电阻的两端绘制长 425 的水平线，如图 10-4-29 所示。

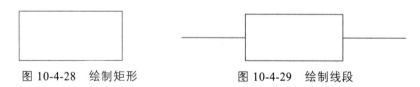

图 10-4-28　绘制矩形　　　　　　图 10-4-29　绘制线段

步骤 4：执行"基点"命令（BASE），单击任意符号圆心为基点；再按【Ctrl + S】组合键对文件进行保存。

10.4.8　可变电阻的绘制

可变电阻是在电阻文件的基础上来绘制的，首先调用"电阻"文件并另存为新的文件，再使用多线段、旋转等命令来绘制图例。

步骤 1：接上例，单击"另存为"按钮，将文件另存为"案例\可变电阻.dwg"文件。

步骤 2：执行"多段线"命令（PL），在图形中间绘制第一段长度为 670 的垂直线，在设置起点宽度为 50，终点宽度为 0，向上继续绘制 230 的箭头，如图 10-4-30 所示。

步骤 3：执行 "旋转" 命令（RO），将多段线以矩形的中点进行旋转 − 45°，效果如图 10-4-31 所示。

图 10-4-30　绘制多段线　　　　　　　　图 10-4-31　旋转多断线

步骤 4：执行 "基点" 命令（BASE），单击左端点为基点；再按【Ctrl + S】组合键对文件进行保存。

10.4.9　电容器的绘制

首先新建并保存一个新的 dwg 文件，再使用直线、偏移等命令来绘制图形。

步骤 1：正常启动 AutoCAD 2014 软件，系统自动创建空白文件，单击 "保存" 按钮 🖫，将其保存为 "案例\电容器.dwg" 文件。

步骤 2：执行 "直线" 命令（L），绘制一条长 800 的垂直线段；再执行 "偏移" 命令（O），将线段向右偏移出 300，如图 10-4-32 所示。

步骤 3：再执行 "直线" 命令（L），在线段的两侧分别绘制长 600 的水平线，如图 10-4-33 所示。

图 10-4-32　绘制垂直线段　　　　　　　　图 10-4-33　绘制水平线段

步骤 4：执行 "基点" 命令（BASE），单击左端点为基点；再按【Ctrl + S】组合键对文件进行保存。

10.4.10　可变电容的绘制

技巧概述：首先调用 "电容器" 文件并另存为新的文件，再使用多段线、旋转、移动等命令来绘制图例。

步骤 1：接上例，单击 "另存为" 按钮，将文件另存为 "案例\08\可变电容.dwg" 文件。

步骤 2：执行 "多段线" 命令（PL），首先向右绘制第一段长为 670 的水平线；再设置起点宽度为 50，端点宽度为 0，继续向右绘制一端长 230 的箭头，如图 10-4-34 所示。

步骤 3：执行 "旋转" 命令（RO），将箭头图形旋转 45°；再执行 "移动" 命令（M），将旋转后的箭头移动到电容相应的位置，如图 10-4-35 所示。

图 10-4-34　绘制多段线　　　　　　图 10-4-35　旋转并移动多段线

步骤 4：执行 "基点" 命令（BASE），单击左端点为基点；再按【Ctrl + S】组合键对文件进行保存。

10.4.11　电感器的绘制

技巧概述：首先新建并保存一个新的 dwg 文件，再使用直线、圆等命令来绘制图形。

步骤 1：正常启动 AutoCAD 2014 软件，系统自动创建空白文件，单击 "保存" 按钮，将其保存为 "案例\09\电感器.dwg" 文件。

步骤 2：执行 "圆" 命令（C），绘制一个半径为 2 的圆，如图 10-4-36 所示。

步骤 3：再执行 "直线" 命令（L），绘制圆水平直径线，如图 10-4-37 所示。

步骤 4：执行 "修剪" 命令（TR），修剪掉下半圆弧；再执行 "删除" 命令（E），将水平线删除掉，如图 10-4-38 所示。

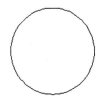　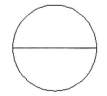　

图 10-4-36　绘制圆　　　　图 10-4-37　绘制线段　　　　图 10-4-38　修剪删除效果

步骤 5：执行 "复制" 命令（CO），将圆弧水平向右复制 3 个，如图 10-4-39 所示。

图 10-4-39　复制圆弧

步骤 6：执行 "基点" 命令（BASE），单击左端点为基点；再按【Ctrl + S】组合键对文件进行保存。

10.4.12　热继电器的绘制

技巧概述：首先新建并保存一个新的 dwg 文件，再使用矩形、分解、直线等命令来绘制图形。

步骤 1：正常启动 AutoCAD 2014 软件，系统自动创建空白文件，单击"保存"按钮 🖬，将其保存为"案例\热继电器.dwg"文件。

步骤 2：执行"矩形"命令（REC），绘制一个 2*2 的矩形，如图 10-4-40 所示。

步骤 3：执行"分解"命令（X），将矩形打散操作；再执行"删除"命令（E），将右垂直线段删除，如图 10-4-41 所示。

步骤 4：执行"直线"命令（L），捕捉两条水平线右端点各绘制长 6 的垂直线段，如图 10-4-42 所示。

图 10-4-40　绘制矩形　　　图 10-4-41　删除右侧边　　　图 10-4-42　绘制垂直线

步骤 5：执行"偏移"命令（O），将垂直线段向两侧各偏移 4.5，如图 10-4-43 所示。

步骤 6：重复偏移命令，将水平线段各向外偏移 1，如图 10-4-44 所示。

步骤 7：执行"倒角"命令（CHA），将上两步偏移得到的 4 条线段，进行倒角处理，如图 10-4-45 所示。

图 10-4-43　偏移垂直线　　　图 10-4-44　偏移水平线　　　图 10-4-45　倒直角处理

步骤 8：执行"基点"命令（BASE），单击上端点为基点；再按【Ctrl + S】组合键对文件进行保存。

10.4.13　电源配电箱的绘制

技巧概述：首先新建并保存一个新的 dwg 文件，再使用矩形、旋转、直线等命令来绘制图形。

步骤 1：正常启动 AutoCAD 2014 软件，系统自动创建空白文件，单击"保存"按钮 🖬，将其保存为"案例\09\电源配电箱.dwg"文件。

步骤 2：执行"矩形"命令（REC），绘制一个 188*75 的矩形，如图 10-4-46 所示。

步骤 3：执行"直线"命令（L），绘制矩形的对角线，如图 10-4-47 所示。

步骤 4：执行"图案填充"命令（H），对右下三角进行填充"SOLTD"图案，如图 10-4-48 所示。

图 10-4-46　绘制矩形　　　　图 10-4-47　绘制线段　　　　图 10-4-48　填充图案

步骤 5：执行"基点"命令（BASE），单击矩形上水平边中点为基点；再按【Ctrl + S】组合键对文件进行保存。

10.4.14　直流发电机的绘制

技巧概述：首先新建并保存一个新的 dwg 文件，再使用圆、单行文字、直线等命令来绘制图形。

步骤 1：正常启动 AutoCAD 2014 软件，系统自动创建空白文件，单击"保存"按钮🖫，将其保存为"案例\09\直流发电机.dwg"文件。

步骤 2：执行"圆"命令（C），绘制一个半径为 63 的圆，如图 10-4-49 所示。

步骤 3：执行"单行文字"（DT），在圆内单击起点，设置文字高度为 50，输入文字"G"，如图 10-4-50 所示。

步骤 4：再执行"直线"命令（L），在文字下侧绘制一条短横线，如图 10-4-51 所示。

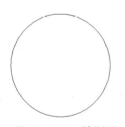  

图 10-4-49　绘制圆　　　　图 10-4-50　输入文字　　　　图 10-4-51　绘制横线

步骤 5：执行"基点"命令（BASE），单击圆心为基点；再按【Ctrl + S】组合键对文件进行保存。

10.4.15　交流发电机的绘制

技巧概述：本实例调用前面的"直流发电机"文件并另存为新的文件，再使用删除、圆弧等命令来绘制交流发电机图例。

步骤 1：接上例，单击"另存为"按钮，将文件另存为"案例\09\交流发电机，dwg"文件。

步骤 2：执行"删除"命令（E），将短横线删除，如图 10-4-52 所示。

步骤 3：执行"圆弧"命令（A），在文字下方绘制两个半径为 10 的半圆弧，如图 10-4-53 缩回。

图 10-4-52　删除横线　　　　　　　图 10-4-53　绘制半圆弧

步骤 4：执行"基点"命令（BASE），单击圆心为基点；再按【Ctrl＋S】组合键对文件进行保存。

10.4.16　直流电动机的绘制

技巧概述：首先新建并保存一个新的 dwg 文件，再使用圆、单行文字、直线等命令来绘制图形。

步骤 1：正常启动 AutoCAD 2014 软件，系统自动创建空白文件，单击"保存"按钮 ![save]，将其保存为"案例\09\直流电动机.dwg"文件。

步骤 2：执行"圆"命令（C），绘制一个半径为 63 的圆，如图 10-4-54 所示。

步骤 3：执行"单行文字"（DT），在圆内单击起点，设置文字高度为 50，输入文字"M"，如图 10-4-55 所示。

步骤 4：再执行"直线"命令（L），在文字下侧绘制一条短横线，如图 10-4-56 所示。

图 10-4-54　绘制圆　　　　图 10-4-55　输入文字　　　　图 10-4-56　绘制横线

步骤 5：执行"基点"命令（BASE），单击圆心为基点；再按【Ctrl＋S】组合键对文件进行保存。

第11章 铁道供电专业识图与制图

【本章导读】

铁道供电专业毕业生主要从事的铁路工种有电力线路工、接触网工、变电所值班员、变电所维护检修工等。无论哪个工种，都属于铁道电气化工程范畴，在工作中避免不了要识图和制图。铁道电气化工程属于特殊的电气工程，在熟悉了电气制图的基础知识之后，才能更好地应用于铁道电气化工程识图与绘图。通过前面知识的学习，用户硬件对 AutoCAD 2014 的基本使用方法、绘制和编辑图形有了一定的掌握，但要将其运用到实际工作中，还需要多加练习以加强实际的操作能力。本章将通过现场实例进一步巩固前面所学知识。

【技能目标】

（1）具备电力线路工程识图与制图能力。
（2）具备变电所工程图识图与制图能力。
（3）具备接触网工程识图与制图能力。

11.1 铁道供电系统认知

电气化铁道是指设有牵引供电系统，以电力机车作为列车牵引动力的铁路。其主要优点是运输能力大，可节约大量能源，爬坡能力强，乘务员工作条件好。

电气化铁道沿线要设置完善的、不间断地向电力机车提供电能的设备，这套供电设备称为牵引供电系统，如图 11-1-1 所示。

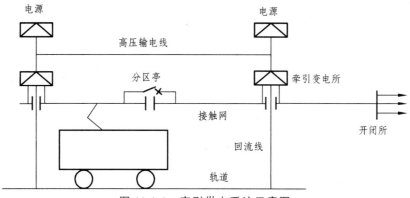

图 11-1-1　牵引供电系统示意图

铁路供电的主要任务有两项：其一为牵引供电，向电力机车（动车组）提供电源；其二为非牵引供电，向牵引负荷以外的铁路负荷提供电源。牵引供电线路为接触网供电，电压等级为 25 kV；非牵引供电线路为架空线路和电缆线路，电压等级为 10 kV 和 220/380 V。

发电厂发出的电流经升压变压器提高电压后，由高压输电线输送到铁路沿线的牵引变电所。在牵引变电所内将电流变换成所需要的电流或电压，再经馈电线转送到接触网上供电力机车使用。

牵引供电系统主要包括牵引变电所和接触网两部分。牵引变电所的作用是将 220 kV（或 110 kV）的三相或二相电能变成 27.5 kV 的单相工频交流电能输出。接触网的作用是将额定电压 27.5 kV 的工频单相交流电，安全可靠不间断地送给电力机车受电弓，接触网是沿铁轨上空架设的特殊形式的输电线路。

11.2　电力线路工程识图与制图

铁路电力线路工种主要从事的工程为非牵引供电工程，即架空线路工程和电缆线路工程。常见的有线路供电运行方式图、线路平面图、架空线路图、配电施工设计图等。

11.2.1　电力内外线工程识图基础知识

1. 绝缘导线与电缆的表示及含义

35 kV 及以下电力电缆型号及产品表示方法，主要有以下几个方面。

（1）用汉语拼音第一个字母的大写表示绝缘种类、导体材料、内护层材料和结构特点。例如，用 Z 表示纸（zhi）；L 代表铝（lv）；Q 代表铅（qian）；F 代表分相（fen）；ZR 代表阻燃（zuran）；NH 代表耐火（naihuo）。

（2）用数字表示外护层构成，有两位数字。无数字代表无铠装，无外护层。第一位数字代表铠装，第二位数字代表外被，如粗钢丝铠装纤维外被表示为 41。

（3）电缆型号按电缆结构的排列一般依次为绝缘材料、导体材料、内护层、外护层。

（4）电缆产品用型号、额定电压和规格表示。其方法是在型号后再加上说明额定电压。芯数和标称截面积的阿拉伯数字。例如，VV42-103×50 表示铜芯，聚氯乙烯绝缘，粗钢线铠装，聚氯乙烯护套，额定电压 10 kV、3 芯、标称截面积为 50 mm^2 的电力电缆。

电力电缆型号各部分的代号及其含义如下：

（1）绝缘种类：V 表示聚氯乙烯；X 代表橡胶；Y 代表聚乙烯；YJ 代表交联聚乙烯；Z 代表纸。

（2）导体材料：L 代表铝；T（省略）代表铜。

（3）内护层：V 代表聚氯乙烯护套；Y 代表聚乙烯护套；L 代表铝护套；Q 代表铅护套；H 代表橡胶护套；F 代表氯丁橡胶护套。

（4）特征：D 代表不滴流：F 代表分相；CY 代表充油；P 代表贫油干绝缘；P 代表屏蔽；Z 代表直流。

（5）控制层：0 代表无；2 代表双钢带；3 代表细钢丝；4 代表粗钢丝。

（6）外被层：0 代表无；1 代表纤维外被；2 代表聚氯乙烯护套；3 代表聚乙烯护套。

（7）阻燃电缆在代号前加 ZR：耐火电缆在代号前加 NH。

2. 照明灯具的标注

灯具的标注是在灯具旁按灯具标注规定标注灯具数量和型号，以及灯具中的光源数量和容量、悬挂高度和安装方式。灯具光源按发光原理分为热辐射光源（如白炽灯和卤钨灯）和气体放电光源（荧光灯、高压汞灯、金属卤化物灯）。

照明灯具的标注格式如下：

（1）一般灯具标注格式：a-b（（$c*d*L$）/e）f。

（2）吸顶灯标注格式：a-b（（$c*d*L$/e）f。

式中　a——灯具数量；

　　　b——灯具型号（可不标注）；

　　　c——每盏灯局的灯泡（管）数量；

　　　d——灯泡（管）的容量，W；

　　　e——灯具安装高度，m；

　　　f——安装方式；

　　　L——光源种类（1种光源可不标注）。

例如，灯具标注：12-PAK-A04-236（（2*36）/2.9）P，表示 12 盏型号为 PAK-04-236 的双管荧光灯具，灯管的容量为 36 W，管吊式安装，安装高度 2.9 m。

3. 照明配电线路的标注

配电线路的标注用以表示线路的敷设方式及敷设部位，采用英文字母表示。配电线路的标注格式如下：

（1）一般标注格式：a-b（$c*d$）e-f；

（2）两种芯线截面的标注：a-b（$c*d + n*h$）e-f。

式中　a——线路编号（可不标注）；

　　　b——导线或电缆型号；

　　　c，n——线芯根数；

　　　d，h——导线或电缆截面积，mm^2；

　　　e——敷设方式（管径，mm）；

　　　f——辐射部位。

例如，标注 BV（3*4）SC20-FC，WC 表示 3 根截面积为 4 mm^2 的塑料绝缘铜芯导线，穿管径为 20 mm 的水煤气管暗敷设在地板或墙内。

又如，标注 BV（3*50 + 1*25）SC50-FC 表示线路是铜芯塑料绝缘导线，三根 50 mm^2，一根 25 mm^2，穿管径为 50 mm 的钢管沿地面暗敷。

4. 开关及熔断器的标注

技巧概述：开关及熔断器的表示，也为图形符号如文字标注。

（1）其文字标注格式一般为 a-b-b/i 或 a（b/（c/i））；

（2）若需要标注引入线的规格时，则标注为 a（（b-c/i）/d（$e*f$）-g）。

式中　a——设备编号（可不标注）；

　　　b——设备型号；

　　　c——额定电流，A；

　　　i——整定电流（可不标注），A；

d——导线型号；

e——导线根数；

f——导线截面积 mm^2；

g——敷设方式。

例如，标注 Q3QDZ10-100/3-100/60 表示编号为 3 号的开关设备，其型号为 DZ10-100/3，即装置式 3 极低压空气断路器，其额定电流为 100 A，脱扣器整定电流为 60 A。

5．照明配电箱的标注

照明配电箱标注格式及代号含义如图 11-2-1 所示。

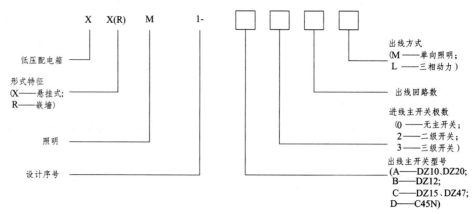

图 11-2-1　照明配电箱标注的含义

例如，型号为 XRM1-A312M 的配电箱，表示该照明配电箱为嵌墙安装，箱内装设一个型号为 DZ20 的进线主开关，单相照明出线开关为 12 个。

【例 11-1】　绘制如图 11-2-2 所示的电动机正反转控制电气接线图。

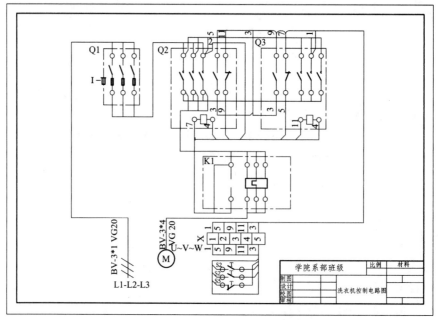

图 11-2-2　电动机正反转控制电气接线图

264

（1）创建新的图形文件。选择"开始"|"程序"|"Autodesk"|"AutoCAD 2014 中文版"|"AutoCAD 2014"进入 AutoCAD 2014 中文版绘图主界面。

（2）设置图形界限。根据图形的大小和 1∶1 作图原则，设置图形界限为 420×297 横放比较合适。标准 3 号图纸。

① 设置图形界限。

命令：_limits   //选择"格式" | "图形界限"菜单命令

重新设置模型空间界限：

指定左下角点或[开（ON）/关（OFF）]<0.0000，0.0000>：   //按【Enter】键

指定右上角点<420.0000，297.0000>：   //输入新的图形界限

② 显示图形界限。设置了图形界限后，一定要通过显示缩放命令将整个图形范围显示成当前的屏幕大小。最简捷的方法就是单击缩放工具栏中的"全部缩放"按钮 即可。

（3）设置图层。由于本图例线形少，因此不用设置图层，在 0 层绘制就可以了。

（4）图形绘制。

① 绘制边框和标题栏，根据图 15-7 所示，将整个图形分成 3 个区域。用绘制矩形、直线、偏移、修剪、多行文字等命令先绘制出边框和标题栏，如图 11-2-3 所示。

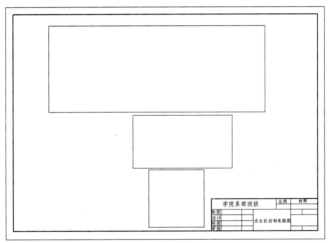

图 11-2-3 绘制边框和标题栏并分区域

② 绘制上区接线图。绘制过程中，多用复制、对象捕捉、对象追踪、移动等常用命令，上区左侧绘制步骤如图 11-2-4 所示，先用矩形、直线、圆等命令绘制左侧一个，再通过复制绘制右侧。

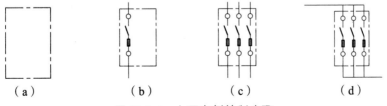

（a）   （b）   （c）   （d）

图 11-2-4 上区左侧绘制步骤

上区右侧绘制步骤如图 11-2-5 所示。先绘制如图 11-2-5（a）所示的图形，通过复制，绘制出如图 11-2-5（b）所示的图形。

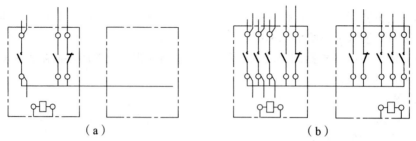

（a）　　　　　　　　　　　　（b）

图 11-2-5　上区右侧绘制步骤

③ 中区图形绘制。用绘制矩形 ⬛、直线 ╱、圆 ◉、修剪 ⊶ 等命令绘制如图 11-2-6 （a）所示的图形，再用复制 ⬚ 命令绘制如图 11-2-6（b）所示的图形。

（a）　　　　　　　　　　　　（b）

图 11-2-6　中区图形绘制

④ 下区图形绘制。用矩形 ⬛、直线 ╱、圆 ◉、修剪 ⊶、复制 ⬚、镜像 ⫴ 等命令绘制如图 11-2-7 所示。

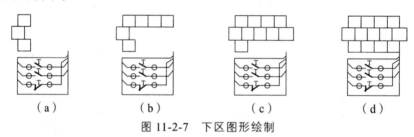

（a）　　　　（b）　　　　（c）　　　　（d）

图 11-2-7　下区图形绘制

⑤ 用移动 ✛ 命令将以上 3 个所绘制的图形按位置进行对接，如图 11-2-8 所示。

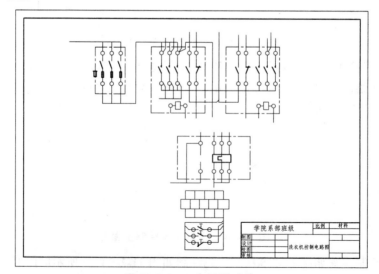

图 11-2-8　3 个图形对接

⑥ 用直线 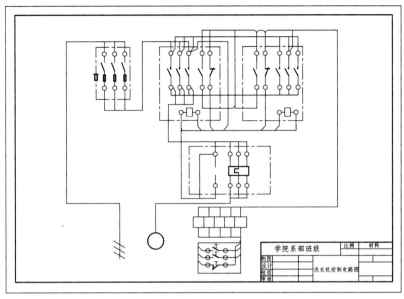、对象捕捉、延伸 等命令，绘制各元件之间的连线，如图 11-2-9 所示。

图 11-2-9　绘制图形之间连接线

⑦ 用多行文字命令注写图中文字。字体为宋体字，文字大小可根据实际情况进行调整，注写文字后完成整个图形绘制。

11.2.2　电力内外线工程制图实例

1. 导线的一般画法

（1）导线的一般符号。

导线的一般符号可用于表示 1 根导线、导线组、电线、电缆、电路、传输电路、线路、母线、总线等，根据具体情况加粗、延长或缩小。

（2）导线和导线根数的画法。

在绘制电气工程图时，一般的图线可表示单根导线。对于多根导线，可以分别画出，也可以只画 1 根图线，但需加标志。若导线少于 4 根，可用短划线数量代表根数；若多于 4 根，可在短划线旁边加数字表示，见表 11-2-1。

表 11-2-1　导线和导线根数表示法

序号	图形符号	说　明	画法使用命令
1		一般符号	直线
2	///	3 根导线	直线
3	n	n 根导线	
4	3N~50 Hz　　　　380 V 3×70+1×35　　　A1	具体表示	直线 多行文字 A

267

序号	图形符号	说　明	画法使用命令
5	—KVV-8×1.0P20WC	具体表示	
6		柔软导线	直线 样条曲线
7		屏蔽导线	直线、圆
8		绞合导线	
9		分支与合并	直线
10	L3 L1	相序变更	直线 多行文字
11		电缆	直线

2. 架空线路图实例

架空线路主要由杆塔、导线、绝缘子、横担、金具、避雷线、拉线等主要元件组成，如图 11-2-10 ~ 11-2-14 所示。

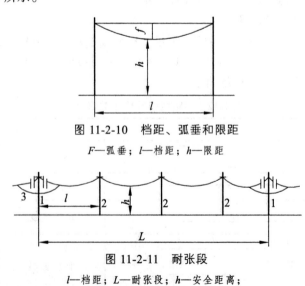

图 11-2-10　档距、弧垂和限距

F—弧垂；l—档距；h—限距

图 11-2-11　耐张段

l—档距；L—耐张段；h—安全距离；
1—耐张杆；2—直线杆；3—跳线

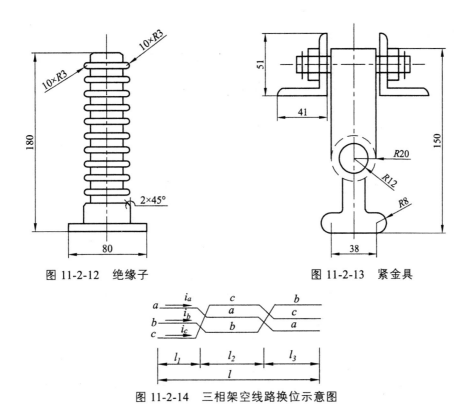

图 11-2-12　绝缘子　　　　　　　图 11-2-13　紧金具

图 11-2-14　三相架空线路换位示意图

3.系统图实例

（1）配电支线施工设计图（见图 11-2-15）。

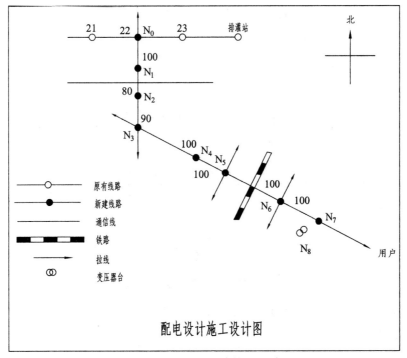

配电设计施工设计图

图 11-2-15　配电支线施工设计图

（2）10 kV 线路平面图（见图 11-2-16）。

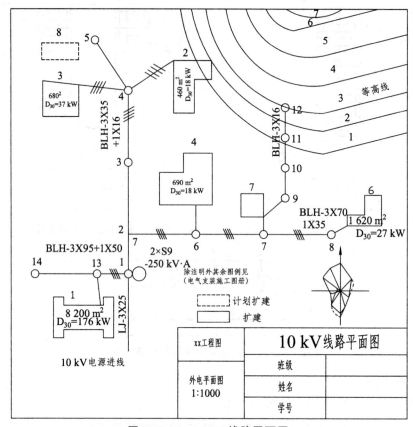

图 11-2-16　10 kV 线路平面图

（3）供电区间供电方式图。

铁路供电线路沿铁路沿线分布图如图 11-2-17 所示。

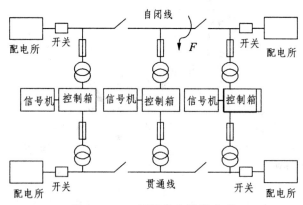

图 11-2-17　线路供电运行方式

图 11-2-17 为示意图，绘制步骤简述如下：

① 图纸布局。

本图的绘制，应从使用"A3"样板开始。

a. 设置绘图环境。

- 用"A3样板"新建文件。并切换到模型空间。
- 设置图形界限：左下角点为（0，0），右上角点为（26 000，10 000）。
- 执行"视图"|"缩放"|"全部"。

b. 图纸布局。

本图基本由设备符号、连线及标注构成。各设备可以只绘制出其示意符号，而不必完全按其真实尺寸及形状绘制。所有图形符号都应在"实体符号"图层绘制，并根据需要调整线宽。

- 在定位线层画构造线，以偏移方式确定各部分图形要素的位置。
- 执行修剪命令剪去构造线的外围部分。

c. 设置文字样式。

在功能区的"注释"选项卡中"文字"面板上单击"文字样式"按钮，在打开的"文字样式"对话框中单击"新建"按钮，在打开的"新建文字样式"对话框中输入样式名"标识"，单击"确定"按钮。

在"文字样式"对话框中将"标识"样式置为当前，设置字高为70，字体为仿宋，宽度因子为1.0。

② 绘制符号。

- 绘制熔断器符号，之前章节已经介绍过。
- 绘制变压器符号，之前章节已经介绍过，并以下圆的下象限点位基点，创建图块。
- 绘制开关符号，绘制一定比例的矩形即可。
- 利用直线命令绘制隔离井关符号。

③ 绘制线路分布图。

a. 图纸分区。

将"辅助线"图层置为当前，使用"直线""偏移"工具绘制出合适的分区。

b. 绘制自闭线路。

- 将"符号"图层置为当前。打开对象捕捉功能，使用"直线"工具绘制自闭线，再用"偏移"工具向下方距离1 000处偏移复制一条贯通线。
- 捕捉自闭线的左右端点作为插入点，插入"配电所"图块，再用"修剪"工具将多余线头剪掉。
- 捕捉自闭线的四等分点作为插入点，插入"变压器"图块，将熔断器偏移到合适位置，再用"修剪"工具将多余线头剪掉。

c. 利用镜像、复制偏移命令继续完成分布图。

d. 添加文字说明：将"文字说明"图层置为当前，使用"单行文字"工具，输入图中所示的文字说明。

e. 绘制配电线路图，如图11-2-18所示。

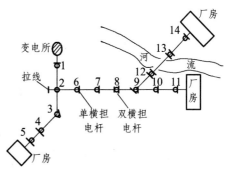

图11-2-18 配电线路图

271

（4）系统接线图（见图 11-2-19）。

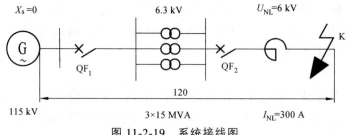

图 11-2-19　系统接线图

（5）架空接触网组成示意图（见图 11-2-20）。

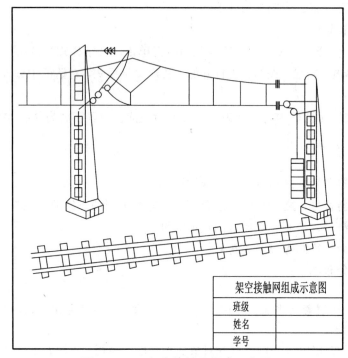

架空接触网组成示意图	
班级	
姓名	
学号	

图 11-2-20　架空接触网组成示意图

（6）绘制牵引供电系统示意图（见图 11-2-21）。

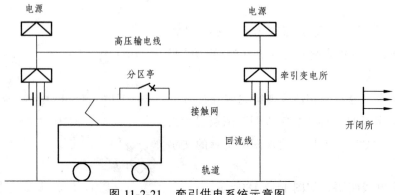

图 11-2-21　牵引供电系统示意图

11.3 接触网工程识图与制图

11.3.1 认识接触网

接触网将额定电压 25 kV 的工频单相交流电安全、可靠、不间断地送给电力机车受电弓，接触网是沿铁轨上空架设的特殊形式的输电线路。它由接触悬挂、支持装置、定位装置、支柱与基础四部分组成。接触网组成如图 11-3-1 所示。

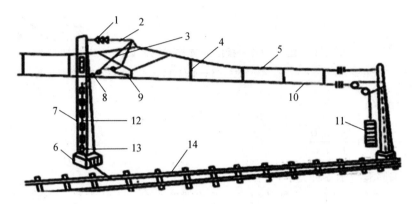

图 11-3-1 架空接触网组成示意图

1—悬式绝缘子；2—拉杆；3—腕臂；4—吊弦；5—承力索；6—基础；7—支柱；8—棒式绝缘子；
9—定位器；10—接触线；11—坠陀；12—接地线；13—火花间隙；14-钢轨

1. 接触网悬挂类型示意图（见图 11-3-2）

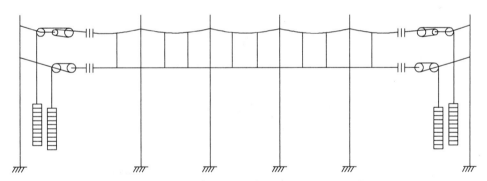

（a）全补偿弹性链型悬挂示意图

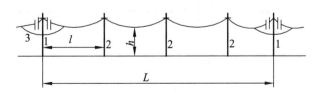

（b）未补偿链形悬挂示意图

图 11-3-2 接触网悬挂类型示意图

1—绝缘子；2—拉线；3—支柱；4—承力索；5—接触线；6—吊弦

273

2. 认识接触网支柱类型（见图 11-3-3）

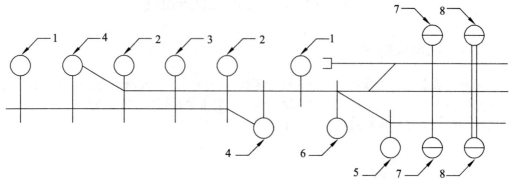

图 11-3-3　接触网支柱安设位置图

1—中间柱；2—转换柱；3—中心柱；4—锚柱；5—定位柱；6—道岔柱；7—软横跨柱；8—硬横跨柱

支柱型号意义；

$$H\frac{48-250}{9.2+3}$$

式中　H——钢筋混凝土支柱；

48——（若分子只有一个数值也是）垂直线路方向的支柱容量（力矩，kN·m）；

250——顺线路方向的支柱容量（力矩，kN·m）；

9.2——支柱露出地面以上的高度，m；

3——柱埋入地下的深度，m。

$$GQ\frac{100}{11+3}$$

式中　GQ——等径圆形杆（或称高强度）支柱；

100——支柱容量 kN·m。

3. 接触网锚段

为了满足供电和机械方面的要求，总是将接触网分成若干一定长度且相互独立的分段，这就是接触网的锚段，如图 11-3-4 所示。

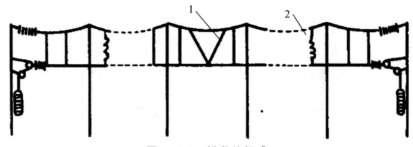

图 11-3-4　锚段的组成

1—中心锚结；2—电连接

274

11.3.2 接触网识图

接触网平面图体现了电气化铁道的技术性能、设备安装位置、技术参数等重要内容，工程单位将依据平面图进行接触网施工，建设单位则组织施工、设计和维修部门一起根据接触网平面图及有关验收标准，进行验收、交接，对施工质量进行审查、评定及开通后的维修管理。作为铁道供电专业学生，掌握接触网平面图识图的正确方法和接触网图例是必备的职业能力。

接触网平面布置图简称接触网平面图，它用接触网图例具体描述了接触网的设备位置、悬挂走向和线路情况，是接触网施工和运营维护的主要依据和主要技术文件。

接触网平面图有站场平面图、区间平面图和隧道平面图三大类，其基本布局如图 11-3-5 所示。它由图框、图标、平面布置图、附栏、主要工程数量及材料设备表、设计说明、会签栏等内容组成。平面图附注栏如图 11-3-6 所示。

接触网平面图符号规定见表 11-3-1，该标准适用于一般的专场及区间接触网平面图，适用于比例尺 1∶1 000 及 1∶2 000 的接触网平面图。

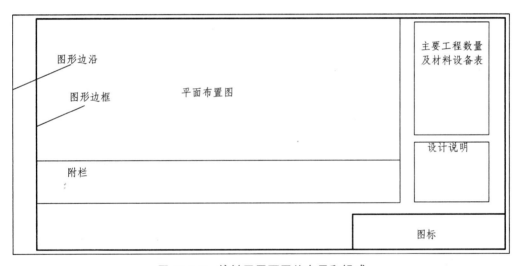

图 11-3-5　接触网平面图的布局和组成

图 11-3-6　平面图附注栏

表 11-3-1　接触网平面图符号规定表

1. 本标准适用于一般的站场及区间接触网平面；
2. 本标准采用的线条宽度规定为以下 3 种：
（1）粗型　　　　　　　　　宽度为 0.9 mm
（2）中型　　　　　　　　　宽度为 0.6 mm
（3）细型　　　　　　　　　宽度为 0.3 mm
3. 符号中所注尺寸均以 mm 计，适用于比例尺 1：1 000 及 1：2 000 的接触网平面；
4. 规定符号见下表：

序号	名称	符号
1	电化的正线（区间图中允许用中型线条）	（粗）
2	电化的站线及段管线等	（中）
3	非电化既有线路	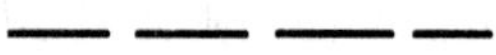 （中）
4	预留线路	 （细）
5	接触悬挂非工作支，供电线及分区亭引出线	 （细）
6	加强线	 （细）
7	回流线	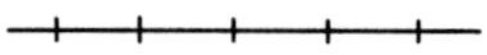 （细）
8	正馈线（AF 线）	 （细）
9	保护线（PW 线）	 （细）
10	架空线（GW 线）	 （细）
11	接触线硬锚，供电线及分区亭引出线下锚	
12	承力索硬锚	
13	接触线补偿下锚	
14	承力索补偿下锚	
15	链形悬挂硬锚	
16	半补偿链形悬挂下锚	
17	全补偿链形悬挂下锚	
18	加强线下锚	
19	回流线下锚	
20	正馈线（AF）下锚	
21	保护线（PW）下锚	
22	架空线（GW）下锚	
23	区间曲线及其头尾： R——曲线半径（m） L——曲线全长（m） l——缓和曲线长（m）	 $R—L—l$

序号	名称	符号
24	站场曲线及其头尾： R——曲线半径（m） L——曲线全长（m） l——缓和曲线长（m）	R—L—l
25	拉出值 300 mm，书写位置即为拉出方向；也可不注"300"，用半箭头表示，箭头指向即为拉出方向	300（或 ）
26	拉出值 150 mm（除"300"允许用半箭头表示外，其余均应写出数值），书写位置即为拉出方向。	150
27	区间单线腕臂钢筋混凝土柱	3
28	区间单线腕臂钢柱	
29	站场单线腕臂钢筋混凝土柱	d 2.5 d=2.5(1/2 000) 4.0(1/1 000)
30	站场单线腕臂钢柱	
31	站场单线定位钢筋混凝土柱	
32	站场双线腕臂钢柱	
33	站场钢筋混凝土柱软横跨	
34	站场钢柱软横跨	
35	站场钢柱硬横跨	
36	非绝缘关节	
37	绝缘关节	
38	站场全补偿链形悬挂中心锚结（虚线为锚结拉线）	
39	半补偿链形悬挂中心锚结、简单悬挂中心锚结	
40	区间全补偿链形悬挂中心锚结	
41	分段绝缘子串	
42	分段绝缘器	
43	分相绝缘器（三根绝缘棒的）	
44	股道间电连接	

277

序号	名称	符号
45	常分隔离开关	
46	常合隔离开关	
47	常分的带接地闸刀的隔离开关	
48	常合的带接地闸刀的隔离开关	
49	管形避雷器	
50	区间隧道	
51	站场隧道	
52	隧道内非绝缘关节（全补偿悬挂下锚）	
53	隧道内绝缘关节（全补偿悬挂下锚）	
54	上承式桥梁及设计电化线路在上面的立交桥、拱桥等	
55	下承式栓焊桥梁	
56	小桥、涵渠	
57	设计电化线路在下面的立交桥	
58	架空水槽、水管	
59	天桥	
60	地道	
61	渗沟	
62	雨棚	
63	仓库	
64	站房	

序号	名称	符号
65	路肩挡墙	
66	托盘式路基墙	
67	有限界门的平交道	
68	区间长（短）链标记	114.5
69	回流线跨越接触悬挂	
70	吸上线位置	▽
71	吸流变压器	
72	水鹤	
73	进站高柱色灯信号机	
74	通过高柱色灯信号机	
75	区间公里标	
76	机车检查坑	
77	接触网起测点	
78	接触网工区	△
79	区间横向电连接	
80	扼流变压器	
81	AT区段双极隔离开关	
82	AT区段区间AEPW线在钢柱上悬挂	
83	AT区段区间AEPW线在钢筋混凝土柱上悬挂	
81	AT区段站场AEPW线在钢筋混凝土柱上悬挂	
85	架空线在站场钢筋混凝土柱上悬挂	
86	AT区段AEPW线在钢筋混凝土柱上下锚 AF_1——2380.00：AF_1表示馈线第一锚段； 2380.00表示锚段长度 PA_1——2380.00：PA_1表示保护线第一锚段； 2380.00表示锚段长度	AF_1—2 380.00　AF_3—1 965.00 PW_1—2 380.00　PW_3—1 965.00

序号	名称	符号
87	接触悬挂锚段下锚 4：表示锚段4；1286.08：表示锚段长度	4—1 286.08
88	道岔型号及编号 N5-1/38	$N5-\dfrac{1}{38}$
89	跨距长度（m）	65
90	土壤安息角	30°
91	土壤承压力（MPa）	200
92	火花间隙	
93	放电器	
94	接地极	

11.2.3 接触网平面图的绘制

接触网平面图如图 11-3-7～11-3-9 和附图所示。

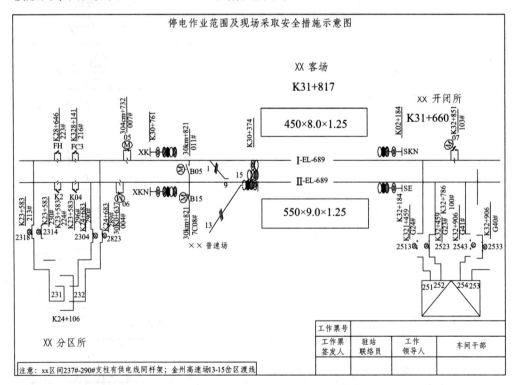

图 11-3-7 停电作业范围及现场采取安全措施示意图

主要工程数量及材料设备表

序号	名称	型(图)号	单位	数量	备注
1	钢柱基础	JA-3	处	5	
2	侧柱基础	JB-4	处	51	
	硬横跨柱基础	YZJ-1	处	10	
3	下锚拉线基础	JA-2	处	12	
	下锚拉线基础	JA-3	处	20	
4	钢柱	GH240A/7.8	根	5	
	钢柱	GH280B/7.8	根		
	钢柱	GHT240B/7.8	根	45	
	钢柱	GHT240B/9.0	根	4	
5	钢管柱	BGZ5-9.55	根	10	
	硬横梁		根	6	

说明：
1. 本图依据2009年10月站场提供的《开原西车站平面布置图》哈大客专沈哈施站-02-1C》和房建专业提供的《开原西站南棚柱位布置图》进行设计。
2. 供电方式：AT供电方式。
3. 悬挂类型：正线采用全补偿弹性链型悬挂；站线采用全补偿简单链型悬挂。
正线承导线：CTMH150+JTMH120，30kN+21kN；
正线间隔线：CTMH150+JTMH120，20kN+15kN；
站线承导线：CTS120+JTH95，15kN+15kN。
4. 接触线悬挂点高度为5 300 mm，结构高度为1 600 mm。
5. 接触网接地的入综合接地系统，避雷器接地点距离每处设备在贯通地线的接入点间距不小于15m。
6. 图中接触网界限均为接口预留设计里程，立杆前应核对支柱法兰与基础型号是否对称，并注意支柱预留孔的安装方向。
7. 接触网各类导线配置，上部安装施工必须在复测后进行。
8. 施工允许偏差执行铁建设【2006】167号文《客运专线铁路电力牵引供电工程施工质量验收暂行标准》《铁路电力牵引供电工程施工质量验收标准》（TB10421-2003）等规定。
9. 图中尺寸均以米计。
10. 施工过程中如发现图纸与现场实际不符，请及时与设计联系解决。
11. 图中尺寸均以米计。
12. 图例符号：

设计者		XXXX设计院集团有限公司	图号	
复核者		新建铁路XX至XX客运专线	比例	1:2000
审核者		XX至XX段施工图	日期	
审定者		XX站接触网杆位布置图	第1张 共1张	

图 11-3-8　主要工程数量及材料设备表

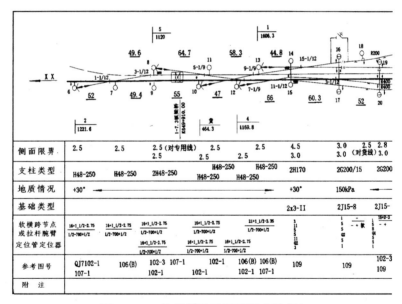

侧面限界	2.5	2.5	2.5（对专用线）2.5	2.5	2.5	4.5 3.0	3.0 3.0	2.5	2.8 3.0
支柱类型	H48-250	H48-250	2H48-250	H48-250 H48-250	H48-250	2H170	2G200/15	2G200	
地质情况	+30°				+30°	150kPa			
基础类型						2x3-II	2J15-8	2J15-	
软横跨节点或拉杆腕臂定位管定位器	16+1_1/2-2.75 1/2-700+1/2	16+1_1/2-2.75 1/2-700+1/2	16+1_1/2-2.75 1/2-700+1/2 16+1_1/2-2.75 1/2-700+1/2	16+1_1/2-2.75 1/2-700+1/2 16+1_1/2-2.75 1/2-700+1/2	21+1_1/2-3.35 1/2-700+1/2				16+2-3
参考图号	QJ7102-1 107-1	106(B)	102-3 107-1 102-1	102-1	106(B) 106(B) 102-1 107-1	109	109	102-3 109	
附注									

图 11-3-9　站场接触网平面图（局部）

绘图步骤如下：
（1）图纸布局。
图 11-3-8 的绘制，应从使用"A3"样板开始。
① 设置绘图环境。
- 用"A3 样板"新建文件，并切换到模型空间。
- 设置图形界限：左下角点为（0，0），右上角点为（26 000，10 000）。
- 执行"视图"|"缩放"|"全部"。

281

② 图纸布局。

本图基本由设备符号、连线及标注构成。各设备可以只绘制出其示意符号，而不必完全按其真实尺寸及形状绘制。所有图形符号都应在"实体符号"图层绘制，并根据需要调整线宽。

- 在定位线层画构造线，以偏移方式确定各部分图形要素的位置。
- 执行修剪命令剪去构造线的外围部分。

（2）绘制支柱部分。

（3）绘制接触网上部、绝缘子、承力索、接触线、吊弦等。

（4）绘制钢轨部分。

11.4 变配电所工程图识图与制图

11.4.1 变配电所工程识图基本知识

变配电的电气工程图图样较多也较复杂，一般来说包括总图、一次回路图、二次回路图等。总图包括电气主接线图和电气总平面布置图。

1. 认识牵引变电所主接线图

变电所（包括开闭所和分区所）的电气主接线是指由断路器、隔离开关、互感器、避雷器、主变压器、母线和电缆等高压一次设备，按一定的顺序连接起来用于表示接受和分配电能的电路。主接线图一般用单线图表示。单线图是表示三相相同的交流电气装置中一相连接顺序的图，当三相不完全相同时，则用三线图表示。

在主接线图中，电气设备的状态按正常状态画出，所谓正常状态就是指电路中无电压和外力作用下开关的状态，即断开状态。例如，隔离开关都是以断开状态画出，如果特殊情况则应注明。供安装使用的电气主接线图，在图上要标出主要电气设备的规格型号。

2. 主接线图读图方法

识读电气主接线图时，首先从电源进线或从变压器开始阅读，然后按照电能流动的方向逐一进行识读。具体读图步骤一般为：① 首先看电源进线；② 然后看主变压器技术数据；③ 接着看各个等级主接线方式；④ 再看开关设备配置情况；⑤ 同时看有无自备发电设备或UPS；⑥ 最后看避雷等保护装置情况。

看电源进线时应该注意进线回路个数及其编号、电压等级、进线方式（架空线、电缆及其规格型号）、计量方式、电流互感器、电压互感器及仪表规格型号数量。看主变压器技术数据，应了解主变压器的额定容量、额定电压、额定电流、额定频率、短路阻抗（或阻抗压降）、连接方式、连接组别等。

看各个等级主接线方式主要应明确一次侧和二次侧主接线的基本连接形式，了解母线的规格。看开关设备配置情况时应该了解电源进线开关的规格及数量，进线柜的规格型号及台数，高低压侧联络开关规格及型号，低压出线开关（柜）的规格型号及台数，回路个数、用途及编号，计量方式及仪表，有无直控电动机或设备及其规格型号、台数、起动方法、导线电缆规格型号。

看有无自备发电设备或UPS，应该注意其规格型号、容量，与系统连接方式及切换方式，切换开关及线路的规格型号，计量方式及仪表。还应了解电容补偿装置的规格型号及容量、切换方式及切换装置的规格型号。看避雷等保护装置情况，则主要应知道防雷方式、避雷器规格型号数量以及各种保护装置的用途、数量和规格等。

3. 二次回路识图相关知识

变电所的设备分为一次设备和二次设备。电能传输的电路称为主电路，主电路中的设备都是一次设备；对一次设备进行操作控制和运行管理的测量表计、控制及信号装置、继电保护装置、自动和远动装置等通称二次设备。表示二次设备相互连接关系的电路称为二次回路。一次回路是主电路，二次回路是辅助电路，是主体设备的辅助电路。二次回路包括监视测量回路、控制回路、信号回路、调节回路、继电保护及自动装置和自动和远动装置及操作电源系统等几个部分。

二次回路读图的基本步骤如下：

（1）根据展开图右侧的文字说明，了解各回路的性质，然后从上到下逐个回路看通。

（2）先交流后直流。

（3）先线圈，后接点。

（4）先上后下，先左后右，盘外设备一个不漏。

11.4.2 变配电所工程制图实例

1. 基本文字符号和图形（见表 11-4-1）

表 11-4-1 基本文字符号和图形

文字符号	图　形	电气元件	文字符号	图　形	电气元件
G	(G ~)	发电机 电力系统	FVF		放电间隙 避雷器
W		三相母线 （母排）	WI		三相导线，线路
QF		断路器 手车式断路器	T		单相变压器 三相变压器
QS		隔离开关 电动隔离开关 带接地闸刀的隔离开关	TV		电压互感器 （双绕组） （三绕组）
			TA		电流互感器
		电缆终端头	L		电抗器
LF		抗雷线圈	FU		熔断器

2. 牵引变电所一次侧电气主接线

变电所的主接线图又称原理接线图，用来表示电能由电源分配给用户的主要电路。在主接线图中表示的是所有电器设备及其连接关系，主要包括开关的组合、母线的连接和主接线等。

（1）开关电器的组合方式。

对电气设备或配电线路进行投入或切除，是由各种开关电器实施的。在确定开关元件时，要考虑到既能正常投切负荷，又能在回路故障时切除故障回路，因此通常采用"断路器 + 隔离开关"（两台隔离开关分设于断路器两侧，可产生明显断点）或"负荷开关 + 熔断器"的开关组合方式来完成上述功能，如图 11-4-1 所示。

（a）断路器 + 隔离开关　　　　（b）负荷开关 + 熔断器

图 11-4-1　开关电器组合

（2）母线的连接方式。

母线，是指从变电所的变压器或配电所的电源进线到各条馈出线之间的电气主干线，是汇集和分配电能的金属导体，又称为汇流排。母线的连接方式又称为母线制。常用的母线制主要有 3 种：单母线制、单母线分段制和双母线制。工厂供电一般不采用双母线制（主要用在电力系统的变电所等场合）。

① 单母线制（见图 11-4-2）。

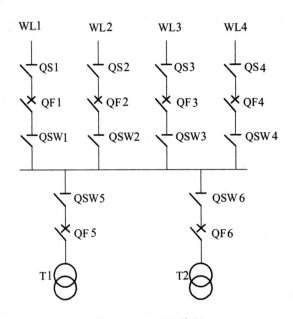

图 11-4-2　单母线制

284

② 双母线制（见图 11-4-3）。

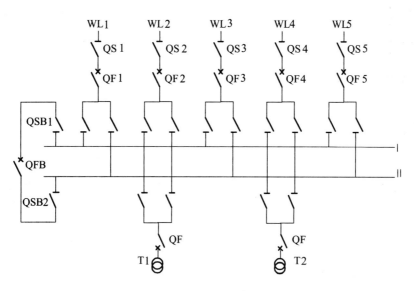

图 11-4-3　双母线制

③ 主接线。

主接线主要指变压器的连接形式。变电所的主接线可以概括为两类：线路-变压器组方式
（见图 11-4-4）和桥形接线方式（见图 11-4-5）。

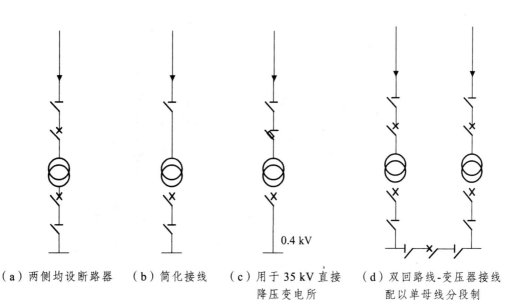

（a）两侧均设断路器　　（b）简化接线　　（c）用于 35 kV 直接　　（d）双回路线-变压器接线
　　　　　　　　　　　　　　　　　　　　　　　　降压变电所　　　　　　配以单母线分段制

图 11-4-4　线路-变压器组方式

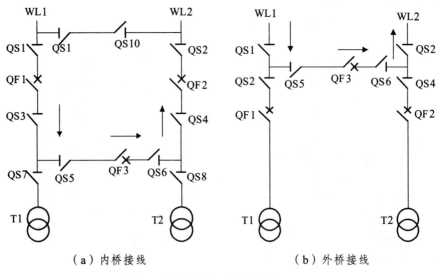

（a）内桥接线 （b）外桥接线

图 11-4-5　桥形接线

3. 牵引负荷侧电气主接线

牵引侧的电压等级国内用的是 27.5 kV 和 55 kV 两种电压等级。由于牵引负荷是单相负荷，三相电气装置不尽相同，所以牵引侧的主接线是用三线图表示的。牵引负荷侧主接线包括牵引变电所低压侧、开闭所、分区所、自耦变压器所的主接线，如图 11-4-6、11-4-7 所示。

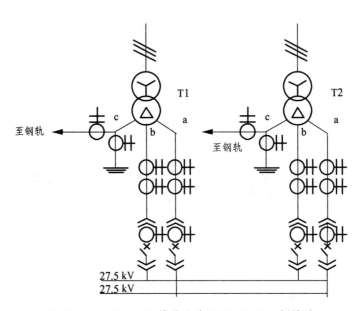

图 11-4-6　YN，d11 接线主变压器 27.5 kV 侧接线

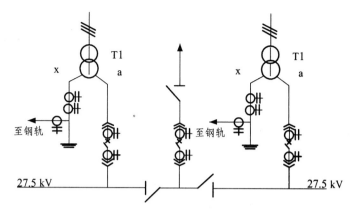

图 11-4-7 单相 V/V 接线主变压器 27.5 kV 侧接线

4. 某变电所一次主接线图绘制实例

如图 11-4-8 所示的某 110 kV 变电所的一次主接线图，全图基本上由图形符号、连线及文字注释组成，不涉及出图比例。绘制这类图的要点有两个：一是合理绘制图形符号（或以适当的比例插入事先做好的图块）；二是要使布局合理，图面美观。

（1）设置绘图条件。

① 建立新文件。打开 AutoCAD 2014 后新建名为"变电所电气主接线图.dwg"的图形文件，并设置保存路径将其保存。

② 建立图层。在功能区的"常用"选项卡中"图层"面板上单击"图层特性"按钮，在打开的"图层特性管理器"对话框中新建"辅助线""设备"和"文字说明"图层，并将"辅助线"层的线型设置为"ACAD_IS003W100"，在"线型管理器"中将该线型比例因子设置为 2，其他图层保持默认设置。

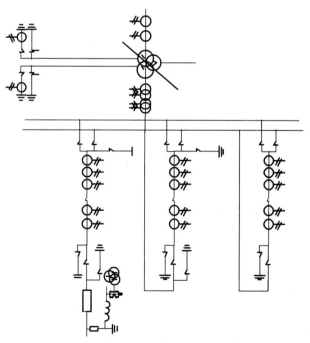

图 11-4-8 某 110 kV 变电所电气主接线图

③ 设置文字样式。在功能区的"注释"选项卡中"文字"面板上单击"文字样式"按钮，在打开的"文字样式"对话框中单击"新建"按钮，在打开的"新建文字样式"对话框中输入样式名"型号"，单击"确定"按钮。在"文字样式"对话框中将"型号"样式置为当前，设置字高为32，字体为仿宋，宽度因子为1.0。

（2）绘制符号。

切换至电气组件符号图层，依次绘制变压器、电压互感器、接地符号、隔离开关、接地开关、避雷器和断路器等电气符号。

① 绘制变压器符号。

- 单击"圆"按钮，绘制一个半径为75的圆。
- 单击"复制"按钮，选取圆为复制对象，取圆心为基点，打开"正交模式"，将光标移至垂直方向，输入位移距离100。
- 以上圆圆心为端点，正交向下绘制长度为40的直线，然后圆形阵列该直线，再剪掉原直线在下圆内的部分。
- 以3条直线的交点为左端点，使用直线工具绘制一条长为30的水平直线。
- 使用复制工具复制这4条直线，并竖直向下移动50。
- 以左侧圆的圆心为圆心使用正多边形工具绘制一个半径为40的内接正三角形。
- 至此，变压器符号绘制完成。单击"显示、隐藏线宽"，即出效果，并创建图块。
② 利用直线、圆工具绘制电容式电压互感器符号。
③ 在正交方式下，在三绕组变压器符号左侧绘制中性点接地符号。
④ 绘制隔离开关符号。
- 在正交方式下连续绘制首尾相接的三段垂直线，长度均为50。
- 启用极轴追踪、对象捕捉和对象捕捉追踪功能，设置增量角为30°，绘制倾斜角度为300°的斜线。
- 过下端垂直线的上端点绘制水平线。
- 将中间的垂直线擦除。
- 以下端垂直线的下端点为基点，将隔离开关符号创建为"隔离开关"图块。
⑤ 绘制断路器符号。
- 复制隔离开关符号。
- 以短横线与竖线的交点为基点，旋转45°。
- 再将旋转后的短横线旋转90°，注意要选用"复制"选项。
- 以下端垂直线的下端点为基点，创建名为"断路器"的图块。
⑥ 绘制电流互感器符号。
- 在正交方式下绘制长度为210的竖直线。
- 设置点样式为第4种样式，然后用"定数等分"将竖线分为三段。
- 打开对象捕捉功能，分别捕捉竖线中的两个节点（即等分点），均绘制半径为25的圆。
- 分别在两个圆上捕捉右侧象限点，在正交方式下绘制长度为20的短横线。
- 再将点样式设置为第2种样式。
- 以竖线下端点为基点，将电流互感器符号创建为"电流互感器"图块。
⑦ 绘制熔断器符号。
- 绘制一个30×70的矩形。

- 打开对象捕捉追踪功能，捕捉矩形长和宽中点的交点，以该交点为起点，在正交方式下，分别垂直向上和向下绘制长度为 70 的竖线。
- 以竖线下端点为基点，将熔断器符号创建为"熔断器"图块。

（3）图纸分区。

将"辅助线"图层置为当前，使用"直线""偏移"和"修剪"工具将图纸进行分区。

（4）绘制电气主接线图。

① 绘制母线。将"设备"图层置为当前，在图纸中部沿辅助线绘制两条水平线，并将其线宽设置为 0.3 mm。

② 切换图层，绘制主变部分。

③ 绘制母联部分。

④ 绘制出线部分。

⑤ 绘制母线以上部分。

（5）添加文字说明。

将"文字说明"图层置为当前，使用"单行文字"，输入电气主接线图。

绘制完之后用同样方法绘制某 35 kV 变电所主接线图如图 11-4-9 所示。

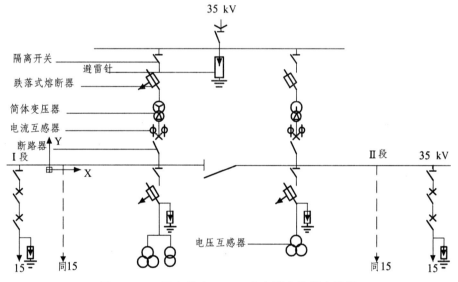

图 11-4-9　无人值班 35 kV 变电所主接线方案图

5. 绘制某变电所断面图（见图 11-4-10）

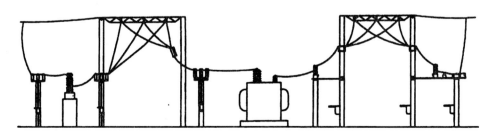

图 11-4-10　某变电所断面图

参考文献

[1] 九州书源. AutoCAD 2014 辅助绘图[M]. 北京：清华大学出版社，2015.

[2] 腾龙科技. AutoCAD 2010 电气工程设计[M]. 北京：清华大学出版社，2011.

[3] 李波. AutoCAD 2014 建筑水暖电设计技巧精选[M]. 北京：电子工业出版社，2015.

[4] 许顺隆，陈虹宇. 轻松学电气识图[M]. 北京：中国电力出版社，2008.

[5] 李敏虹. 中文版 AutoCAD 2014 实例教程工程力学[M]. 北京：海洋出版社，2014.

[6] 徐富春. 接触网[M]. 成都：西南交通大学出版社，2015.

[7] 曹阳. 电力内外线[M]. 成都：西南交通大学出版社，2015.

[8] 郭艳红. 牵引供变电技术[M]. 成都：西南交通大学出版社，2015.